KB154731

에너지 명령

DER
ENERGETHISCHE
IMPERATIV

재생가능에너지로의 100퍼센트 전환은
'바로 지금'이다.

에너지 명령

헤르만 셰어 | 모명숙 옮김

고즈윈
God's Win

2부 100퍼센트를 위한 '창조적 파괴'로의 도약

에너지 변화: 최후통첩, 더는 물러설 곳이 없다

요즘은 온 세상이 재생 가능 에너지에 대해 말한다. 그것도 마치 좋은 날씨에 대해 주고받는 듯이 호의적으로. 또 재생 가능 에너지가 인류의 에너지 공급에 대한 희망적인 전망이라는 데에는 거의 이견을 보이지 않는다. 하지만 재생 가능 에너지를 이처럼 보는 인식은 오랫동안 망상으로 간주되었다.

인식이 바뀐 것은 불과 몇 년 되지 않았다. 2002년 5월 필자는 국제 연합UN의 초청으로 뉴욕 본부에서 열리는 회의에 참석했다. 선발된 인사들이 모인 어느 소그룹에 들어가, 당시 국제 연합 사무총장 아난Kofi Annan이 주목한 문제의 해결을 돕기 위해서였다. 국제 연합은 8월 요하네스버그에서 개최될 '지속 가능 발전 세계 정상 회의World Summit on Sustainable Development, WSSD'의 막바지 준비 단계에 있었다. 그러나 여러 번의 준비 회의를 거쳐 나온 최종 선언문 초안에는, 재생 가능 에너지가 세계 문명의 지속 가능한 발전에 결정적으로 중요하다는 어떤 언급도 없었다. 이런 누락을 메우기 위해, 우리는 공동 토론을 통해 정식 제안을 마련해야 했다. 이 사례는 21세기 초에도 재생 가능 에너지에 대한 무지가 얼마나 뿌리 깊고 광범 위했는지를 보여 준다.

오늘날 재생 가능 에너지에 대한 세계적인 관심은 정치계와 경제계와 언론에서 벌어지는 주류 에너지 논의들에 맞서 생겨났다. 주류 에너지 논의는 예나 지금이나 에너지 공급이 화석/핵에너지에 의해 결정된다는 세계상에 사로잡혀 있다. 핵에너지도 화석 에너지도 필요하지 않은 '태양 에너지 시대'를 연 몇몇 선구자들은 1990년대에도 여전히 깊이 뿌리박힌 정신적 장벽 및 엄청난 실천적 장벽에 부딪혔다. 이 장벽들은 오늘날 극복된 것처럼 보이지만, 사고와 행동 측면에서라기보다 언어적 표현에서 그런 듯하다.

각국 정부와 에너지 콘체른*들의 감칠맛 나는 고백은 재생 가능 에너지를 위해 온전히 투신할 것 같은 인상을 불러일으킨다. 그래서 실천을 우위에 놓는 판단이 흐려진다. 에너지 콘체른들은 재생 가능 에너지에 투자하고 있으면서도, 여전히 일차적으로는 기존의 에너지를 믿는다. 할 수만 있다면 마지막 남은 석유 한 방울, 마지막 남은 1톤의 석탄이나 우라늄, 또 마지막 남은 1세제곱미터의 천연가스마저 바닥날 때까지 말이다. 석유, 석탄, 우라늄, 천연가스 등은 에너지 콘체른에게 더 가치 있는 에너지들이다. 태양열이나 바람은 자원으로 팔 수 없기 때문이다. 따라서 재생 가능 에너지에 대한 저항에서 오히려 강탈 및 지연 전략이 생겨났다. 새로운 방향 설정이 점점 더 절박해지는 상황에서 방해 전략의 준비와 실행은 조

---

* 자본적 제휴를 기초로 하는 기업 집중의 양상으로 독점의 상위 형태를 뜻한다. 이하 본문에 나오는 모든 각주는 옮긴이의 설명이다.

심스러우면서도 종종 수상쩍은 방법으로만 이루어질 것이다.

여하튼 에너지 공급의 미래가 재생 가능 에너지에 있을 수밖에 없다는 것은 이제 어디에서나 인정된다. 화석/핵에너지의 채굴과 생산이 지니는 다양한 위험과 한계는 그냥 넘길 수 없는 정도가 되었다. 그런 이유 때문에라도 재생 가능 에너지를 더 이상 도외시할 수가 없다. 재생 가능 에너지가 대단히 인상적인 성장률을 보여 주고 있기 때문에 더욱 그렇다. 2006년과 2008년 사이만 보더라도 세계적으로 재생 가능 에너지에 투자한 금액은 연 630억 달러에서 1,200억 달러로 두 배나 늘었다. 세계적으로 설치된 풍력 발전소 용량은 2006년과 2009년 사이에 74,000메가와트에서 135,000메가와트로 늘어났고, 전력망과 연결된 태양광 전지 시설의 용량은 5,100메가와트에서 19,000메가와트로 증가했다. 태양광 전지 시설의 잠재력이 두루 유용하다고 인정됨으로써, 핵/화석 에너지의 세계상이 해체되기 시작했다. 태양광 전지 시설이 지닌 심리학적인 힘은, 이 시설이 에너지 공급을 영원히 보장하며 위험이 없으리라는 현실주의적인 희망과 연결된다는 것이다. 따라서 이런 힘은 핵/화석 에너지보다 우월한 사회적 가치를 대표한다. 이것이 에너지에 관한 사유에 있어 문제의 핵심이다.

재생 가능 에너지가 현재의 에너지 공급에 대한 보완뿐만 아니라 구체적이고 광범위한 대안도 된다는 것을 깨닫는다면 더는 재생 가능 에너지를 거부할 수 없을 것이다. 실제로 자유롭게 결정할 수 있다면 대부분 재생 가능 에너지를 선택하고 핵에너지나 화석 에너지를 반대할 것이다. 독일은 이에 대한 실례를 제공한다. 2002년에 재생 가능 에너지 법안이 발효된 후 재생 가능 에너지가 전력 공급에서 차지하는 몫은 줄기찬 저항에도 불구하고 2009년까지 1.5퍼센트에서 17퍼센트로, 전체 에너지 공급에서 차지하는 몫은 3퍼센트에서 10퍼센트로 증가했다. 이와 병행하여 재생 가능 에너지의 잠재력에 대한 신뢰도 커졌다. 그리고 어쩌면 곧 재생 가능 에너지를 전적으로 믿을 수 있으리라는 희망과 기대도 커졌다. 여론 조사에 따르면 독일 국민의 90퍼센트가 재생 가능 에너지의 더 폭넓은 대규모 확대에 찬성하고, 75퍼센트는 그 일이 자기 고향 지역에서 이루어지기를 원한다. 심지어는 에너지 비용의 증가도 수용하겠다고 한다. 신형 원자력 발전소나 화력 발전소를 지지하는 사람은 10퍼센트 미만이다.[1] 재생 가능 에너지는 온갖 비방에도 이처럼 인기가 올라갔다. 종래의 에너지 기업과 대다수 에너지 전문가들은 재생 가능 에너지에 대한 비방을 수십 년간 상당한 매체 비용을 들여 가며 공공연하게 일삼았고, 상습적으로 계속하고 있다. 그럼에도 여론을 선점하려는 투쟁에서 이 두 세력은 뒤처졌다. 투쟁은 조금도 수그러들지 않고 이어지지만, 이제는 더 은밀한 방법으로 나아간다.

특히 오늘날 논의는 재생 가능 에너지로 완전히 바뀌는 데 시간이 얼마나 많이 필요하느냐는 문제와 관련된다. 재생 가능 에너지로의 전면적인 변화가 2100년까지 이루어질 수 있을까? 혹시 2050년이면 달성될까? 필자는 우리 모두가 그에 필요한 힘을 동원한다면 변화는 더 빨리 실현될 수 있다고 확신한다. 세계적으로는 약 25년 후, 몇몇 나라와 지역에서는 그보다 일찍 이루어질 수도 있다. 변화가 실현 가능한 것은 재생 가능 에너지의 엄청난 자연적 잠재력 때문만이 아니라, 이미 활용 가능한 과학 기술 잠재력을 고려해서이다. 변화는 생태적인 이유로만 요구되는 것이 아니다. 경제적인 생존 보장이라는 명백하게 인식 가능한 이유 때문이기도 하다. 이는 감당할 수 없는 부담이 아니라, 선진 공업국에는 광범위한 새로운 경제적 기회이고 개발 도상국에는 하나의 커다란 기회이다. 여기서 가장 중요한 잠재력은 바로 인간이다. 인간을, 특히 '정치'와 '경제'를 재생 가능 에너지를 위해 움직이게 하는 것이 결정적으로 중요하다. 이는 정치 문화적으로 전례 없는 노력을 요구한다. 하지만 우리 앞에 닥친 도전 또한 역사적으로 유례가 없다. 적극적인 대응이 늦어지면 늦어질수록 극복은 그만큼 어려울 수 있다.

왜, 언제 그리고 어떻게?

핵/화석 에너지로부터 재생 가능 에너지로의 변화를 단편적으로 아주 천천히 실행한다면, 세계 문명은 모든 인간과 사물이 망연자실한 위기에 처하는 상황으로 돌진할 개연성이 커진다. 극적인 기후 변화로 모든 생활 공간이 생명체가 살 수 없게끔 바뀔 조짐을 보이고 있고, 수억 명의 인간이 거주지를 옮길 수밖에 없는 처지에 몰리고 있으니 말이다. 그 결과, 피해를 축소하기 위해 사회에 부과되는 노력과 비용이 재생 가능 에너지로의 변화에 필요한 것보다 더 커졌다.

핵/화석 에너지원이 줄어들고 가격이 오르기만 해도 선진 공업국에서는 경제는 물론 사회가 무너지기 시작하고, 개발 도상국은 점점 더 가난해진다. 남은 자원을 확보할 통로를 놓고 국제적 갈등이 고조될 조짐이 보이더니, 자원 전쟁을 불사할 지경에까지 이르렀다. 핵에너지의 문제는 풀리지 않았고 또 그럴 수 없는 상태이다. 핵에너지의 문제는 현재 가동 중인 시설에서 계속 커지는 안전의 위험에서부터, 핵 테러리즘의 위험과 핵폐기물이 1,000년을 간다는 불

길한 경고까지 포함한다. 원자력 발전소와 화력 발전소의 엄청난 물
소비는 점점 더 많은 지역의 물 부족 위기를 심화한다. 핵/화석 에
너지 공급으로 인한 건강상 위험이 커지고, 석유가 야기한 해양 생
태의 오염은 먹이 사슬에까지 영향을 미친다. 이 모든 위기는 동시
에 나타나고 심화하면서 사회에 결정적 충격을 준다. 이 위기는 화
석/핵에너지를 토대로 생성된 산업 문명 모델이 붕괴할 위험에 처
했음을 암시한다. 세계 금융 위기보다 더한 위기이다. 자본주의 시
장 경제뿐만 아니라 사회주의 계획 경제의 변이 체제에서도 삶의
기반은 이런 산업 문명 모델 때문에 이미 심각하게 손상되었다.

광범위하고도 완벽하게 재생 가능 에너지로 바꾸는 동안에 놓
친 1년 1년은 그래서 잃어버린 시간이다. 재생 가능 에너지로의 전
환은 최후의 수단ultima ratio이다. 돌이킬 수 없을 생존의 위협을 그나
마 피할 수 있는 마지막 방법일 것이다. 최후의 수단이라는 가치를
부여함은, 인간에게 에너지를 자연에 합당하게 지속적으로 공급할
수 있는 다른 가능성이 없기 때문이다. 전통적인 에너지 공급이 가
져온 부정적인 결과들 때문에 우리는 부득이 즉각적이고도 단호한
행동에 나서지 않을 수 없다.

재생 가능 에너지에 대한 진부한 신념 고백으로는 재생 가능 에
너지의 위상이 실제로 어느 정도인지 거의 드러나지 않는다. 첫 번
째, 두 번째 아니면 세 번째일까? 재생 가능 에너지에 대한 신념 고
백을 듣고 누가 세상이 염려된다고 다만 인정이라도 할까? 재생 가
능 에너지를 그토록 오래 외면한 사람들 모두 정말로 마음을 바꿨
을까? 변화가 부득이 필요해질까, 아니면 미뤄도 되는 것으로 여겨
질까? 마하트마 간디의 말 중에 이런 것이 있다. "처음에 그들은 당

신을 무시하고, 그다음에는 당신을 비웃고, 그다음에는 당신과 싸우지만, 결국 당신이 이깁니다." 현재 앞의 세 단계 중 어느 국면에 있는지는 나라마다 그리고 그 나라의 논의 및 발전 수준에 따라 다르다. 세계적으로 도입된 풍력 설비의 절반 이상이 불과 6개국(미국, 독일, 중국, 덴마크, 에스파냐, 인도)에 배치되어 있다. 세계적인 전력망 가운데 통합적인 태양광 전지 시설의 약 절반은 유독 독일에 몰려 있다. 태양열 에너지 공급을 위해 설치된 설비는 무려 80퍼센트 이상이 중국과 유럽 연합EU 국가들에 집중된다. 너무도 많은 나라에서 아직도 너무도 많은 사람들이 재생 가능 에너지를 실제로 모르는 것이 분명하다.

어떤 사람들은 재생 가능 에너지로의 전환을 주저하는 이유를 이렇게 설명한다. 재생 가능 에너지로의 전환에는 '많은 시간'이 필요하며, 그 방향으로 성큼성큼 빨리 나아가는 것은 감당하기 어려운 경제적 부담이 될 것이라고 말이다. 많은 사람들이 정말로 그처럼 생각하고 있다. 또 이런 구실로 그저 시간을 벌어서, 지금까지 해 왔던 것을 가능한 오래 유지하려는 사람들도 있다. 어떤 이들은 종래의 에너지 공급 구조를 깨부술 용기가 부족하다. 또 누군가는 에너지 변화를 어떻게 실제로 구현할 수 있을지 방책도 구상도 없다. 좋은 의도는 행동할 수 있는 능력이 아니다. 그런 능력을 위한 전제일 뿐이다.

재생 가능 에너지가 핵/화석 에너지에 대한 일반적인 대안이 될 수 있다는 생각을 공개적으로 밝히기만 해도 무차별 집중 공격을 당하던 시대는 어쨌든 지나갔다. 간디가 궁극적으로 관철될 이념을 단계별로 규정한 설명 중에 앞의 두 단계인 무시하고 비웃는 것도 재생 가능 에너지를 반대하는 의도적인 방법이었다. 오늘날 과연 에너지 공급이 오직 재생 가능 에너지로 가능하냐는 질문에는 원칙상 '그렇다'라는 답변이 압도적으로 많다. 그래서 재생 가능 에너지에 대한 갈등이 식었고 원칙적인 합의가 형성되었다고 여기는 사람들이 많다. 이제부터는 '단지' 언제 그리고 어떻게라는 시기와 방법이 문제라고 한다. 물론 다음과 같은 결정적인 물음들이 따라붙는다.

- 모든 에너지 수요가 오직 재생 가능 에너지만으로 충족될 수 있을 때까지 어떤 구舊 에너지(즉 핵에너지 및/또는 화석 에너지)를 믿어야 할까?
- 여러 가지로 선택할 수 있는 재생 가능 에너지들 중 어떤 것을 선호해야 하고, 선택한 것은 필요한 경우 어떻게 상호 보완할 수 있을까? 에너지 저장은 실제로 얼마나 필요할까?
- 재생 가능 에너지는 어떤 구조로 이용 가능해야 할까? 분산적 구조 및/또는 중앙 집중적 구조?
- 재생 가능 에너지로의 전반적인 변화를 위해서는 어떤 정치적 구상이 결정적으로 중요할까? 지역적 차원, 국가적 차원, 국제적 차원 가운데 어디에 중점을 두어야 할까?
- 누가 에너지 변화를 촉진할 수 있으며, 이때 종래의 에너지 경제는 어떤 역할을 할까?

어떤 대답이 나오든 정치와 경제에서 폭발력이 상당할 것이다. 그리고 가장 중요한 물음인 시간 문제Zeitfrage에 대한 답변에 결정적인 이유가 될 것이다. 역사적으로 도래한 재생 가능 에너지로의 전면적인 변화가 제때에 실현될까? 그리하여 종래의 에너지 공급이 야기한 비극에서 지금이라도 벗어날 수 있을까? 누가 그리고 무엇이 제동을 걸 것인가? 그리고 발전을 어떻게 촉진할 수 있을까? 앞서 제기한 모든 문제는 무엇보다도 이 질문에 견주어 평가되어야 한다.

거짓 합의

재생 가능 에너지에 대한 암묵적인 합의는 본격적인 갈등이 비로소 시작되었다는 사실을 외면하게 만든다. 갈등의 성격은 물론 달라졌지만 말이다. 암묵적인 동의는 에너지 변화와 불가피하게 결부되는 갈등을 과소평가하게 한다. 즉 갈등에 대적하지 못하게 된다. 이 갈등은 재생 가능 에너지를 둘러싼 예전의 갈등과 구별되긴 하지만, 더 심각해졌다. 재생 가능 에너지로의 변화가 실제로 시작된 곳에서는 이제 곧장 '핵심과 맞닿는 본론nitty-gritty'으로 들어간다. 핵/화석 에너지의 실제적 교체가 기존 에너지 시스템의 구조와 직접 관련된다. 이 구조가 지배적인 생산 조건과 소비 조건, 경제 질서, 정치적 제도 등과 밀접하게 연결되어 있기 때문이다. 에너지 경제는 세계 경제에서 특히 정치적 영향력이 가장 큰 부문이다. 핵/화석 에너지의 실제적 교체는 기존 에너지 경제의 생존적인 이해관계들을 직접 건드린다. 세계적인 에너지 행동의 모순적인 발전에서 이를 확인할 수 있다.

이미 개괄된 재생 가능 에너지로의 도약 외에도, 가령 오바마 미국 대통령, 중국 정부, 인도 정부, 심지어는 걸프 지역에 있는 석유 및 가스 수출국들이 주창한 정치적 발의들이 있다. 유럽 연합은 그사이에 2012년부터는 신축 예정된 모든 공공건물이, 2020년부터는 신축될 모든 개인 건물이 탄소 제로 배출 기준을 지켜야 한다고 법률로 규정했다. 이는 오직 재생 가능 에너지와 에너지 효율적인 건축 방식으로만 달성될 수 있다. 중국은 아프리카에서 태양 에너지 기술자 1만 명을 양성하고 있다. 방글라데시에서는 소액 대출과 기술 서비스 인력의 양성을 통해 매년 10만 개 이상의 소형 태양 에너지 시설이 설치되고 있다. 21세기의 첫 10년간, '재생 가능 에너지 법안' 덕분에 재생 가능 에너지로의 전력 생산에 있어서 국제적 선구자가 된 독일에서는 이제 모든 정당이 21세기 중반까지 전력 공급 전체를 재생 가능 에너지로 바꾸겠다고 말한다. 독일의 수많은 도시와 지방은 10년이나 15년 이내에 재생 가능 에너지로 완전히 전환할 것을 결의했다. 오스트리아와 덴마크의 자치 단체들과 마찬가지로, 전력 및 열 공급에서 재생 가능 에너지로의 전환을 이미 달성한 곳도 몇 군데 있다.

보슈Bosch, 제너럴 일렉트릭General Electric, 지멘스Siemens 같은 세계적인 대기업은 재생 가능 에너지에 전략적인 중점을 두었다. 독일의 E.ON*과 RWE** 같은 전력 콘체른도 비교적 큰 금액을 재생 가능 에너지에 투자한다. 자동차 콘체른은 전기 자동차를 생산하기 위한 채비를 하고, 필요한 전력을 재생 가능 에너지로 충당하는 것을 지지한다. 뉴욕의 월스트리트에서부터 프랑크푸르트와 런던의 은행가들에 이르기까지 대형 은행들은 재생 가능 에너지를 위해 상당한 액수의 신용 대부 포트폴리오를 준비해 두었으며, 재생 가능 에너지에 대한 투자 펀드가 우후죽순처럼 생겨나고 있다. 재생 가능 에너

---

* 독일의 에너지 사업 전문 업체.
** 독일의 전기, 가스 공급 회사.

지를 전문적으로 다루어 선구자가 된 압도적인 다수의 중소기업은 더 이상 자기들끼리만 어울리는 우물 안 개구리가 아니다. 몇몇 중소기업은 대기업으로 성장했고, 대형 콘체른에 인수된 중소기업도 있다. 콘체른은 이처럼 인수를 통해 그동안 놓쳤던 것을 만회하려고 한다.

그러나 다른 한편으로는 여전히 역행하는 발전을 간과할 수 없다. 이는 우선순위가 전혀 다르다는 사실을 폭로한다. 세계적으로 아직도 종래의 에너지에 훨씬 많은 자본이 투자되고 있다. 2009년에는 투자액이 무려 네 배였다. 기존의 대형 발전소와 파이프라인에 투자한 것으로 일부는 수백억 상당의 규모이며 상환 기간도 길다. 이로써 기존의 상황이 수십 년 동안 지속되리라는 것은 기정사실화된다. 오바마 미국 대통령은 주도권을 위해 핵에너지의 계속적인 공급, 화력 발전소 신설, 새로운 석유 시추 및 파이프라인에 대한 이견이 분분한 미 의회의 승인 등을 허용해야 했다. 중국 또한 인도와 마찬가지로 신형 화력 발전소의 건설에 주력한다.

화력 발전소 내에서 이산화탄소를 분리하기 위해 수십억 상당의 보조금을 지원하는 물결이 이미 일고 있다. 분리된 이산화탄소를 곧이어 압축해서 지층에 넣는 이른바 CCSCarbon Capture & Storage 발전소*를 후원하는 것이다. 벌써 유럽 연합 위원회는 재생 가능 에너지에 직접 투자하는 지원금보다 더 많은 금액을 CCS 과학 기술에 제공했다. 에너지 콘체른 셸Shell은 1990년대에 시작한 태양 에

---

* 지구 온난화의 원인 물질인 대량의 이산화탄소를 대기로 배출되기 전에 고농도로 모은 후 압축 수송해 저장하는 이산화탄소 포집 및 처리 기술을 적용한 발전소.

너지 발의를 벌써 전반적으로 포기하고, 그 대신 CCS 투자 참여를 선언했다. 캐나다 앨버타 주에서는 거대한 굴삭기가 CCS 발전소를 위해 마련된 2만 제곱킬로미터의 채굴 지역에서 타르 모래를 파내고 있다. 화석 연료를 생산하려고 말이다. 석유 1리터 생산에 물 20리터가 필요하기 때문에, 이는 자연적인 수자원 경영을 무섭게 침해한다. 미국의 석탄 지대인 웨스트버지니아 주에서는 산이란 산이 모조리 폭파되어 없어진다. 점점 더 큰 굴삭기로 더 많은 석탄을 채굴하느라 바쁘다. 한편에서는 심지어 북극의 얼음이 녹아 빙하 아래 묻혀 있는 화석 자원을 채굴할 수 있기를 바라는 이들도 있다. 그러나 우리는 이미 해저에서 이루어지는 심층 시추의 파국적인 결과를 멕시코 만의 미국 해안에서 분명히 지켜보았다.*

사르코지 전 프랑스 대통령은 재생 가능 에너지를 위한 발의를 전임자들보다 많이 하기는 했다. 하지만 주로 프랑스의 원자력 발전소 수주를 위해 애쓰는 국제적 세일즈맨으로 활동했다. 영국 정부는 2010년 4월 독일을 따라 재생 가능 에너지 도입 법률을 결정했지만, 이와 동시에 원자력 발전소의 신축을 추진한다. 핀란드 정부는 녹색당이 정부에 참여하고 있음에도 불구하고 2010년 4월 신형 원자로 두 기의 건설 허가를 내주었다. 폴란드는 현재 두 개의 원자력 발전소를 계획 중이다. 베를루스코니 전 총리가 주도한 이탈리아 정부는 1987년 국민 투표에서 원자력 발전소에 대한 반대표가 많았음에도 원자로 건설을 예고했다. 2010년 초 러시아와 우크라이

----

* 2010년 4월 20일 미국 멕시코 만에서 영국 석유 회사 BP의 시추선 '딥워터 호라이즌 호'가 폭발하여 대량의 원유가 유출된 사고를 말한다.

나는 두 나라의 핵 기술 노하우를 합쳐서 10년 이내에 원자력 전기 생산을 두 배로 높여 국제 시장에 내놓자는 공동 계획에 합의했다. 아랍 에미리트의 아부다비는 2010년 초 한국에 원자로 네 기를 주문했고, 베트남은 핵에너지 생산에 참여할 뜻을 보이고 있다. 브라질(러시아, 캐나다, 오스트레일리아 등과 함께 재생 가능 에너지의 자연적 잠재력을 가장 많이 갖고 있는 나라)마저도 원자력 발전소 신설을 계획하고 있다. 국제 에너지 기구IEA는 2050년까지 매년 32개의 새 원자력 발전소를 건설할 것을 요구한다. 11일마다 원자력 발전소가 하나씩 새로 추가된다는 의미이다.

핵에너지가 재생 가능 에너지보다 분명히 더 많은 비용이 드는데도 공세는 계속된다. 발견되는 것은 채굴하고 팔아먹어야 한다는 것이다. 필자는 책 『태양 에너지와 세계 경제Solar Weltwirtschaft』에서 이 강박관념을 '방화벽pyromania'*이라고 불렀는데, 전 지구적인 방화벽이 꾸준히 계속된다. '뚫고 뚫고 뚫어라drill, drill, drill'는 '빅 오일big oil'**이 환경에 맞서 선창한 전쟁 슬로건이다. 이 슬로건은 멕시코 만의 시추 참사가 일어났을 때조차 침묵하지 않았다. 지구를 갖고 노는 운명의 장난은 계속된다. 재생 가능 에너지의 잠재력이 "현재로서는" 충분치 않다는 변명을 늘 동원하면서 말이다.

재생 가능 에너지는, 사람들 입에 오르내릴 수 있게 되었음에도 화석/핵에너지 시스템의 존립을 결코 건드려서는 안 되며 에너지의 추가 수요를 위해서만 이용되어야 한다. 즉 가능한 한 핵/화석 에너

---

* 무차별 방화를 저지르면서 희열을 느끼는 충동 조절 장애.
** 미국의 거대 석유 자본.

지의 어떤 대체물도 생겨서는 안 된다는 것이다! 핵/화석 에너지의 존속과 관련되는 이해관계는 독일에서도 주장된다. 이는 2001년 결의된 핵에너지의 하차를 무효화하려는 시도에서 드러난다. 화력 발전소의 신설에 대한 수많은 계획에서도 마찬가지이다. 마치 재생 가능 에너지가 거의 더 이상 확대될 수 없는 것처럼 생산 설비를 갖춘다. 이와 동시에 재생 가능 에너지의 빠른 확대를 조장하는 재생 가능 에너지 법안을 겨냥하는 공세가 늘어 간다. 재생 가능 에너지를 달래는 유화적인 세력에는 경제학 연구소들도 속한다. 재생 가능 에너지에 대한 새로운 동의는 거짓 합의이다. 이미 기반을 잡은 에너지 공급 세력은 기껏해야 핵/화석 에너지가 재생 가능 에너지와 공존하는 것을 노린다. 또 핵/화석 에너지의 비중을 가능한 한 크게 하며, 재생 가능 에너지가 전통적인 에너지 공급의 구조에 적응하고 또 그 방향으로 나아가고 제한되어야 한다고 요구한다.

즉 에너지 갈등이란 본래의 기본 틀은 거의 달라지지 않았다. 그것은 항상 표면상으로만 재생 가능 에너지의 찬반에 대한 문제였다. 그런데 사실은 항상 에너지 공급 구조와 이것을 이용할 수 있는 처분권이 핵심 관건이었다. 처음 화석 에너지원을 겨냥하고 나중에는 핵에너지를 목표로 삼음으로써 오늘날의 에너지 공급 시스템이 생겨났다. 재생 가능 에너지로의 새로운 방향 설정은 이 시스템의 구조를 위태롭게 한다. 따라서 기존 세력은 (재생 가능 에너지의 선구자들을 거부하고 비웃는 단계를 지나) 이제부터 에너지 변화의 속도를 늦추는 데 주력한다. 정치적 결정, 매체, 여론 등에 영향을 끼치려는 시도들도 늘어난다. 미국에서는 오바마 대통령의 임기가 시작되자마자, 고액의 보수를 받는 무려 2,000명 이상의 에너지 경제 로

비스트가 추가로 워싱턴으로 파견됐다. 예고된 에너지의 방향 전환을 국회의원과 매체의 의도적인 각색을 통해 수포로 돌아가게 하라는 사명을 띠고 말이다. 토랄프 슈타우트Toralf Staud가 책 『녹색, 녹색, 녹색은 우리가 구입하는 모든 것이다Grün, grün, grün ist alles, was wir kaufen』에서 묘사하고 있듯이,[2] '그린워싱greenwashing'*을 위해 많은 돈이 지출된다. 정부의 전前 각료들은 직책에서 물러나자마자 에너지 콘체른의 경영진으로 자리를 옮긴다. 이런 형태의 이직은 에너지 콘체른이 자연 경관 보호를 공공연히 추진하기 위해 매체 자문가로 고용하는 언론인의 숫자와 마찬가지로 눈에 띄게 늘어난다. 재생 가능 에너지를 앞세우며 배후에서는 종래의 에너지로 밀고 나간다.

'만물의 근원nervus rerum'

'새로운' 에너지 갈등은 특히 재생 가능 에너지의 도입이 이미 상당히 진척되어 전통적인 에너지를 비교적 많이 대체할 수 있는 곳에서 나타난다. 거짓 동의를 빙자한 진짜 문제, 즉 갈등이라는 사안의 근원nervus rerum은 핵/화석 에너지를 공급하는 시스템(과학 기술, 기반 시설, 조직, 재정, 특히 정치와 연관된 비용 전체를 의미한다.)의 요구가 재생 가능 에너지의 요구와 일치할 수 없다는 데 있다. 하지만 재생 가능 에너지의 목표는 기존의 에너지 시스템을 완전히 교체하는 것이어야 한다. 재생 가능 에너지의 제한된 몫만 믿는다면, 전략적으로 스

---

* 회사, 정부 또는 특정 단체가 겉으로는 환경 친화적인 정책 또는 환경 친화적인 이미지를 내세우거나 홍보하면서, 실제로는 환경을 파괴하고 있거나, 또는 이들이 이야기하는 정책과는 다른 방향의 행위를 하는 것을 말한다.

스로 묶이는 셈이 되어 정당화의 여지가 없을 것이다. 결국 전통적인 시스템을 장기적으로 기정사실화하고, 심지어는 정치적으로 계속 뒷받침할 수밖에 없을 것이기 때문이다. 그리고 이는 어느 특정 시점부터 서로 방해가 되는 상이한 두 가지 에너지 공급 시스템을 비교적 장기간에 걸쳐 유지해야 한다는 것을 의미한다.

100퍼센트 재생 가능 에너지로 바꾸는 과정에는 반드시 거쳐야 하는 과도기가 분명히 있다. 에너지 공급에서 재생 가능 에너지의 몫이 커지면서 기존의 에너지 비중이 줄다가 마침내 종래의 에너지가 전부 다 대체되는 것이다. 그런데 이 단계에서는 시스템의 어떤 요구가 중요하냐가 결정적이다. 즉 익숙해진 에너지 시스템의 요구인가, 아니면 재생 가능 에너지에 적합한 요구인가가 중요하다. 이와 함께 근대적인 에너지 공급의 역사에서 전무후무한 갈등이 예정되어 있다. 한쪽에는 전통적인 에너지 시스템이 있다. 이 시스템은 에너지 공급 전체를 철저히 기능적인 필요에 따라 조직했다. 그리고 해당 법률은 모두 이 시스템에 맞게 만들어졌다. 다른 쪽에는 완전히 재생 가능 에너지에 기반을 두는 시스템의 관점이 있다. 전통적인 에너지 시스템과는 기능적인 요구가 대부분 상반되는 에너지 시스템이다. 이를 위한 정치적인 시스템 규칙은 지금까지 단초로만 생겨났다.

지금의 상태와 추구해야 할 이상 사이에는 수많은 마찰과 모순의 단계가 있다. 상이한 두 가지 구동 에너지를 위한 두 개의 엔진이 장착된 하이브리드 자동차와 유사하게 이를 하이브리드 단계 Hybridphase라고 부르자. 전통적인 에너지 시스템은 익숙한 구상의 으뜸 패를 쥐고, 에너지 변화를 천천히 하라고만 요구한다. 에너지 변화가 전통적인 에너지 시스템의 규칙대로 이루어져야 한다는 것이다. 재생 가능 에너지의 으뜸 패는, 재생 가능 에너지를 대신할 다른 대안의 가능성이 없다는 것만이 아니다. 재생 가능 에너지는 일반적으로 전통적인 에너지 시스템과 무관하게 이용될 수 있고, 사회적으로도 더 높게 평가된다. 그런데 현재는 여전히 시행착오trial and error 상황에 처해 있다. 경쟁하는 다수의 구상들이 제각기 주도면밀하고, 따라서 쉽게 반목할 수 있기 때문이다. 에너지 변화의 실현이 어려운 진짜 문제는 바로 여기에 있다.

이러한 암초들을 어떻게 극복하고 재생 가능 에너지를 빨리 발전시킬 수 있을까 하는 물음은 그래서 중요하다. 한편으로는 전통적인 에너지 시스템의 약점뿐만 아니라 강점 역시 반드시 인식해야 한다. 반대로 전략마다 재생 가능 에너지 본래의 강점에 기반을 두고 그 강점을 주장해야 한다. 각각의 강점과 약점은 기술적이고 경제적일 뿐만 아니라, 정신적이고 특히 정치적이기도 하다. 시스템의 긴장 관계가 에너지 변화라는 사안의 근원이기 때문에, 시스템 갈등이 이 책의 중심에 놓인다.

옛 전선과 새 전선

전환의 '하이브리드 단계'에서는 정세와 활동가들도 달라진다. 재생 가능 에너지와 전통적인 에너지의 주역들 간에 형성된 전선은 오랫동안 뚜렷했고 한눈에 파악 가능했다. 한쪽에는 처음에 아직 수적으로 미미한 재생 가능 에너지의 선구자들이 있다. 재생 가능 에너지를 위한 조직, 환경 단체, 환경 연구소, 정치에서 활약하는 각각의 활동가, 선구자 기업, 매체에서 활동하는 심정적 지지자 등이 여기에 속한다. 다른 쪽에는 한목소리로 거부하는 전선이 존재한다. 에너지 산업, 에너지 산업과 전통적으로 긴밀하게 협력하는 정부, 기존의 연구소와 경제 단체, 다수의 기업체와 경제 매체 등이다. 두 전선은 이제 와해되었고, 그와 동시에 활동가들도 편을 바꾸었다.

기업체, 신용 기관, 투자 집단 등은 재생 가능 에너지를 위한 설비 생산과 프로젝트의 자금 지원에 매력적인 전망이 있음을 인식했다. 경제 단체와 산업 단체는 오랫동안 확고하게 기존 에너지 경제의 편에 섰다. 그리고 그들과 함께, 재생 가능 에너지는 쓸모없을 뿐만 아니라 재생 가능 에너지의 옹호자들 또한 '경제에 적대적'이라고 공공연히 비난했다. 그런데 이제는 이들 사이에서 재생 가능 에너지의 시장성을 찬미하는 목소리가 높아지고 있다. 전통적인 에너지 공급의 부속물이 되어 버린 자치 단체의 에너지 기업들은 장차 재생 가능 에너지에서 독자적 역할을 할 새로운 기회를 알아본다. 재생 가능 에너지가 널리 일반화될수록, 정당들과 정치적 기관들은 그만큼 더 재생 가능 에너지에 뜻을 둔다.

기존의 에너지 경제에서도 핵/화석 에너지가 진퇴양난에 빠지고 있음을 깨닫는 새로운 세대의 결정 주체들이 성장하고 있다. 이들은 따라서 재생 가능 에너지에의 진입을 전통적인 에너지 공급의 구조에 맞는 방식으로 조성하려고 애쓴다. 옛날처럼 거부하는 방법은 먹히지 않는다. 지금은 함께하는 것이 중요하다. 가까이 다가오는 기차에 올라타 적어도 기차 운행 시간표와 속도에라도 영향을 미치는 것이 중요하다. 에너지 콘체른들은 재생 가능 에너지에도 투자하고 있다고 변명하면서, 핵/화석 에너지의 고수를 공공연히 정당화하려 한다.

지금까지 주로 거부를 해 오던 전선이 해체되는 것과 함께 재생 가능 에너지 주역들의 범위도 세분화되었다. 발전의 동기가 된 정치적 단초들은 수정되어야 한다. 이를 위한 각가지 제안들이 있지만, 일관성과 선견지명이 있는 기획이라는 확신은 종종 부족하다. 덩치가 커지는 파이의 배당이 문제 되자마자 재생 가능 에너지의 발전 과정 중에 형성된 경쟁적인 이해관계들이 명백히 드러난다.

그럼에도 전통적인 에너지 경제는 재생 가능 에너지를 에너지 공급의 선회점으로 여겼다. 재생 가능 에너지의 옹호자들은 전통적인 에너지 경제의 어조가 달라진 것에서 제휴의 용의가 있음을 알아챈다. 재생 가능 에너지 설비 생산자들은 에너지 콘체른으로부터 주문을 받고 동업자가 된다. 재생 가능 에너지를 위한 연구소들은 이제 기존 에너지 기업들로부터 연구 용역을 수주한다. 전통적인 에너지와 재생 가능 에너지의 공존과 협력이 중요하고 배상 청구claim의 상호 취하가 문제 될 때는 정부가 나서서 합의를 하도록 권한다. 재생 가능 에너지를 옹호하느라 오랫동안 무시당한 아웃사이더 처지였던 많은 이들에게 이것은 커다란 진보로 보인다. 그리고 언제나 갈등보다는 합의가 기분 좋기 때문에 실제로 타협할 용의도 생겨난다. 그래서 보이지 않는 경계를 예기치 않게 넘어갈 때가 있다. 그러나 바로 그 경계가 타협이 끝나고 치욕이 시작되는 지점이다.

이 모든 것은 과도기를 전형적으로 보여 준다. 과도기에는 모든 당사자가 새로운 상황에 맞추고 많은 이들이 동의를 얻기를 바란다. 그래야 확신 같은 것이 생기기 때문이다. 이때 누구에게나 전체 발전을 생각하는 능력이나 의지가 있는 것은 아니다. 어떤 동의가 도움이 되고 건설적일 수 있다면, 또 그만큼 위축시킬 수도 있다. 항상 이런 물음이 나올 수밖에 없다. 무엇을 위한 합의이고 누구와의 합의이며, 이때 누가 우위를 점하는가? 변화의 영향을 받는 것이 천차만별인 사람들 모두에게 동의를 얻는 것은 부득이 늦어질 수밖에 없다. 또는 공동의 목표를 추구하고 이를 위해 연대하는 세력들 간의 합의는 어떤가? 신속한 에너지 변화를 위한 모든 당사자들의 합의는, 추구되는 목표가 모두를 위한 '상생win-win'의 전망을 열어줄 때에만 생각할 수 있을 것이다. 이런 약속을 말로 잘하는 것은 불가피한 갈등을 피하려는 사람들이다. 하지만 재생 가능 에너지로 새로이 방향을 설정할 때 '상생'은 객관적으로 불가능하다.

100퍼센트 재생 가능 에너지로의 변화는 산업기Industriezeitalter*가 시작된 이래 가장 광범위한 경제적 구조 변화를 의미한다. 승자와 패자가 없는 구조 변화는 생각할 수 없다. 패자는 무조건 전통적인 에너지 공급자일 것이다. 그 수준이 어느 정도일지는 인식과 준비와 능력에 달려 있다. 완전히 구조를 바꾸어야 한다는 인식, 극심하게 감소하는 시장 점유율에 순응할 준비, 더 이상 에너지 경제적인 장이 아닌 새로운 활동의 장을 찾아낼 수 있는 능력 말이다. 이런 변화의 과정에 패자의 역할에서 벗어나 에너지 경제의 중심 역할을 유지하려는 시도들은 모순적이고 쓸모없고 값비싼 속도 지연 전략으로 이어진다. 변화의 승자는 세계 문명 전체와 그 사회 및 경제가 될 것이다. 과학 기술 기업, 많은 지방 및 지역 기업들이 이 승자에 속한다. 어쨌든 에너지 변화의 승자가 패자보다 결정적으로 많을 것이다. 아직 잠재적인 승자 대부분은 그 가능성을 의식하지 못

---

* 18세기 말부터 19세기 초까지를 가리킨다.

한다. 그 때문에 이들은 여전히 반대편에 서 있다. 실제적 사건에 더 큰 영향을 미치는 것은 아직 기존의 잠재적 패자들이다. 여전히 전혀 자리를 잡지 못한 승자들이 미치는 영향은 이보다 미미하다.

실제 리얼리즘

재생 가능 에너지를 위한 모든 경제적 발의뿐만 아니라 정치적 발의도 각각 행동을 유도하는 동기와 무관하게, 어떤 식으로든 발전을 촉진하기는 한다. 그러나 모든 발의의 가치가 동일하지는 않으며, 신속한 에너지 변화의 실현에 똑같이 적합하지는 않다. 따라서 옥석을 가려내고 다음의 사항을 인식하는 것이 대단히 중요하다.

- 어떤 발의들이 재생 가능 에너지의 무제한적인 발전을 가능하게 하고, 또 어떤 발의들이 재생 가능 에너지를 제한된 정도로만 허용하는가. 그리고 이 발의들은 상호 보완하는가, 아니면 서로 방해되는가.
- 어떤 구상들이 재생 가능 에너지를 위한 활동가들의 수를 늘리고, 그들에게 필요한 행동반경을 부여하는가, 또 그에 반해 어떤 구상들이 소수의 활동가로 범위를 국한하고 진행의 계속을 그 소수에 좌우되게 하는가.
- 어떤 발의들이 재생 가능 에너지로 새로이 방향을 설정하기 위한 다양한 동기들을 정당하게 평가하는가. 그 동기들을 하나의 목적(가령 기후 보호를 위한 의미)에 국한함으로써 자동적으로 구상을 제한하는 대신 말이다.

논란의 여지가 있는 질문들은 많다. 국제적인 조약에 의존해야만

하는 것은 무엇인가? 세계 기후 협의는 그다음의 모든 것을 좌우하는 최상의 방도인가, 아니면 자주 다녀 겨우 조금 닦아 놓은 길과 같은가? 탄소 배출권 거래*는 에너지 변화를 조장하는가, 아니면 저지하는가? 더 광범위한 다자간 단초들이 필요한가, 아니면 더 많은 개별적인 선도자들이 필요한가? 재생 가능 에너지에 대한 상이한 선택들은 어떤 위치를 점하는가? 재생 가능 에너지를 주로 해가 더 많이 비추거나 바람이 더 많이 부는 곳에서, 즉 공간적으로 집중이 되는 곳에서 얻을 것인가, 아니면 어디에서나 가능한가? '저렴하고 경제적인' 에너지 공급이라는 말은 어떻게 이해될 수 있는가?

그런데 재생 가능 에너지로 에너지를 공급하는 '분산적인' 또는 '집중적인' 구조에 대한 논의가 점차로 논란의 여지가 있는 문제들의 중심에 놓인다. 이를 위해 대형 발전소가 전반적으로 필요한가, 만약 그렇다면 어떤 조건으로 가능한가? '슈퍼그리드supergrids'**로 넓은 공간에 걸친 전력망 확대는 주로 분산적인 재생 가능 에너지 공급을 위해서도 포기될 수 없는가, 아니면 지방 및 지역의 '스마트그리드smart grids'***에 중점을 두어야 하는가? 이런 쟁점들에서는 행동의 구상에 차이가 날 뿐 아니라, 재생 가능 에너지 도입에 대한 목표에도 갈등이 생겨난다. 이들 갈등은 거론하고 해결해야 한다.

....

* 각국별로 온실가스인 이산화탄소 배출 감축 의무와 연간 배출 허용량을 정한 뒤 할당량만큼 감축이 불가능한 기업이나 국가는 감축 목표를 초과 달성한 기업이나 국가로부터 배출권을 사들여 목표를 달성토록 허용한 제도.
** 북해 연안 국가들의 신재생 가능 에너지 설비를 하나의 거대한 전력망으로 연결하는 프로젝트.
*** 기존의 전력망에 정보 기술IT을 접목하여 전력 공급자와 소비자가 양방향으로 실시간 정보를 교환함으로써 에너지 효율을 최적화하는 차세대 지능형 전력망.

정당과 정부만이 아니라 재생 가능 에너지를 옹호하는 많은 이들도 이런 갈등이 두려워 뒷걸음친다. 그리고 갈등을 피한다는 이유로, 서로 배치되는 모든 구상들이 똑같이 중요하고 장려할 만하다고 설명된다.

재생 가능 에너지로 가는 수단과 방법에 관한 논쟁은 정치적 기관만이 아니라 환경 단체와 재생 가능 에너지를 위한 단체들에서도 벌어진다. 이런 논쟁은 많은 사람들을 어리둥절하게 만들고, 에너지 변화를 위해 여론과 정치가 어떤 길로 나아가야 하는지 불안하게 한다. 그 바람에 여러 가지 단초들을 그 실제적 성공의 전망과 결과에 따라 평가하는 현 상황에 대한 비판적인 점검이 늦어졌다. 무엇보다 중요한 것은 간과할 수 없고 유예할 수 없게 된 에너지론적인 생존 문제(특히 윤리적인 생존 문제)를 여전히 주로 자의 반 타의 반 마지못해 다루는 이유가 무엇인가 하는 점이다. 설령 그럴듯하게 명시되는 이유들이 뻔하며, 일관되게 강조되는 에너지 변화가 필수 불가결하게 되었다 해도 말이다.

'로마로 통하는' 데는 비교적 짧은 길도 있고 긴 길도 있다. 이 길들에는 각가지 상이한 저항과 전환의 문제들이 깔려 있고 정치, 경제, 사회, 문화 등과 관련된 다양한 성과가 있다. 에너지 변화의 목표를 가장 빨리 달성할 수 있는 이 길들을 분명히 인식하는 것이 더욱 중요하다. 이 길들로 나아갈지 여부는 경영학이나 '에너지 정책'만 염두에 두고 결정해서는 안 된다. 오히려 국민 경제적으로, 전체 정치적으로, 특히 윤리적 원칙에 따라 결정해야 한다.

이 책에서 시도하는 현 시스템의 점검은 돌파 전략을 위한 길 찾기의 보조 수단으로서 고려된다. 지금까지 독일에서 그리고 국제적으로 가장 성공을 거둔 재생 가능 에너지를 위한 정치적 발의들이 발전하고 관철되는 과정에서 필자가 한 경험들이 현 시스템 점검의 토대가 된다. 많은 나라에서 나타난 이런 구상의 성공과 실패에 관한 필자의 관찰도 포함된다. 뭔가를 관철시키기 위해서는, 어떤 장애물이 예상 가능하고 그 장애물을 어떻게 극복할 수 있을지 인식해야 한다. 그러기 위해서는 저항 배후에 어떤 이해관계와 의도가 있고, 이에 맞서 어떤 세력을 내세워야 하는지 알아야 한다. 이때 각각의 활동가가 직면하게 되는 물음은, 리얼리즘에 대한 어떤 기본 이해가 자기 행동의 토대가 되느냐 하는 것이다. 리얼리즘을 기존의 틀 내에서 그리고 주어진 세력 관계에서 실현 가능해 보이는 것만 추구하는 것이라고 이해하는 사람들이 너무도 많다. 하지만 현 상태를 분석해 본 결과 실제적인 도전에 대해 어떤 적절한 답변도 허용하지 않는 제한적인 행동 가능성만 있다면, 리얼리즘에 대한 다른 이해가 요청된다.

행위의 틀을 확대할 수 있으려면 힘의 평행 사변형parallelogram of forces*을 변화시키는 것을 목표로 삼아야 한다. 전통적인 에너지 공급으로 첨예화되는 위험에 직면하여 중요한 것은 단지 '가능한 것의 기술'로서의 정치가 아니다. 가능하게 될 수 있는 '필요한 것의 기술'로서의 정치이다. 이것이 에너지 변화에 필요한 실제 리얼리즘이다. 분석과 구상은 타협 없이 주도면밀해야 한다. 대체로 불가피한 타협들은 실천적 변환의 영역에 속한다. 따라서 필자는 어떤 난국

* 한 물체의 어떤 점에 동시에 작용하는 두 힘을 합성할 경우의 작도법. 이 점에서 이웃한 작용선을 두 변으로 하는 평행 사변형을 그려 보면 처음의 점을 지나는 대각선이 합력을 나타낸다.

을 극복해야 하며 일차원적인 고찰들이 왜 더 나아가지 못하는지를 보여 줄 것이다. 개방적인 사유는 실천적 돌파를 위한 전제이다.

변화를 위한 정치적 열쇠는 에너지 경제의 현재 행동 틀을 깨트리는 데 있다. 이 행동 틀은 불가피하게 특수하며, 경제와 사회와 문화에서 재생 가능 에너지로 바뀔 수 있는 광범위한 가능성을 제한한다. 경제 및 사회 전체의 미래 프로젝트로서 에너지 변화는 에너지 경제적 방법과 계산으로만 실현될 수 있는 것이 아니다. 계속 다양해지는 기술 공학적 가능성들은 에너지 변화를 놀라울 정도로 빨리 실현한다. 그처럼 빠른 변화를 현대의 실용주의자들은 불가능하다고 여긴다. 신속한 에너지 변화는 수많은 자발적인 활동가를 필요로 한다. 이들은 더 이상 발의를 두고 남들의 행동을 기다리려 하지 않으며, 또 기다릴 필요도 없다.

필자가 『에너지 주권Energieautonomie』(2005)에서 대변하고 근거를 덧붙인 이런 주장은 일반 외부 평가 전문가들의 불길한 예언과 달리, 실제로 적절하다고 확인되었다. 소심함을 극복하기 위해서는 다른 정치적 벌채가 필요하다. 기존 에너지 경제가 다양한 정치 비호를 통해서 지배적인 위치를 얻을 수 있었고 또 유지 가능했기 때문이다. 이런 유착에 대해서는 거의 언급되지 않을뿐더러, 재생 가능 에너지를 위한 정치적 발의보다 훨씬 덜 비판적으로 고찰된다. 이런 식의 비호는 정치적으로 폐지되어야 한다.

이 책의 출발점은 재생 가능 에너지가 아니라 사회이다. 사회의 지속 가능성에서 에너지 변화가 어떤 근본적인 의미를 지니는가에 대한 인식이다. 재생 가능 에너지에서 시작해 재생 가능 에너지를 위한 정책에 도달하는 것이 아니라, 문제적 시각과 정치적 책임의 이해에서 출발해 재생 가능 에너지에 이르고 있다. 재생 가능 에너지로의 변화는 문명사적인 의미를 지닌다. 따라서 이 변화를 어떻게 가속할 수 있는지 알아야 한다. 모자란 것은 재생 가능 에너지가 아니다. 빠듯한 것은 시간이다.

1부
현재에 대한 점검

1장
재생 가능 에너지의 대안은 없다
오랫동안 배척된 자연법칙적 명령

.
.
.
.
.
.
.
.
.
.
.
.
.
.
.
.
.
.
.
.
.
.
.
.
.

"태양은 우리에게 계산서를 보내지 않는다." 태양은 초당 3,860해 와트를 방출하며 그중 5억 와트가 우리의 행성과 만난다. 인간이 현재 일상적으로 필요로 하는 에너지보다 날마다 여전히 2만 배나 많은 양이다. 에너지 공급을 위한 잠재력이 이 정도로 충분한데도, 아직도 의심한다면 정말 웃기는 일이다.

일이 어쩌다 이처럼 극적으로 첨예
화되어, 재생 가능 에너지로의 변화를 극심한 시간적 압박을 받으며
결단해야 하는 상황에 이르게 되었을까? 재생 가능 에너지는 왜 그
처럼 오랫동안 무시되거나 별로 좋은 평가를 받지 못했을까? "나는
과거보다 미래에 더 관심이 있다. 왜냐하면 그 미래에 살아 있을 작
정이니까."라는 알베르트 아인슈타인의 정언에도 불구하고, 이런 물
음들이 제기된다. 그러나 올바른 미래의 선로에 오르기 위해서는,
철학자 쇠렌 키르케고르S. A. Kierkegaard, 1813~1855의 다음 명언을 유
념해야 할 것이다. "인간은 앞을 바라보며 살아가야 하지만 삶을 이
해하기 위해서는 뒤를 돌아봐야 한다." 과거를 돌아보는 것은 미래
의 발전에 방해가 되는 정신적 구조적 저항들을 아주 분명히 파악
하는 데 도움이 된다. 모든 과거는 우리가 분명히 의식하든 안 하든
생각과 현실과 마음에 흔적을 남긴다.

　확실히 지난 몇 년간 재생 가능 에너지의 근본적인 의미에 대한
인식은 비약적으로 커졌다. 그러나 이보다 더 주목할 만한 것은, 이
런 인식의 과정이 얼마나 오래 걸렸는가 하는 점과, 오래전부터 훨

씬 많이 검증된 과학 기술이나 이에 대한 구체적 발의들이 존재하는 것은 아니라는 점이다.

화석 에너지의 이용이 단지 과도기적 단계이리라는 것은 자연법칙상 이미 정해져 있었다. 1909년 노벨 화학상을 수상한 빌헬름 오스트발트Wilhelm Ostwald, 1853~1932는 1912년에 출간한 책 『에너지 명령Der energetische Imperativ』에서 분명하고도 반박할 수 없는 지적을 했다. "화석 연료라는 뜻밖의 유산이 지속적인 경제의 원칙들을 당분간 놓쳐 버리고 되는대로 살아가게" 유혹한다고 말이다. 또 화석 연료가 필연적으로 고갈될 것이기 때문에 "지속적인 경제는 전적으로 태양 복사solar radiation의 규칙적인 에너지 공급에 근거할 수 있을 뿐"이라는 인식을 부득이 하게 될 것이라고 주장한다.

그래서 오스트발트는 이런 명령을 하기에 이르렀다. "에너지를 탕진하지 말고 이용하라." 여기에서 탕진이란 화석 에너지의 연소를 의미했다. 이는 파괴적인 표현이었다. 사용된 자원이 에너지 투입에 있어 돌이킬 수 없이 영영 사라진다는 뜻이기 때문이다. 그는 '상존하는' 에너지를 그 반대쪽에 놓는다. 그리고 그 상존하는 에너지를 우리는 오늘날 '재생 가능 에너지'라고 부른다. 이 에너지는 덴마크에서 더 적확한 말, 즉 '영속적인 에너지'라 불린다. 오스트발트는 철학자 임마누엘 칸트의 "너의 의지의 준칙이 언제나 동시에 보편적 입법의 원리로 통할 수 있게 행동하라."라는 '정언 명령kategorischer Imperativ'*보다 '에너지 명령'을 사회적으로 높게 자리매김한다.[3]

---

* 행위의 결과에 구애됨이 없이 행위 그것 자체가 선(善)이기 때문에 무조건 그 수행이 요구되는 도덕적 명령.

더 간단히 표현하면, 옛 격언에 나오는 말로 바꿀 수 있다. "네가 원하지 않는 것은 다른 사람에게도 행하지 말라." 누구나 깨끗한 공기 속에서 살고자 한다. 따라서 아무도 남들이 호흡할 공기를 오염시켜서는 안 될 일이다. 모든 인간은 에너지 자원이 필요하다. 누구도 남들이 쓸 양을 바닥낼 정도로 에너지를 너무 많이 소모하면 안 된다. 지금까지만 보더라도 화석/핵에너지가 인류 전체의 에너지 욕구를 충족하기에 충분치 않다는 것이 자명했다. 매장량이 고갈되고 있는 동시에 에너지 수요가 증가하는 현재 상황을 보면, 가까운 미래에 인류의 에너지 수요는 점점 더 충족하기가 어렵게 될 것이다. 오스트발트는 칸트의 정언 명령에서 도덕률을 본다. 반면에 그의 명령은 자연법칙적이다. 도덕률의 준수 여부는 도덕적인 문제이다. 이 물음은 사회적 공동생활의 품질을 결정한다. 그러나 자연법칙은 우리에게 어떤 선택도 허용하지 않는다. 자연법칙의 무시는 심각한 결과를 가져와 결국 칸트의 윤리적 원칙들 역시 실현할 수 없게 될 것이다.

오스트발트는 당시 세계적으로 인정받는 과학자였음에도, 세상은 그의 상식적인 경고를 못 들은 체했다. 에너지 소비는 20세기 초만 해도 비교적 적었다. 지구의 인구는 15억 명에 불과했다. 전동화電動化는 아직 걸음마 단계였다. 자동차 교통 분야도 마찬가지였다. 항공 교통은 아직 없었고 교역량과 수송량도 훨씬 적었으며, 에너지를 소비하는 가정용품은 몇 가지에 불과했고 라디오도 텔레비전도 없었다. 보는 시각에 따라 오스트발트의 상식적인 경고는 너무 일렀거나 너무 늦었을 수 있다. 아직은 화급을 다투는 일이 아니었기 때문에 너무 일렀을 수 있고, 또는 화석 에너지 경제가 이미 단단히 자리를 잡아 정치와 기업체와 특히 과학 기술의 발전에 결정적인 영향을 끼

쳤기 때문에 너무 늦었을 수 있다.

화석 에너지 경제의 역사는 20세기 초에 이미 100년을 넘어섰다. 이 역사는 과학 기술의 혁명, 즉 제임스 와트James Watt, 1736~1819의 증기 기관으로 시작되었다. 1769년에 특허를 받은 증기 기관은 처음 목탄으로 가열되다가 점점 더 석탄의 비중이 커졌으며 곧 산업 혁명의 원동력이 되었다. 증기 기관은 이내 공업 제품 생산에 투입되더니 그다음에는 기선 항해에, 도래하는 철도를 위한 증기 기관차에, 마지막으로 기력 발전소*에 배치되었다. 기력 발전소는 석탄으로 가동되는 화력 발전소부터 원자력 발전소에 이르기까지, 오늘날에도 대부분의 대형 발전소가 보유하고 있는 과학 기술을 보여 준다. 증기 기관은 근대 에너지 경제가 태동하는 기초를 마련했다.

근대 에너지 경제는 처음에는 석탄 경제였고, 그다음에는 석유 및 가스 경제로, 즉 에너지 연소 경제로 확대되었다. 이와 마찬가지로 2차 에너지 기술의 발전만이 근본적인 의미를 지녔다. 내연 기관과 더불어 자동차 혁명이 이루어지고, 항공 교통이 가능해진 것이다. 그러나 이 또한 과학 기술적인 형태와 전문화 과정에서는 이미 에너지를 공급하고 있는 화석 에너지에 맞추어 실행되었다. 이로써 화석 에너지 경제에 훨씬 큰 추진력이 생겼다. 이렇게 볼 때 하나의 과학 기술이 향후 200년의 길을 낸 것이다. 우연히 좋은 의도에서 비롯된 일이었겠지만, 예기치 않은 불의의 연쇄 작용도 나타났다.

판도라의 상자는 열렸다. 그리스 신화 속 판도라는 프로메테우스

----

* 증기 터빈 또는 증기 기관과 같이 증기를 유체流體로 하는 원동기를 사용하여 발전기를 운전하는 화력 발전소의 하나.

와 함께 인류의 에너지 드라마를 상징한다. 프로메테우스는 하늘에서 불을 훔쳐 인간들에게 그 사용법을 가르친 인물로서, 새로운 에너지 구상이나 그것에 대한 추구를 대변한다. 최고의 신 제우스는 이를 파렴치한 짓으로 여겼다. 그로 인해 인간들이 엄청난 불행을 맞이했기 때문이다. 그런데도 인간들은 감격하느라 그 불행을 짐작도 하지 못했다. 그래서 제우스는 프로메테우스를 바위에 묶어 두었다. 그렇다고 인간들에게서 다시 불을 빼앗을 수는 없었기에 인간들도 처벌하려 했다. 제우스는 판도라라는 인물을 창조하고, 그녀에게 뚜껑이 닫혀 있는 상자를 선물로 주었다. 그 상자 안에는 온갖 음험한 유혹들이 담겨 있었다. 호기심에 굴복한 판도라가 상자를 열자, 그 유혹들은 온 세상으로 흩어졌다. 상자 안에 남은 것은 오직 더 나은 세계에 대한 희망뿐이었다. 이처럼 프로메테우스는 한계를 넘어서는 가능성을 대담하게 추구하는 것을 대변하고, 판도라는 이로부터 생겨나는 악들을 경솔하게 방출하고 싶은 유혹을 대변한다.

모든 삶의 영역에 에너지 공급이 속속들이 광범위하게 파고들면서 유한한 화석 매장층에 크게 영향을 미친다는 온갖 우려가 쏟아졌으나 1950년대에 핵에너지가 나타나면서 이 모두를 떨쳐 버렸다. 핵에너지는 고갈되는 화석 에너지를 대신할 수 있는 깨끗하고 일반적으로 대단히 값싼 대안으로 찬양되었다. 핵에너지는 인간이 만든 프로메테우스적인 새로운 선물로 보였다. 핵에너지에 도취되면서 사회가 화석 에너지의 막다른 골목에서 이제 핵에너지라는 막다른 골목으로 내몰릴 수 있다는 온갖 경고는 귀에 들어오지 않았다. 대단히 복합적인 핵에너지가 세상을 매혹하여 사로잡았고, 핵물리학자들로부터 최고의 경의가 잇따랐다. 핵폭탄 제조를 위해 개발된 핵분열은 지금까지의 모든 물리학적 성과들을 훨씬 능가했다. 또한 이것이 민간에 탁월한 이용 가치가 있을 리 없다는 것은 상상할 수 없는 일로 여겨졌다. 핵에너지의 초기 비판가들은 대수롭지 않은 인사로 치부되었다. 예컨대 명망 있는 자연 과학 교수인 동시에 독일 연방 의회 의원이었던 카를 베헤르트Karl Bechert, 1901~1981*는 이런 일을 직접 겪었다. 그는 핵에너지에 내포된 감당할 수 없는 위험성을 집요하게 경고했다. 1957년 핵에너지의 진로를 터 주는 원자력법Atomgesetz이 결의되었을 때에도 유일하게 반대표를 던졌다. 그는 소속 정당인 사민당에서조차도 귀 기울여 주지 않는 벽에 부딪혔다. 그의 항변은 모독으로 받아들여졌다.

1차 세계 대전 이후 사람들은 1945년 8월 히로시마와 나가사키에 원자 폭탄이 투하되는 충격을 몸소 겪었다. 이 세대는 그 직후 시작되는 '동서 간 냉전'으로 늘 핵전쟁에 대한 긴박한 불안 속에서 살았다. 이 또한 '핵에너지의 평화로운 이용'에 대한 희망을 여실히 보여 준다. 핵 군비 경쟁과 핵 위협 전략에 직면하여, 핵분열의 파괴적인 과학 기술에서 건설적인 면을 찾아내야 했던 것이다. 그리하여 핵폭탄을 반대하는 시위에서 원자력 발전소를 찬성하는 운동이 나왔다. 나중에 1970년대에 이르러서야 비로소 이런 희망이 위험한 망상이라는 의식이 무르익고 확산되었다. 그러나 당시에도 늦어도 지금쯤에는 머릿속에 떠올릴 수밖에 없는 결론을 여전히 이끌어 내지 못하고 있었다. 재생 가능 에너지(즉 핵에너지에 대한 비非화석 에너지 대안)에 전적으로 주목해야 한다는 결론 말이다. 재생 가능 에너지만

---

* 독일의 이론 물리학자이자 사민당 정치인.

이 인간의 에너지 수요를 충족할 수 있다는 사실은, 싹트고 있던 환경 운동계에서조차 아직은 상상할 수 없는 것이었다. 1990년대에 들어와서도 대다수 경제학자와 정치가는 재생 가능 에너지의 편에서 재생 가능 에너지가 에너지 공급에 있어 화석 에너지 못지않을 뿐 아니라 오히려 우월하며 더 가치 있는 선택이라고 공공연히 말하기를 꺼렸다. 재생 가능 에너지의 옹호자들조차 지배적 여론에 굴복했고, 자신의 구상을 종종 변명하는 어조로 선전했다. 그들 자신도 널리 공고된 '원자력 시대'에 맞서 이단을 행하고 있음을 알고 있었다.

1. 현상의 힘: 화석/핵에너지 공급의 세계상

핵에너지는 수십 년간 사람들로 하여금 재생 가능 에너지가 화석 에너지의 근본적인 대안이 된다는 사실을 주목하지 못하게 했다. 화석 에너지 이후의 시대는 핵에너지가 주도하여 지탱할 것이라고 생각되었다. 배타적인 위치 역시 두말할 필요가 없었다. 그때 즉 반세기 전부터 재생 가능 에너지를 핵에너지만큼만 믿었더라면, 오늘날 세계 문명을 위협하는 기후 문제는 아마도 없을 것이다. 그랬더라면 걸프전이나 이라크전 같은 에너지 전쟁을 겪을 필요도 없었을 것이다. 기후 오염도 훨씬 덜할 것이고, 질병도 적을 것이다. 우리가 언제, 어디에, 어떻게 지속적으로 안전하게 보관해야 하는지 알지 못하는 핵폐기물도 없을 테고 말이다. 우리는 핵폐기물이 아주 오랜 기간에 걸쳐 어떤 문제와 비용을 남겨 놓을지 모른다. 재생 가능 에너지를 믿었다면 우리의 산업은 이미 오래전부터 청정 기술clean tech*로 제품을 생산했을 것이다. 환경 난민도 거의 없을 테고, 개발 도상국의 빈곤도 덜할 것이다. 또 오늘날 미래에 대해 집단적으로 불안해하지 않는 세상에서 살고 있을 것이다. 그리고 세계 문명은 후속 세대에 감당할 수 없는 짐을 지우는 대신, 우리 세대와 똑같은 생존 가능성을 확실히 남겨 줄 수 있을 것이다.

이런 상상을 펼치는 것은 우울한 회한만이 아니다. 실제로 1950년대에 이미 과학 기술의 구체적 가능성은 핵에너지보다 재생 가능 에너지에 더 많이 열려 있었다. 단 하나의 원자력 발전소가 건설되기 전에 이미 이 분야에는 여러 가지 실천적 경험들이 있었다. 덴마크 교사 폴 라 쿠르Poul la Cour, 1846~1908**가 최초의 풍력 설비를 작동시킨 이후, 바람에서 전기를 어떻게 생산하는지 이미 알고 있었다.[4] 미국에서는 1930년대에 이미 농장 지역에 수백만 기의 풍력기가 있었다. 프랑스도 태양열 발전소에서 전기를 어떻게 생산하는지 입증했는데, 마르셀 페로Marcel Perrot의 책 『황금 오일Das goldene Öl』에서 확인 가능하다.[5] 빛의 변화를 이용한 전력 생산(태양광 전지) 또한 1950년대 중반부터 발전의 첫발을 내딛었다. 이 과학 기술의 역사는 볼프강 팔츠Wolfgang Palz의 지침서에 요약 설명되고 있는 것처럼,[6] 처음에 우주 비행을 위해 개발되었다. 본디 물에 의해 가동되는 터빈으로 전기를 생산할 수 있다는 것은 상식이었다. 저수지의 크기와 대형 수력 발전소의 강세가 비례하는 추세를 보이기 이전에도 전력 생산의 역사는 수많은 소형 수력 발전소에서 시작되었기

----

* 환경 문제를 해결하는 데 도움이 되거나 오염 물질 발생 자체를 줄이는 친환경 기술.
** 기상학자이자 근대 풍력 설비의 개척자.

때문이다. 유수에 분산된 설비는 오래전부터 그 잠재력이 대단했으나 점점 더 등한시되었다. 바이오매스biomass* 연료와 마찬가지로, 바이오 가스biogas**를 이용한 사례들도 이미 많이 있었다. 이들 중 하나를 선택하여 믿을 만한 전력 공급 시스템을 만드는 데 필요한 과학 기술은 항상 핵에너지의 경우보다 덜 복잡하고 비용도 적게 들었다. 오늘날 (국가적 연구 정책을 살펴보면 재생 가능 에너지가 핵에너지에 비해 여전히 불리함에도 불구하고) 기술과 경제가 재생 가능 에너지로 새로이 방향을 정립할 수 있는 가능성은 활짝 열려 있다. 그래서 에너지 공급의 완전한 변화를 더 이상 지체 없이 단숨에 이루고, 이로써 핵과 화석의 에너지 시대를 마감할 수 있는 것이다.

화석/핵에너지에 근거한 에너지 공급은 20세기가 지나는 동안 에너지 공급의 본보기가 되었다. 대형 발전소에 대한 집착과 이를 위해 설비된 전력망이 그렇다. 여러 세대에 걸쳐 추구되는 본보기는 준칙이 된다. 즉 다른 증거도 더는 필요 없고, 문제시하는 것도 금기시되는 기본 가정이 되는 것이다. 과학에서는 이 준칙에서 나오는 패러다임이 사유의 방향을 결정하고, 이의 제기를 배제했다. 과학의 동의는 정치와 경제와 사회 전체로 전이되었다. 이 동의에 따르는 결정들은 물리적 형태를 취하고, 폭넓은 구성원들에게 당연시된다. 인간이 세상을 이해하는 방식은 흔히 스스로 보는 것과 행동하는 것에 영향을 받아 형성된다. 패러다임은 대안이 있을 때에도 사유와 행동 자체를 무의식적으로 결정하는 세계상이 된다. 그리고

* 에너지원으로 이용되는 식물, 미생물 등의 생물체.
** 미생물 발효나 효소 등을 이용한 생물 반응으로 생성되는 연료용 가스의 총칭.

여론을 형성하는 영향력을 가진 강력한 이해관계들이 무조건 그것을 고수하려 할 때 그만큼 더 끈질기게 유지된다. 그 결과, 외부를 제한적으로 인지하면서 사물을 폐쇄적으로 바라보게 된다.

완고한 세계상에 사로잡힌 가장 유명한 역사적인 예는, 지구가 태양의 주위를 돈다는 인식에 대한 가톨릭교회의 대응이다. 천문학자 니콜라우스 코페르니쿠스Nikolaus Kopernikus, 1473~1543는 교회의 교리가 된 지구 중심적인 세계상에 이의를 제기했다. 교회는 지구를 우주의 중심으로, 인간을 창조의 주인공으로 보았다. 이런 인식에 대한 본격적인 갈등은 태양 중심의 새로운 세계관이 당대에 가장 유명한 과학자였던 갈릴레오 갈릴레이Galileo Galilei, 1564~1642에 의해 확인되고 공공연하게 유포되었을 때 비로소 시작되었다. 그 때문에 갈릴레이는 이단의 누명을 썼다. 갈릴레이가 1992년 교황 요한 바오로 2세에 의해 (13년에 걸친 조사 후에) 공적으로 복권될 때까지는 360년이 걸렸다. 즉 태양 중심의 세계상이 상식이 된 지 이미 오래된 시점에 복권이 이루어졌다. 재생 가능 에너지가 인간의 에너지 공급에 대한 보편적인 대안이라는 고백은, 에너지에 대한 사유와 에너지 공급의 실제에 있어서 코페르니쿠스-갈릴레이적인 전환을 의미한다. 재생 가능 에너지를 부인하고 그 주역들을 이단으로 단죄하는 것은 갈릴레이의 경우처럼 그렇게 오래 계속되지는 않았다. 그러나 코페르니쿠스-갈릴레이적인 전환은 최근의 세계 발전에 있어 확실히 더욱 중요해졌다.

전통적인 에너지 공급의 옹호자들도 그들의 교황청과 신학자 그리고 이미 자리매김한 조직을 소유하고 있다. 에너지 콘체른, 국제 에너지 기관(국제 핵에너지 기구, 국제 에너지 기구, 핵에너지 협회, 유럽 원자력 공동체EURATOM) 및 국내 기관 등이 해당된다. 이 조직이 에너지 논의를 수십 년간 독점했고, 오늘날까지 에너지에 대한 전통적인 사유를 대표하고 있다. 재생 가능 에너지로의 전환은 (물리적인 이유들 때문에라도) 새로운 사유를 요구한다. 에너지 공급의 어떤 시스템(에너지를 수중에 넣기 위해 과학 기술, 조직, 재정, 정치 등에서 드는 전체 비용을 의미한다.)도 에너지원에 대해 중립적일 수 없다. 화석/핵에너지에 맞춘 구조를 고수하고 그 구조 내에서 단지 에너지원만 교체한다면, 완전히 잘못된 방향의 발전일 것이다. 과학 기술, 조직, 재정, 정치 등에서 각각 제기하는 에너지 공급 요구를 각각의 에너지원과 무관하다고 보거나 그리 여겨서는 안 된다. 에너지와 기술과 경제를 사회학적으로 보는 방법이 없으면, 우리는 에너지 공급을 훨씬 벗어나는 에너지원들 사이의 차이에 대해 잘 모를 것이다.

우리에게는 한 가지 결정만 남아 있다. 즉 에너지 시스템의 '유전자Gen'인 에너지원 자체에 대한 결정이다. 에너지원이 선택되면, 그 에너지원을 마음대로 이용할 수 있게 만들고 지키기 위해 무엇을 해야 하는지도 바로 결정된다. 그다음에는 각 에너지원의 상이한 물리적-기술적인 법칙성을 무조건 따라야 한다. 이는 에너지를 획득하는 현장에서부터 에너지 소비자에 이르기까지 에너지 흐름 전체에 모두 해당된다.

모든 에너지 공급의 수취인은 에너지 소비자이다. 에너지 소비는 결국 항상 분산적으로 이루어진다. 공장에서처럼 비교적 대량으로 소비되든, 대도시에서처럼 공간적으로 밀집된 상태로 소비되든, 가정과 자동차에서 비교적 작은 여러 형태와 소량으로 소비되든 마찬가지이다. 분산적인 에너지 소비는 전통적인 에너지 공급과 재생 가능 에너지 공급에서 설득력 있는 유일한 공통점이다. 핵/화석 에너지의 기초 자원은 석탄, 우라늄, 석유, 천연가스 등이 땅속에 집중 매장되어 있는 지구의 몇몇 곳에서만 발견된다. 이들 에너지는 그곳에서부터 긴 수송 거리를 거쳐 발전소와 정련소 및 정유소로, 지구 곳곳에 있는 수십억 명의 에너지 소비자에게 운송된다. 즉 에너지 채굴의 공간이 에너지 소비의 공간과 분리되는 일이 벌어지고 있는 것이다. 몇몇 나라들에 있는 몇몇 채굴 장소로부터 전 세계에 있는 수십억 명의 에너지 소비자에 이르는 에너지 흐름은, 다국적으로 활동하거나 협력하는 거대 에너지 콘체른만이 감당할 수 있다. 그리고 이 연결 고리의 어느 곳에서도 중단이 있으면 안 되기 때문에, 에너지 콘체른은 정부와의 긴밀한 협력에 의지한다. 또 그 반대로 정부가 에너지 콘체른과의 협력에 의지하는 상황도 벌어진다. 그래서 정부는 핵/화석 에너지 경제를 구성하는 필수적인 요소가 되었다. '정치-군사 복합체' 개념과 유사하게, '정치-에너지 경제 복합체'가 이렇게 생겨났다.

화석/핵에너지가 재생 가능 에너지로 대체되지 않는 한, 전통적인 에너지 경제는 포기될 수 없었고 또 포기될 수 없는 상태로 유지된다. 이 에너지 경제가 단체들을 결합하고, '국민 경제의 수호자'라는 자기 이해를 강점하다시피 했다. 반면에 정부는 '에너지 경제의 수호자'가 되었다. 전통적인 에너지 경제는 이미 에너지원에 의해 미리 결정된 독점적 내지 과점적 지위뿐만 아니라 정신적 독점도 획득했다. 이 에너지 경제가 에너지 공급의 세계상을 결정지었다. 이 세계상은 결탁으로 생겨난 것이 아니라, 선택된 에너지원의 내재적인 요구 때문에 만들어진 것이다.

이는 또한 어디에서나 재생 가능 에너지를 (재생 가능 에너지가 대형 수력 발전소처럼 종래의 채굴 장소로 인해 정해진 중앙 집중적인 에너지 공급에 적합하지 않는 한) 똑같은 몰이해로 대하고 효율성이 부족하리라는 똑같은 의구심을 품으며 여전히 그러는 이유이기도 하다. 전통적인 에너지 경제 역시 폭넓은 분산적인 분포를 겨냥했지만, 실제로는 재생 가능 에너지와 함께 생겨나는 넓게 분포한 분산적 생산을 구상하기가 힘들다. 가공하지 않은 자연 상태의 연료에서 얻는 1차 에너지는 비용이 들지 않는다. 재생 가능 에너지를 위한 활동에 세계적으로 가장 참여적인 언론인 프란츠 알트Franz Alt는 "태양은 우리에게 계산서를 보내지 않는다."라는 문장으로 이것을 쟁점화했다. 즉 아무도 재생 가능 에너지를 독점할 수 없다는 말이다.

재생 가능 에너지는 우리가 능동적으로 이용하든 안 하든 상관없이, 자연적인 에너지 공급원으로 존재한다. 재생 가능 에너지의 세계적인 잠재력은 상상할 수 없을 정도로 크다. 천체 물리학자 클라우스 푸르만Klaus Fuhrmann은 다음과 같이 조목조목 계산했다. 태양은 초당 물질 400만 톤을 에너지로 바꿔 방출한다. 초당 3,860해 와트를 방출하는 것이다. 그중 5억 와트가 우리의 행성과 만난다.[7] 인간이 현재 일상에서 필요로 하는 에너지보다 날마다 2만 배나 많은 양이다. 에너지 공급을 위한 잠재력이 이 정도면 인류에게 충분할 텐데, 이 점을 의심한다면 정말 웃기는 일이다.

재생 가능 에너지는 자연적인 주변 에너지로서 지구 어디에나 존재한다. 물론 집중적인 강도는 상이하다. 재생 가능 에너지는 분산적인 에너지 소비를 위한 분산적인 에너지 획득을 가능하게 한다. 에너지 획득의 공간과 에너지 이용의 공간이 일치하는 것이다. 1차

에너지의 수송은 (바이오 에너지bioenergy일 때를 제외하고) 필요하지도 않고 가능하지도 않다. 화석 에너지부터 단계가 훨씬 더 높은 핵분열의 에너지까지, 그다음에는 최고 단계인 핵융합의 에너지까지, '에너지 밀도'를 점점 더 높이려는 물리학적인 야심은 더 이상 문제가 되지 않는다. 핵융합은 에너지가 중앙 집중적인 몇몇 에너지 공급자에 의해 점유되고 변화되며 모든 사람들에게 양도되고 분배되는 데서 생기는 필연적인 결과이다. 그 반대의 길은 재생 가능 에너지로 가능하다. 에너지의 점유 및 변화는 잠재적으로 모든 사람들에 의해 가능하며, 이와 함께 생존과 관련된 예속으로부터 전반적으로 벗어나는 해방이 가능하다. 이는 개인과 사회가 타율적인 에너지 결정이 증가하는 데서 벗어나 점차 에너지 자치로 나아가는 길이다. 인간들이 자연 순환에서 벗어났다가 다시 통합되는 변화이다. 즉 에너지 공급의 구조가 전 지구적으로 단순해졌다가 다양해지고, 새로운 형태의 세계 경제적 분업으로 바뀌는 것이다.

고에너지 물리학high energy physics* 학자들에게 있어 이는 퇴보를 뜻한다. 소형 발전소와 자치 단체의 공급 구조로부터 점점 대규모 구조로 발전한 에너지 경제와 에너지 정책에 있어서도 마찬가지이다. 그렇다면 이제 그 반대가 되어야 할까? 재생 가능 에너지를 위한 모든 비용은 기술 비용이다. 하지만 재생 가능 에너지의 점유가 꼭 중앙 집중적이어야 할 필요는 없다. 석유의 경우처럼, '상공정upstream'**으로 조직화한 다음에 '하공정downstream'으로 수십억 명의

----

* 원자핵 물리학의 한 분야로 소립자의 성질이나 구조를 밝히는 소립자 물리학.
** 기업의 영업 활동 가운데 제품과 용역 생산의 첫 단계에서의 활동 또는 수익을 지칭한다.

인간들에게 분배할 필요가 없다는 것이다. 재생 가능 에너지로의 변화는 새로운 에너지 사유를 요구한다. 에너지 공급을 그것에 필요한 특수한 변환 기술과 공급 기술, 이용 형태, 기업 형태 등과 함께 수많은 토대 위에 세우는 사유가 필요하다. 재생 가능 에너지의 특별한 과학 기술적 및 사회적 논리를 이해하고 그 진정한 잠재력을 인식하는 것은, 전통적인 에너지 구조에 사로잡힌 이해 집단들에게만 어려운 것이 아니다.

2. 잘못된 평가: 전통적인 에너지 사유의 연금술

전통적인 에너지 사유에 의식적으로든 무의식적으로든 사로잡혀 있다는 것이, 과학과 정치가 재생 가능 에너지와 관련하여 대단히 많이 오판한 본질적인 이유가 된다. '종합 경제적 발전의 평가를 위한 연방 정부 전문가 협의회' 의장이기도 했던 쾰른 대학 에너지 경제 연구소 전 소장 한스-카를 슈나이더Hans-Karl Schneider, 1920~는 1977년에 이런 견해를 밝혔다. "태양 에너지, 바람 에너지, 지열, 기타 '특이한' 에너지들의 경우 소비 전력의 5퍼센트 이상은 공급이 불가능하다." 독일 전력 콘체른으로부터 재정적 지원을 받는 '핵에너지 정보 모임'은 1990년에 이런 성명을 발표했다. "덴마크에서는 1988년에 거의 100킬로와트시kWh마다 바람으로 전력을 만들어 냈다. 이는 전체 전력 소비에서 0.9퍼센트의 몫과 맞먹는다. 독일은 기후 조건이 달라서 이에 견줄 만한 집중적인 풍력 이용이 가능하지 않다." 1993년 모든 유력 신문들에 발표된 독일 전력 경제의 공고에는 이런 말이 있었다. "독일이 핵에너지에서 손을 뗄 수 있을까? 그렇다. 물론 그 결과는 석탄 연소, 즉 온실가스와 이산화탄소 방출의 엄청난 증가일 것이다. 왜냐하면 태양, 물, 바람 같은 재생 에너지regenerative energy는 또한 장기적으로 전력 수요의 4퍼센트 이상을 충족할 수 없기 때문이다. 그런 조치를 우리가 책임질 수 있을까? 아니다."[8]

2005년 6월 기민련CDU 의장 앙겔라 메르켈Angela Merkel은 이처럼 단언했다. "전력 소비에서 재생 가능 에너지의 몫을 20퍼센트로 올리는 것은 별로 현실적이지 않다." 2년 후 그 사이 연방 수상이 된 그녀는 유럽 연합 의회 의장으로서, 2020년까지 전체 에너지 소비에서 재생 가능 에너지의 몫을 20퍼센트로 규정하는 결의안을 관철시켰다. 2006년 연방 환경부 장관 지그마르 가브리엘Sigmar Gabriel 은 전문가 평가를 근거로, 전력 공급에서 재생 가능 에너지의 몫은 2025년까지 최대 27퍼센트가량에 불과할 것이라고 주장했다. 이는 독일의 전력 공급에서 가령 핵에너지가 차지하는 몫과 맞먹는다. 그 또한 3년 후인 2009년, 연방 의회 선거를 위한 사민당SPD의 선거 강령에서는, 전력 공급을 위한 재생 가능 에너지의 몫을 2020년까지 적어도 35퍼센트로, 2030년까지는 '최소 절반'인 50퍼센트로 확대할 것을 요구했다. 재생 가능 에너지에 대한 용기가 단시간 내에 상당히 급상승한 것이다.

재생 가능 에너지를 위한 단체들이 내놓는 과학적인 예측들조차 대체로 너무 대충 어림잡았다. 1990년 유럽 풍력 협회European Wind Energy Association, EWEA는 당시 15개 유럽 연합 회원국들에 설치된 풍력 용량이 2000년이면 4,089메가와트가 될 것이라고 예측했다. 그러나 지난 2000년에 이미 12,887메가와트가 실현되었다. 또한

1998년에 이 협회는 새로운 예측을 내놓았는데, 2007년이면 풍력이 26,378메가와트가 될 것이라고 명시했다. 그런데 실제로 2007년이 되자 56,535메가와트나 되었다. 유명한 과학 연구소들에 기반을 둔 유럽 연합 위원회의 예측들도 실제로 이루어진 발전량에 훨씬 못 미쳤다. 1996년에 유럽 연합 위원회는 '기초선 시나리오baseline-scenario'와 낙관주의적인 '선진 시나리오advanced-scenario'를 발표했다. '기초선 시나리오'는 2007년까지 '유럽 연합 15개국'에 설치된 풍력 설비를 6,799메가와트로 올리겠다는 예측으로 이후에 실제로 확대된 것과 비교하면, 오차율이 732퍼센트였다. '선진 시나리오'는 2020년까지 풍력 전기와 태양 전기의 몫이 30,280메가와트에 달할 것이라고 했으나 2008년에 이미 73,504메가와트를 달성하면서 그 수치를 훨씬 넘어섰다. 1998년에 유럽 연합 위원회가 내놓은 또 다른 예측에서는 2020년까지 47,100메가와트의 풍력이 거론되었는데, 2008년에 이미 64,173메가와트로 그 예상치를 능가했다. 태양열 에너지에 대해서도 2020년까지 10,440메가와트를 예고했으나, 2007년에 기달성되었다.

국제 에너지 기구IEA의 예측 또한 매번 실제로 이룬 발전 성과 뒤를 절뚝거리며 쫓아가는 형국이다. 국제 에너지 기구는 2002년에 '유럽 연합 15개국'에 대한 '세계 에너지 전망World Energy Outlook'에서 2030년까지 71,000메가와트의 풍력 용량을 예견했다. 하지만 이 수치는 이미 2009년에 달성되었다. 태양광 전지에 대해서도 2020년까지 4,000메가와트의 용량을 예측했으나 2008년에 이미 9,331메가와트로 올라섰다. 또한 세계적으로 2020년까지 10만 메가와트의 풍력 용량을 예견했는데, 이미 오래전인 2008년에 121,188메가와트로 그 수치를 능가했다. 국제 에너지 기구는 재생 가능 에너지에 대한 계획적인 과소평가와 대조적으로, 화석/핵에너지에 대해서는 정기적으로 과대평가를 내놓는다. 그래서 석유 값이 배럴당 미화 약 100달러에 가까웠던 2007년에, 2030년까지 평균 석유 값이 미화 62달러 선에서 안정될 것이라고 단언했다. 그 2년 전인 2005년에도, 향후 20년 동안 평균 유가가 30달러일 것이라고 예고했었다.

국제 에너지 기구는 경제 협력 개발 기구OECD 국가들이 만든 국제적인 정부 조직이다. 투자 기업들 및 신용기관들과 마찬가지로 정부들도 이 기구의 '감정서'에 따라 결정을 내린다. 이 감정서는 또한 수많은 에너지 과학적인 공고의 토대가 된다. 국제 에너지 기구의 잘못된 예측은 정치적 오판, 전통적 에너지 부문에의 잘못된 투자, 재생 가능 에너지의 선도입 중단 결정 등에 상당한 영향을 미쳤다. 그럼에도 예나 지금이나 정부들(특히 세계 경제 정상들 G8 내지 G20)은 이 기구에 새로운 연구 논문의 용역을 주고 있다.

이로써 재생 가능 에너지의 이용 잠재력에 대한 섣부른 평가 및 예측으로 명망 있는 에너지 전문가들이 얼마나 큰 웃음거리가 되었는지 알 수 있다. 근거로 삼은 다른 결과들이 바람직하지 않았거나, 분산 설비로 이루어지는 재생 가능 에너지의 확대가 대형 설비를 동원하는 기존 투자 계획과 완전히 다르게 진행된다는 것을 그들이 예상할 수 없었기 때문이다. 최근의 예측들이 다시 재생 가능 에너지의 확대 비율을 지금까지보다 높게 책정하면서 이를 또 실제 가능성의 한계라고 명시한다면, 또 틀리지 않겠느냐는 의문이 들 수밖에 없다.

주도적인 선구자에 속하는 독일 재생 가능 에너지 연방 협회BEE

의 예측조차 예상보다 조심스럽다. 이 협회는 2020년에 재생 가능 에너지가 독일의 전력 공급에서 차지할 수 있는 몫을 47퍼센트로 밝혔다. 이는 2009년에 달성된 17퍼센트에서 10년 안에 세 배가 된다는 것을 의미한다. 분명히 더 낙관적인 이 수치는 (언제나처럼) 많은 사람들에게 비현실적인 전망으로 분류된다. 그러나 2020년이면 재생 가능 에너지의 몫이 명백히 더 커지리라는 근거는 비교적 쉽게 헤아릴 수 있다. 2009년 말에 독일 순 전력 소비의 약 9퍼센트였던 풍력 도입의 예만 들어 보자. 당시 21,164개의 설비에서 나오는 전력은 전체적으로 25,777메가와트였다.[9] 이는 개별 설비들의 용량이 평균 1.2메가와트임을 의미한다. 설비들을 더 향상시켜 평균 용량을 약 2.5메가와트로 끌어올려 이만큼의 개별 설비들만 성능을 리파워링repowering*한다 해도, 전력 소비에서 풍력이 차지하는 몫은 9퍼센트에서 27퍼센트로 세 배가 될 것이다. 이를 단기간에 실현하는 데도 현재 기술적으로 전혀 문제가 없다. 경제적 관점에서도 이로써 풍력 전기에 대한 비용은 내려갈 것이다.

또한 이 목표치도 단기간에 넘어설 가능성이 크다. 설치된 풍력 설비의 분포도가 독일 연방의 각 주마다 아주 다르기 때문이다. 일차적 기준인 바람의 상황이 달라서가 아니라, 정치적 인가 기준이 너무나 천차만별이어서 그렇다. 다음의 표에서, 설치된 시설의 수는 연방 각각의 주 면적과 관련되며 그 결과는 대단히 많은 사실을 시사한다.

주들 간의 변동 폭은 슐레스비히-홀슈타인이 평지 5.6제곱킬로미터당 풍력 설비가 한 개인 데 비해 바이에른은 183.7제곱킬로미터당

풍력 설비의 잠재적 연간 에너지 산출량이 총-순 전력 소비에서 차지하는 몫

(2009년 12월 31일 기준)

연방 주	풍력 시설의 수	설비된 전력 (MW)	순 전력 소비에서 차지하는 몫(%)	제곱킬로미터 (qkm)	풍력 시설당 제곱킬로미터
작센-안할트	2,238	3,354.36	47.08	20,445	9.1
메클렌부르크-포어포메른	1,336	1,497.90	41.29	23,180	17.3
슐레스비히-홀슈타인	2,784	2,858.51	39.82	15,763	5.6
브란덴부르크	2,853	4,170.36	38.12	29,470	10.3
니더작센	5,268	6,407.19	22.78	47,618	9.0
튀링겐	559	717.38	11.04	16,172	29.0
작센	800	900.92	7.75	18,413	23.0
라인란트-팔츠	1,021	1,300.98	7.40	19,853	19.4
노르트라인-베스트팔렌	2,770	2,831.66	3.63	34,088	12.3
브레멘	60	94.60	3.02	400	6.7
헤센	592	534.06	2.15	21,115	35.6
자르란트	67	82.60	1.67	2,569	38.3
바이에른	384	467.03	0.83	70,549	183.7
바덴-뷔르템베르크	360	451.78	0.81	35,753	99.3
함부르크	59	45.68	0.54	755	12.8
베를린	1	2.00	0.03	892	892.0
독일 연방 공화국	**21,164**	**25,777.01**	**8.63**	**357,112**	**16.9**

한 개를 갖추고 있는 등 그 차이가 다양하다. 연방 주들의 순 전력 소비에서 풍력이 차지하는 몫은 작센-안할트 약 47퍼센트, 메클렌부르크-포어포메른 약 41퍼센트, 슐레스비히-홀슈타인 약 40퍼센트, 브란덴부르크(여기에는 작센-안할트, 브란덴부르크와 함께 두 개의 내지가 포함된다.) 약 38퍼센트, 헤센 겨우 2퍼센트, 바이에른과 바덴-뷔르템베르크 약 0.8퍼센트까지 제각각이다. 이런 차이는 정치적 이유

로만 설명 가능하다. 순위에서 후미를 형성하는 주들에서는 의도적인 정치적 방해 계획이 우세한 것으로 보인다.

지난 몇 년 동안 모든 주들에서 풍력 시설 밀도가 9.1제곱킬로미터당 설비 한 대인 작센-안할트와 똑같이 인가가 이루어졌다면, 독일은 2009년에 이미 21,164대가 아닌 37,000대의 풍력 시설에 (용량 평균이 1.2메가와트일 때) 44,000메가와트의 전력을 갖추었을 것이다. 또 풍력이 순 전력 소비에서 차지하는 몫도 겨우 9퍼센트가 아닌 16퍼센트 정도일 것이다. 게다가 순위의 후미에 있는 주들이 지금까지 방해받아 이루지 못한 발전을 다음 10년 안에 만회하여 똑같이 개별 설비의 평균 용량 2.5메가와트를 갖추게 된다면, 전력 공급에서 풍력의 몫은 (이미 설치된 시설의 용량 개선이 동시에 시도될 때) 거의 50퍼센트에 이를 것이다. 그리고 태양 에너지 전기 및 바이오 가스, 지열 에너지에서 나오는 전기의 잠재력이 그때까지 계속 커지고, 건물의 위와 옆에 설치되는 소형 풍력 발전 시설(이것을 위해 일련의 새로운 설비 기술들이 현재 시장에 쇄도하고 있다.)의 몫이 증가하고, 소형 수력 발전 시설의 역할이 (잊지 말아야 하는데) 커질 것이다.

이 모든 사실이 의미하는 바는 분명하다. 불과 10년 안에 재생 가능 에너지가 전력 공급에서 차지하는 몫이 16퍼센트에서 60퍼센트를 훨씬 넘으리라는 것은 유토피아적 환상이 아니라 구체적인 가능성이라는 것이다. 이것만 보더라도 독일에서 재생 가능 에너지가 전체 에너지 소비에서 차지하는 몫은 현재 10퍼센트에서 40퍼센트로 증가할 것으로 보인다. 이와 동시에 10년 이내에 에너지 효율이 약 30퍼센트 정도 전반적으로 증가하기 시작한다면, 전력 소비에서 재생 가능 에너지가 차지하는 몫은 70퍼센트 이상으로 커질 수 있을 것이다. 그리고 이를 위한 노력은 (또 풍력의 확장에 종종 미관상의 문제를 제기하는 부당한 요구는) 원자력 발전소나 화력 발전소를 계속 고수할 때 사회에 요구되는 무리한 요청보다 명백히 적게 든다.

전문가가 단언하는 염세적 전망

새로운 과학 기술에 비추어 보면 도저히 믿기 어려운 과거의 오판들이 있다. 또한 이는 이상한 일이 아니다. 이런 오류는 정치사, 경제사, 과학 기술사 등에 속하며 인습적인 성향의 전문가들에게 전형적으로 나타나는 염세주의를 보여 준다. 1878년, 당시 미국 최대 전기 통신 회사였던 웨스턴 유니온Western Union은 이처럼 선언했다. "전화는 통신 수단이라고 하기에는 진지하게 고민해야 할 결함이 너무도 많다. 이 장치는 태생적으로 우리에게는 중요하지 않다." 로열 소사이어티Royal Society*의 의장이었던 켈빈 경Lord Kelvin, 1824~1907**은 1895년 아무도 공기보다 무거운 비행기를 만들 수 없을 것이라고 단언했다. 미국의 최대 영화 제작자 중 한 명인 워너Harry M. Warner, 1881~1958는 1927년에 유성 영화 기술에 대해 이처럼 혹평했다. "젠장, 배우들이 말하는 소리를 누가 들으려 하겠어요?" 미국 최초의 거대 컴퓨터 회사 중 하나인 DECDigital Equipment Corporation의 창업자 켄 올슨Ken Olsen, 1926~2011은 1977년에 이렇게 장담했다. "한 개인이 집에 컴퓨터를 소장할 이유는 없습니다." 1982년, 당시만 해도 정보 통신 기술 information technology을 주도하는 세계적 기업이었던 IBM은 아직 경험

---

* 1660년 영국에서 설립된 왕립 자연 과학 학회.
** 영국의 물리학자.

이 많지 않은 신예 기업 마이크로소프트의 매입을 거절했다. 이 회사가 매각 금액으로 요구한 1억 달러만큼의 가치가 없다고 보았기 때문이다. IBM은 컴퓨터의 미래가 대형 컴퓨터에 달려 있다고 굳게 확신했다. 세계적으로 유명한 자문 회사 매킨지Mckinsey는 1980년에 미국 전자 통신 콘체른 ATT의 위임을 받은 평가서에서 2000년까지 미국의 이동 전화기Mobiltelefon는 90만 대에 불과할 것이라고 예측했다. 그러나 실제로 2000년에는 이미 1억 900만 대에 이르렀다. 모든 자동차 콘체른은 2000년을 훨씬 넘어서야 전기 자동차가 의미 있을 것이라고 잘못 판단했고, 근래에 들어 비로소 전기 자동차 기술을 대량 생산 체제로 가져가려는 준비를 서두르고 있다.

이러한 오류들은 구조 보존적인 사고, 명망 있는 전문가들의 우물 안 개구리 같은 시각, 인간의 욕구에 대한 잘못된 평가 등에서 기인한다. 특히 오류는 시장의 역학에 대한 과소평가에서 생겨난다. 과학 기술의 도입은 소수의 대형 구매자에 좌우되지 않고, 그 사용 가치를 스스로 깨닫는 수많은 수요자를 통해 이루어지기 때문이다.

3. 100퍼센트 시나리오: 기술적 가능성부터 전략까지

유럽 태양 에너지 학회EUROSOLAR가 1988년 창립하면서 21세기를 위한 '실제적 비전'으로서 재생 가능 에너지만 사용하는 '태양 에너지 시대'를 목표로 공표했을 때만 해도 이는 터무니없는 꿈으로 여겨졌다. 녹색당 소속이자 녹색당의 선구적 사상가 중 한 명으로 거론되는 연방 의회 의원마저 깜짝 놀라며, 본인이 알기로는 10퍼센트 이상은 거의 불가능하다고 말했다. 유럽 태양 에너지 학회가 1995년 본에서 재생 가능 에너지를 전면적으로 공급할 수 있는 단초들에 관한 심포지엄을 개최했을 때, 이런 행사는 그때만 해도 생소한 것이었다. 그런데 그 가능성을 상세히 서술하는 일련의 과학 시나리오들은 이미 오래전부터 있었다. 에너지 공급을 재생 가능 에너지로 완전히 바꿀 수 있는 가능성을 조명하는 최초의 '100퍼센트 시나리오'는 이미 1975년에 스웨덴용으로 마련되었고('솔라 스웨덴Solar Sweden'), 1978년에는 또 다른 시나리오들이 (목표 연도 없이) 프랑스용으로 만들어졌다. 그리고 1980년에는 2050년을 목표 연도로 하여 미국용으로, 1982년에는 2100년을 목표 연도로 하는 서유럽용으로, 1983년에는 2030년의 덴마크용으로 시나리오가 만들어졌다. 독일 연방 의회의 위임을 받은 하리 레만Harry Lehmann, 1954~*은 2002년에, 2050년이면 재생 가능 에너지가 에너지 공급의 95퍼센트를 차지할 것이라고 예측하는 시나리오를 작성했다.[10]

유럽 태양 에너지 학회는 2007년, 헤센 주가 2025년까지 재생 가능 에너지만의 전면적인 전력 공급을 어떻게 달성할 수 있는지에 대한 연구서를 만들었다. 그런데 이런 시나리오들 중 어떤 것도 공공연히 알려지지는 못했다. 심지어 (1980년 미국에서처럼) 정부 조직 (미국 연방 재난 관리청Federal Emergency Management Agency, FEMA)에 의해 발표되고, 수많은 노벨상 수상자들을 회원으로 거느리고 있는 독립적인 과학 단체 UCSUnion of Concerned Scientists**의 도움을 받아 작성

----

* 독일 연방 환경청 '환경 계획과 지속 가능한 전략국' 국장.
** '걱정하는 과학자 연맹'이라는 뜻으로, 핵무기 개발에 반대하는 미국의 과학자 단체.

되었을 때조차 말이다. 주류 에너지 논의에서 이런 시나리오들은 금기였다. 2006년에 필자가 독일 그린피스의 대표에게 그린피스가 관련 사안을 발표할 때 이런 시나리오들을 언급하지 않는 이유를 묻자, "우리의 말을 곧이 들어 주세요."라는 답변이 돌아왔다. 이제는 그린피스 스스로 100퍼센트 시나리오를 발표한다.

최근에야 비로소 이런 시나리오들은 더 자주 나오고, 좀 더 많은 주목을 받는다. 예컨대 2010년 4월에 자문 회사 매킨지가 만들고 유럽 기후 재단European Climate Foundation, ECF이 발표한 시나리오에서는 재생 가능 에너지가 2050년까지 유럽 전역에 공급되리라는 구상이 개략적으로 그려진다. 이 시나리오는 재생 가능 에너지가 현재의 에너지 시스템보다 에너지 비용을 많이 유발하지는 않으리라는 결론에 이른다.[11]

독일에서는 여러 상이한 100퍼센트 시나리오가 시의 적절하게 소개되었다. 연방 정부 환경 문제 전문가 협의회Sachverständigenrat der Bundesregierung für Umweltfragen, SRU는 2010년 5월에 (전력 공급과 관련하여) 2050년을 목표 연도로 설정하여 실현 가능한 세 가지 상이한 선택을 소개했다.[12] 첫 번째 선택은 자국의 원산지에만 의존하는 것으로, 가장 비용이 많이 든다는 평가를 받는다. 이는 특히 저장 잠재력의 부족 탓으로 여겨지는데, 여기에서는 물론 압축 공기 및 양수揚水 저장기만 고려된다. 두 번째 선택은 독일-덴마크-노르웨이 전력 연맹과 관련된다. 이 연맹에서는 노르웨이의 수력이 비축 및 보완 에너지로서 핵심적인 역할을 한다. 이 선택을 위해서는 송전 용량이 현재 1,000메가와트에서 2020년에 16,000메가와트로, 2050년까지 46,000메가와트로 확대되어야 한다. 세 번째 선택은 북아프리카에서 생산되는 태양 전기를 포함하는 구상이다(3장 참조).

독일의 재생 가능 에너지 연구 협회Forschungs-Verbund Erneuerbare Energien는 2010년 6월, 마찬가지로 2050년을 목표 연도로 설정하여 전적으로 재생 가능 에너지 전력만을 공급하기 위한 전체 구상을 소개했다.[13] 전력 공급에 있어 이 구상은 유럽의 전력 공급망 연결에서 출발한다. 교통 분야에서는 전기 자동차의 전폭 교체에 동의하고, 선박 및 항공 교통에서는 재생 가능 에너지로 된 종합적 연료 교체에 따르는 것이다. 반면에 열 공급에 있어서는 특히 태양열 집열기가 토대가 된다. 이 협회 역시 '2050년 에너지 시스템'에서는 재생 가능 에너지만의 전면적인 공급이 현재의 에너지 공급보다 비싸지 않을 것이라는 결론에 도달한다. 더 나아가 "전력과 열 분야만 해도 전체적으로 7,300억 유로의 비용을 절약할" 수 있다고 예측한다.

독일의 연방 환경청Umweltbundesamt은 '에너지 목표 2050Energieziel 2050'[14]에서 (전력 공급과 관련하여) 마찬가지로 "재생 가능 에너지에 근거하는 전면적인 전력 공급이 2050년 오늘날의 생활 양식, 즉 소비 및 행동 틀을 가진 고도로 발달한 공업국 독일에서 기술적으로 가능하다."라는 결론에 도달한다. 또 이 목표를 위해 '지역 연맹', '국제적인 대형 기술', '지역의 자급자족' 등, 세 가지 상이한 선택을 제시한다. 전력 공급의 완전한 전환은 재차 "경제적으로 유리"하다고 평가된다. 전력 공급을 재생 가능 에너지로 완전히 전환하면 비용도 "기후 변화를 막지 못했을 때 우리 세대와 다음 세대들에게 닥칠 비용"보다 줄어든다. 이런 고찰의 중심에는 '지역 연맹'이 있다. 이 연맹은 대체로 재생 가능 에너지의 지역적 잠재력을 다 이용하기 위해 존속한다. 2050년에 필요하다고 추정되는 6,870억 킬로와트시의 전력 수요는 태양광 전지 36퍼센트, 육상 및 해상의 풍력 전기 각각 26퍼센트, 수력 3.5퍼센트, 지열 에너지 7퍼센트, 또 쓰레기 바이오매스 3.5퍼센트 등으로 충족될 것이다. 탄소 배출권 거래제의 강화, 이산화탄소 배출에 대한 에너지 과세의 더 강력한 시행, 재생 가능 에너지 시장 및 시스템 통합의 촉진 등이 대책으로 제안된다.

이미 시와 군Städten und Landkreisen에는 100퍼센트 발의들이 점점 더 늘어나고 있다. 뮌헨 같은 대도시나 아랍 에미리트 아부다비에 있는 마스다르 시티Masdar city* 같은 신생 도시를 위한 재생 가능 에너지 구상을 담고 있는 피터 드로기Peter Droege**의 책 『100퍼센트 재생 가능 에너지100% Renewable Energy』는 하나의 전망을 보여 준다.[15] 지역적 발의에 대한 개관은 독일 환경 경영 연방 연구회Bundesarbeitskreis für umweltbewusstes Management, BAUM가 편찬한 책 『100퍼센트 지역으로 가는 도정에서Auf dem Weg zur 100% Region』[16]에서도 발견된다. 세부적으로 온갖 차이가 나면서도 또 일관성을 보이는 이 모든 것은 분명히 다음과 같은 사실을 증명한다. 고도로 산업화한 나라들도 포함하여 개개의 나라들에서 가능성으로 구체적으로 설명되는 것은 원칙상 어디에서나 가능하다는 것이다. 이 점이 더 중요할 때가 있다. 재생 가능 에너지가 온갖 선택이 가능할 정도로 범위가 넓다는 점은 이미 고려할 수 있는 사항인데도, 거의 모든 시나리오와 실천적 구상들이 이를 완전히 반영하지 않았다는 사실이 드러날 때이다. 그것을 감안하면 계산이 복잡해진다는 이유 때문에 말이다.

....

* 사막 한가운데 세계 최초 탄소 중립 도시로 탄생한 친환경 계획도시.
** 국제 에너지 기구IEA '솔라 시티' 프로그램 추진 위원장.

전 세계와 관련된 100퍼센트 시나리오 하나가 2009년 잡지 『사이언티픽 아메리칸Scientific American』에 스탠퍼드 대학 교수 마크 제이콥슨Mark Z. Jacobson, 캘리포니아 대학 연구 과학자 마크 델러치Mark A. Delucchi에 의해 「지속 가능한 미래를 위한 계획Plan for a Sustainable Future」이라는 제목으로 발표되었다.[17] 이 시나리오는 2030년까지 전면 전환을 목표로 삼는다. 이를 위해서는 용량이 각각 5메가와트인 풍력 시설 약 380만 개, 각각 1메가와트의 조력 발전소 49만 개, 각각 100메가와트의 지열 발전소 5,350개, 각각 1,300메가와트의 대형 수력 발전소 900개(그중 70퍼센트는 이미 존재한다.), 각각 0.75메가와트의 파력 발전소 72만 개, 각각 3메가와트의 지붕 위 태양광 전지 시설 17억 개, 각각 300메가와트의 태양광 전지 발전소 4만 개, 각각 300메가와트의 태양열 발전소 49,000개가 필요하다. 2030년의 세계 에너지 수요를 종래의 에너지로 충족한다면 어림잡아 16.9테라와트TW* 로 예상된다. 그러나 재생 가능 에너지의 조건하에서는 11.5테라와트만으로도 가능하다. 재생 가능 에너지가 예컨대 전기 자동차처럼 에너지 손실을 방지함으로써 효율성에서 분명히 유리하기 때문이다. 킬로와트시당 비용도 화석 에너지 또는 핵에너지의 공급 비용에 비해 적을 것이다. 제이콥슨과 델러치는 바이오 에너지를 배제하는데, 농업 구조에 대한 생태계적 우려와 발생하는 오염 물질의 배출 때문이다. 이들은 정치적 행동 도구로 '발전 차액 지원 제도feed-in tariff'**를

---

* 1테라와트는 1조 와트.
** 신재생 에너지를 이용하여 발전된 전력이 정부 고시 기준 가격보다 낮은 경우, 기준 가격으로 구매하여 그 차액을 지원해 주는 제도.

추천한다. 이 구상은 특히 독일에서 (그리고 현재 약 50개국의 다른 나라들에서) 실행되고 있다.

이 세계적 시나리오의 가장 중요한 진술은, 2030년까지 필요한 전력량을 위해 기존 에너지 공급 체계에 동원되어야 하는 투자 비용이 미화로 100조 달러 정도라는 점이다. 이는 연료, 발전 연료, 전력을 위한 세계적 지출과 맞먹는다. 여러 평가들에 따르면 이 지출은 2009년에는 미화 5조 5,000억에서 7조 7,500억 달러 사이였다. 이것이 의미하는 바는 명확하다. 기존 에너지들의 직접적인 에너지 비용만 계산하고 기후와 환경과 건강을 해치는 손상 형태로 나타나는 외적 비용을 고려하지 않을 때조차 에너지 변화가 '보다 경제적인' 해결책이라는 것이다.

2010년 6월에 그린피스가 내놓은 연구서 「에너지 (혁명)진화energy (r)evolution」[18]도 마찬가지이다. 이 연구서는 2050년까지 세계적으로 에너지 수요가 연간 13.2테라와트일 것이라고 가정하는데, 그중 95퍼센트가 재생 가능 에너지로 충족되리라고 본다. 재생 가능 에너지 중에서 가장 큰 몫을 차지하는 것은 풍력(24.7%)이고, 그 뒤를 이어서 태양열 발전소(20.5%), 태양광 전지로 생산하는 전력(15%), 수력(11.6%), 지열 에너지(9.7%), 해양 에너지(4.4%), 바이오 에너지(4.2%) 순이다. 그린피스 연구서는 대책으로 '에너지 공급 법률', '탄소 배출권 거래제'라는 유연한 도구, 화석/핵에너지에 대한 에너지 보조금의 종결을 권한다.

시나리오들 중 어떤 것도 기술된 그대로 (그러니까 1:1로) 실현되거나 실현될 수 있는 것처럼 말 그대로 받아들여서는 안 된다. 미세하게 소수점 이하의 숫자까지 그리고 수십 년 후까지 재생 가능 에너

66

지들 각각의 퍼센트 몫을 예측하는 것은 가능하지도 않고 또 필요하지도 않다. 아무도 비용 상승을 예견할 수 없다. 하물며 그처럼 오랜 기간 동안 때마다 상승한 과학 기술의 가격은 말할 필요도 없다. 생산성 곡선과 과학 기술의 도약 그리고 특히 잠재적인 활동가와 그 동기를 알 수 없기 때문이다. 투자자의 동기를 기술적 관점이나 비용의 관점에 따라서만 평가할 수는 없다. 또 아무도 재생 가능 에너지로의 변화를 지지하거나 어렵게 하는, 즉 분산적인 방향이나 중앙 집중적인 방향으로 유도하는 정치적 발전을 예견할 수 없다. 마찬가지로 시나리오들은 저항을 어떻게 극복하고, 상이한 행동 권고들 사이의 모순을 어떻게 방지할 수 있는지에 대해 도움을 주지 않는다. 다른 말로 하면, 시나리오는 정치적 목표 찾기와 그에 연관된 행동을 대신하는 대체물이 아니다. 재생 가능 에너지들의 혼합 비율이 각각의 시나리오가 예견할 수 있는 것과 다르리라는 점만이 확실할 뿐이다.

또한 도입된 모든 설비가 다 각각 (단순하고 계산 가능하다는 것 때문에) 예상된 용량의 크기와 일치하지도 않을 것이다. 일련의 기술적 선택들은 따라서 모든 대형 시나리오에서도 고려되지 않고 있다. 무엇보다도 모든 국가, 즉 유럽이나 세계 전체와 관련되는 시나리오는 무수히 많을 수 있는 소형 시설을 고려하지 않는다. 태양 전기, 풍력 전기, 수력 전기, 지열 에너지 이용을 위한 소형 시설이든, 전력과 열과 냉각이 결합된 생산을 위한 설비든 마찬가지이다. 건물과 기구에서 통합적으로 에너지를 얻고 상이한 방법으로 저장할 수 있는 가능성도 고려되지 않는다. 그러나 이 소형 시설들은 (독자적으로 이용 가능하기 때문에) 가장 빨리 대단히 폭넓게 실현될 수 있고, 그래서 에너지 공급의 문화적 변화를 대변하는 설비들이다. 따라서 모든 나라와 연관되는 최근의 시나리오 대부분이 한편으로는 국제화된 넓은 공간의 공급망 연맹을 계획하고 있다는 것에 이목이 집중된다. 환경청의 '지역 연맹'과 '지역의 자급자족' 그리고 환경 문제에 대해 독일 전문가 협의회가 소개한 세 가지 선택 중 첫 번째를 제외하고 말이다. 대연맹 구상들과 정반대되는 자치 단체 및 지역의 100퍼센트 구상과 발의 들은 이미 실천적 전환이 이루어지고 있다.

즉 모든 에너지 수요를 고려하는 재생 가능 에너지로의 변화가 정말로 어떻게 (즉 때마다 처리 가능한 기술 선택을 얼마만큼, 어떤 용량 크기로, 어떤 나라에서 또는 어떤 지역에서) 실현되는가는 구체적으로 실행되는 에너지 변화에서 비로소 뚜렷이 드러나며 또 그때에야 가능하다. 에너지 변화의 시행은 그때그때 나라에서 나라로, 지역에서 지역으로 각각 정치적 지리적 경제적 문화적 조건에 따라 다를 것이다. 따라서 모든 시나리오는 일종의 유리알 유희Glasperlenspiel*처럼 변화하게 되며 그 위상도 다르다. 즉 모든 시나리오는 재생 가능 에너지의 전면 공급이 기술적 경제적으로 원칙상 실현 가능하다는 것을 보여 준다. 그 실제적 실현 자체는 그다음에 다양하게 성장하는 과학 기술과 생산성 향상 덕분에 더 유리해지고 특히 더 다양해질 수 있을 뿐이다.

이로써 이런 시나리오들은 오히려 공적 기관들(국제 에너지 기구 같은 연구 센터 및 국제적인 에너지 단체들)이 화석/핵에너지를 위해 오늘날까지 제출하고 있는 보고서들보다 현실적이다. 가령 화석 에너지 매장량을 어떤 경험적인 증거도 없으면서 대규모로 가정하고 있

---

* 헤르만 헤세의 소설 「유리알 유희」에 소개된 것으로, 철사 줄에 유리알 구슬을 꿰는 구성, 변조, 발전, 변화 등이 가능한 유희.

는 시나리오들보다 현실적인 전망이다. 이들은 예컨대 '고속 증식로 fast-breeder reactor'* 같은 핵 시설을 미래 계획에 포함한다. 이런 종류의 작동 가능한 원자로가 현재까지 존재하지 않는데도 말이다. 또는 이미 언급한 것처럼, 국제 에너지 기구는 새로운 핵 원자로의 건설을 권한다. 그럴 때에도 이에 필요한 다량의 우라늄을 어디서 얻을 수 있는지, 또 쌓이는 엄청난 다량의 핵폐기물을 안전하게 영구 매립하는 것을 어떻게 보장할 수 있는지는 밝히지 못한다.

국제 에너지 기구가 2010년 7월 1일 발표한 「에너지 기술 전망 2010Energy Technology Perspectives 2010」은 심지어 2050년의 세계 에너지 공급에서 (세계적으로 3,000개의 발전소와 함께) CCS 항목이 19퍼센트에 달할 것이라고 예측하는 데까지 나아간다. 설령 이 기술이 정치적 경제적으로 전환될 수 있는 가능성이 매우 의심쩍다 해도 말이다. 그리고 작업 비용이 수십억에 이를 정도로 끝없이 들어가는 핵융합이 언제 작동할지의 여부도 아무도 모른다. 그 위험 부담에 대해서는 입을 다물고 침묵한다. 옹호자들조차 21세기 중반 이전에는 핵융합을 이용할 수 없을 것이라고 한다. 그 시점이면, 재생 가능 에너지로의 변화가 이미 이루어졌어야 한다. 핵융합은 세계 문명을 이미 출구가 없어 보이는 상황으로 이끄는 낡은 에너지 사유에 남은 마지막 희망이다.

석탄과 우라늄, 석유와 천연가스가 매장된 지하 에너지의 시계가 멎는 것은 피할 수 없다. 지상의 재생 가능 에너지를 선택할 순간이 다가오고 있다. 재생 가능 에너지의 현존하는 잠재력은 백 년, 천

---

* 핵연료인 플루토늄을 태워 새로운 플루토늄 연료를 만들어 내는 다음 세대의 원자로.

년 또는 만 년 전에도 그 규모가 지금과 똑같았다. 그리고 그 잠재력은 10년, 50년, 100년 또 훨씬 이후에도 더 커지지 않는다.

100퍼센트 시나리오들은 화석 에너지 시대와 핵에너지 시대를 빨리 보낼 수 있도록 생각에 도움을 준다. 그렇다고 이들 시나리오가 하나의 계획이나 전략을 제공하는 것은 아니다. '기후 위기를 해결하기 위한 구상'이라는 부제를 달고 있는 앨 고어Al Gore의 책 『우리의 선택Our Choice』 또한 이처럼 일깨워진 기대를 채워 주진 못한다. 이 책은 재생 가능 에너지를 분명히 선호하면서 모든 에너지원에 관한 일목요연한 개관을 담고 있다. 그리고 행동의 권고를 탄소세*와 배출권 거래에 초점을 맞춰 조명한다.[19] 이런 초안들은 에너지 변화의 실현을 위해 많은 것을 내놓지 않는다. 즉 이런 변화가 어떻게, 그리고 누구에 의해 실현될 수 있을까, 라는 물음에 대해 답을 내놓지는 않는다. 그러나 정치적 구상을 관철시키기 위해서는, 길을 가로막는 이해관계나 구조와 대결하기 위한 전략적인 능력이 필요하다.

4. 구조적 갈등: 상반되는 에너지 시스템 간의 긴장 관계

시스템의 차이는 전통적인 에너지와 재생 가능 에너지 사이의 차이들 가운데 단지 유한한 사용 가능성과 영속적인 사용 가능성 간의 차이, 온실가스 배출과 무배출zero emission 사이의 차이 외에, 세 번

---

* 지구의 온난화 방지를 위해 이산화탄소를 배출하는 석유·석탄 등 각종 화석 에너지의 사용량에 따라 부과하는 세금.

째로 커다란 차이점이다. 시스템의 차이는 객관적인 성질의 것이다. 따라서 갈등 예방이라는 주관적인 이유로 흐지부지되게 하거나, 생각이 없다는 이유로 경솔하게 그냥 두어서는 안 된다. 시스템 차이에 대한 주의 부족은 전략상 중대한 논리적 오류로 이어진다.

재생 가능 에너지가 '경쟁력이 있거나' 생산 비용이 줄어들자마자 전통적인 에너지 경제의 마력이 재생 가능 에너지에 부딪혀 산산조각 나리라는 논리적 오류가 여기에 해당된다. 그러나 이는 시스템의 오류이다. 전통적인 에너지 시스템이 조직된 것은 시스템이 조직한 에너지 흐름을 따라서였다. 이 시스템에서 가장 중요한 개별적 요소(발전소)가 제거되고 재생 가능 에너지의 전력 생산으로 대체된다면, 순서상으로 이 발전소 전후의 시설들이 직접 영향을 받는다. 이전에 투입된 1차 에너지는 다른 구매자를 찾아야 하거나, 아예 더 이상 수요가 없게 된다. 이는 1차 에너지 가격과 수송 기반 시설의 경제성에 영향을 미친다. 순서상으로 발전소 다음의 영역에도, 특히 발전소 입지에 맞게 조성된 송전망에도 똑같은 일이 생긴다. 대안적인 전기가 다른 곳에서 생산될 수 있기 때문에 발전소 입지가 없어진다면, 기존 송전망의 일부도 불필요하게 된다. 재생 가능 에너지의 전기는 실제로 기존 방식으로 생산되는 전기와 동일한 발전소 입지에서 생산되지 않고, 대체로 여러 소재지에서 소규모 생산 단위로 만들어진다.

즉 과연 에너지 콘체른이 언제 그리고 어떻게 종래의 에너지 공급을 재생 가능 에너지로 대체하느냐는, 일차적으로 전력 생산의 비용만 따로 고찰하는 것만으로 밝혀지지 않는다. 에너지 콘체른이 갖고 있는 결정적인 기준들에는 다른 배경이 있다. 예컨대 에너지 콘체른은 화력 발전소를 가동하면서 동시에 탄광업에도 종사하고 (즉 연료를 직접 조달하고) 송전망도 소유한다. 이로써 재생 가능 에너지에 대해 주저하는 이유가 설명된다. 재생 가능 에너지가 에너지 콘체른이 익숙한 시스템을 교란시키기 때문이다. 그럼에도 에너지 콘체른이 재생 가능 에너지에 투자한다면, 주로 시스템과 관련 없는 영역이다. 독일의 전력 콘체른 E.ON은 독일 대신 영국의 풍력 프로젝트에 투자하고 있다. 그래야 본래의 분야가 방해받지 않기 때문이다. 이 전력 콘체른은 다른 전력 콘체른과 마찬가지로 시스템의 논리로 행동한다.

다시 말해 전력 생산 비용이나 전통적인 에너지에 드는 연료 비용은 전력 콘체른에게 유일한 결정적 기준이 아니며, 결코 절대적으로 가장 중요한 기준이 아니다. 때마다 드는 기업의 시스템 비용이 결정적이다. 연료 분야도 마찬가지이다. 휘발유, 디젤유, 등유 등은 정유 공장에서 생산된다. 이 생산 부문에서 유도체는 가령 윤활유, 화학 비료, 합성수지 등에 이용되는 2차 물질을 나타낸다. 이런 부산물 중에 하나라도 이용되지 않으면 쓰레기가 된다. 이러한 내부의 피드백은 영업을 방해하는 다른 공급자의 대체물에 비해 기존 에너지 시스템이 별로 유연하지 않음을 말해 준다. 에너지 콘체른은 자기 시스템에 사로잡힌 포로들이다. 하지만 이들은 기업의 이법을 국민 경제적 또는 사회적 합리성으로 치환함으로써, 그들의 특수한 문제를 일반적인 것으로 내보이기를 좋아한다. 또한 재생 가능 에너지의 도입을 그들 시각으로 계산하며, 사회 전반의 이해관계는 생각하지 않는다. 따라서 이들 업체가 재생 가능 에너지 쪽으로 움직인다면, 그것은 다만 순조로운 시스템을 뒤죽박죽 만들지 않는 정도일 뿐이다. 즉 재생 가능 에너지는 처음에는 대용품이나 보완

품에 그친다. 기존 에너지 콘체른의 시스템에 '최악의 경우worst case'가 나타나는 것은, 재생 가능 에너지가 다른 에너지들의 벽을 뚫고 빨리, 그것도 폭넓게 출현하는 바람에 이들 업체가 사태에 대처할 수 없을 때이다. 따라서 이들은 배척당하지 않기 위해 현실에 맞게 재생 가능 에너지를 찬성하는 독자적인 활동을 전개할 수밖에 없다. 하지만 그러면서도 항상 '시스템에 적합한' 단초들을 선호한다.

에너지 콘체른의 입장에서 재생 가능 에너지로의 변화가 얼마나 위협적인지는, 그 변화가 속력을 내자마자 벌어지는 일을 똑똑히 지켜본다면 누구나 알 수 있다. 발전은 누구에게 유리하고 누구에게 불리할까? 대답은 명백하다. 그것은 다음과 같은 변화를 말한다.

- 다수의 국가가 에너지 수입국에 해당되는데, 모든 에너지 수입국에서 나타나는 수입 에너지로부터 '자국 에너지'로의 변화.
- 채굴도 정련도 필요 없고 게다가 비용도 전혀 들지 않는 1차 에너지의 상업적 이용에서 비상업적 이용으로의 변화.
- 1차 에너지의 공급을 위해 부분적으로 지구 절반 이상에 걸쳐 있는 수송 기반 시설(파이프라인, 선박, 열차, 유조차)로부터 수송 기반 시설이 필요 없는 1차 에너지로의 변화.
- 전통적인 에너지 저장으로부터 이미 전기와 열로 변화된 재생 가능 에너지를 위한 새로운 저장 형태로의 변화.
- 소수의 대형 발전소로부터 다양한 장소에 있는 수많은 발전소로의 변화. 이와 함께 소수의 공급자와 집중된 자본 축적으로부터 많은 공급자, 폭넓게 분산된 자본 형성 및 부가 가치added value로의 변화.
- 대형 발전소에서 나오는 많은 고압선으로부터 지역적으로 폭넓게 분산

된 생산 단위에서 출발해야 하는 공급망 구조의 변화.

- 기존의 에너지 공급 경제로부터, 재생 가능 에너지를 얻고 변화시키고 이용할 수 있게 하기 위한 과학 기술 생산의 변화.

이때 1차 에너지를 생산하고 정련하고 지불해야 하는 바이오 에너지는 유일한 예외가 된다. 바이오 에너지는 소규모 기업 형태로도 대기업 형태로도 생각할 수 있다. 그러나 바이오 에너지의 공급 전력 내지 공급 고리는 근본적으로 화석 에너지의 그것과는 구분된다.

전통적인 에너지 시스템은 전 지구적으로 에너지 채굴과 에너지 소비의 분리가 필요했기 때문에, 독자적인 시스템 유지를 이유로 점점 더 국제화되는 대기업들의 보호 구역이 되는 것이 불가피했다. 대기업들은 이로써 전통적인 에너지원의 시스템 논리를 따른다. 수입업자든 수출업자든 상관없다. 재생 가능 에너지로의 변화와 함께, 종래 시스템의 거의 모든 요소들은 생산 시설의 최대한 이용이 감소하는 중간 단계들로 인해 점차 기능을 잃게 된다. 재생 가능 에너지로의 변화는 종래의 에너지 경제와 그 하청 업체들의 부담이 된다. 전통적인 시스템의 요소들이 끊임없이 계속 경제성이 떨어지기 때문이다. 그 설비들이 동시에 감가상각 되는 시점은 이론적으로도 결코 존재하지 않는다. 이미 감가상각이 된 것이거나 노후화된 것이 새로운 투자와 나란히 존재한다.

객관적으로 가능한 신속한 에너지 변화는 따라서 기성 에너지 콘체른에서는 불가능해 보인다. 에너지 콘체른의 시각에서 자본의 파괴를 방지하려 할 때에도 마찬가지이다. 그렇기 때문에 기존 에너지 콘체른은 재생 가능 에너지로의 변화를 저지하거나 지연시키고 어떤 식으로든 통제하려 한다. 에너지 콘체른은 자신이 방해를 받고 있기 때문에 상대방을 방해한다. 이 에너지 콘체른이 따르는 콘체른 경제적 이법은 산업 경제적 합리성일 수도, 국민 경제적 또는 사회적 합리성일 수도 없다. 에너지 콘체른은 신속한 에너지 변화의 패자이다. 이들이 중대한 현실적인 손실을 감수하면서 완전히 철저한 자기 혁신을 할 수 있고 할 준비가 되어 있는 것이 아니라면 말이다.

그러나 어떤 콘체른 시스템이 그리할 수 있었던가? 특히 콘체른 시스템이 공간적으로 멀리 떨어져 있는 너무도 많은 시스템 요소들과 연결되어 있을 때는 더욱 어렵다. 전력 콘체른이 (이왕 시작한 김에 끝까지 가 보자.) 태양 에너지 대형 발전소나 망망대해의 대형 풍력 단지를 선호한다는 것은 따라서 놀랄 일이 아니다. 전력 콘체른은 이런 방법이 '더 경제적인' 단초라는 것을 그 근거로 삼을 것이다. 그러나 누구를 위해서 경제적이란 말인가? 이러한 선호에는 보편타당한 경제적 이유가 아니라 조직적 이유가 있을 뿐이다. 재생 가능 에너지의 어떤 과학 기술이 (그리고 이와 함께 그 원천 중 어떤 것이) 더 경제적이냐는 항상 그 사용 목적과 투자자의 시스템 조건에 달려 있다.

즉 재생 가능 에너지로의 변화가 상이하게 작동하는 두 에너지 시스템 간의 갈등이 되는 것은 어쩔 수 없다. 재생 가능 에너지는 다른 기술, 응용, 입지, 기반 시설, 비용 산출, 산업적 중심, 기업 형태, 소유 상태 그리고 특히 다른 법적 제한 요건 등을 요구한다! 재생 가능 에너지를 이끄는 선도자의 역할이 전통적인 에너지 공급의 시스템 주체들, 즉 현재의 에너지 경제 근처에서 맴돌 리 없다. 그들의 역할은 모든 에너지원에 대해 중립적인 태도를 취하지 않는다. 그 시스템 양식이 기존 에너지를 겨냥하고 있기 때문이다. 에너지 변화는 빨리 이루어져야 하기 때문에, 늦추는 것에서 경제적인 이익을 얻는 자들에게 좌우되어서는 안 된다. 필자가 어느 독일 전력 콘체른 이 사회 의장과 벌인, 논쟁의 여지가 대단했던 텔레비전 토론 후 이 이 사회 의장은 필자에게 '개인적으로 허물없이' 이처럼 말했다. "유감 이지만 맞는 말씀입니다. 하지만 제가 그것을 공개적으로 인정한다 면, 저는 내일 쫓겨날 겁니다. 만일 제 자리에 앉아 있다면 대체 무 엇을 하실 수 있을까요?" 필자는 다만 그의 자리에 앉을 일도 없고, 그가 직업상의 거짓말을 대가로 수백만 유로 상당의 보상금을 받기 때문에 물론 동정하지도 않는다고 대답했을 따름이다.

재생 가능 에너지에 대한 기존의 구조적 장애물들은 실제로 콘체 른이 전통적인 에너지 공급의 세계상에서 분리되고 나서도 계속 작 용할 것이다. 반면 변화를 추진하는 세력은 기존의 에너지 경제와 전혀 연루되지 않은 세력이다. 이것을 간과하는 모든 전략은 목표를 놓칠 것이다.

5. 동원: 정책 전복을 위한 에너지 변화

월드 워치 연구소World Watch Institute* 창설자이자 워싱턴 소재 지구 정책 연구소Earth Policy Institute 현 소장인 레스터 브라운Lester Brown, 1934~은 책 『플랜 B 2.0Plan B 2.0』에서 '번개 같은 속도'로 이루어지 는 '전시 동원wartime mobilization'에 버금가는 정치적인 노력을 기울여

----

* 미국의 수도 워싱턴에 있는 세계적인 민간 환경 연구 기관.

재생 가능 에너지로 바꿀 것을 요청한다. 그는 미국 대통령 프랭클린 루스벨트Franklin D. Roosevelt, 1882~1945가 1941년 12월 일본의 진주만 습격(1941년 12월 7일)과 히틀러의 대미 선전 포고(1941년 12월 11일) 후인 1942년 초에 군대 동원을 준비하고 전함과 전투기, 장갑차 등의 신속한 대량 생산을 어떤 말로 부추겼는지 기억한다. "그것이 가능하지 않다고 아무도 감히 말해서는 안 됩니다." 특히 거의 3년 동안 개인용 자동차의 판매가 금지되었다. 자동차 산업의 생산 잠재력 전체를 전시 차량의 생산에 투입하기 위해서였다.[20]

인간 문명의 생존 가능성에 대해 사실상 벌어지고 있는 핵-화석 전쟁을 끝내기 위해서도 비상한 노력이 필요하다. 그런데 이는 루스벨트의 군사 기술적인 동원과 유일하게 비슷한 점이다. 에너지 변화를 위한 동원은 루스벨트가 선택한 것과는 전혀 다른 단초들을 필요로 한다. 완전히 다른 적수들을 겨냥하기 때문이다. 또한 새로운 과학 기술의 생산, 포괄적인 경제적 구조 변화, 새로운 한정 조건하에서의 전혀 다른 경영 문화 등을 목표로 한다. 기업의 결정에 국가가 통제하며 개입하는 것을 바라지 않는다. 그 대신 기존 에너지 공급의 구조적인 통제 경제 정책을 폐기시키는 것을 목표로 삼는다.

그러나 루스벨트는 필요한 모든 세력을 형식에 얽매이지 않는 방법으로 목적의식을 향해 하나로 묶는다는 구상 때문에 본보기가 된다. 그는 다음과 같이 말하며 어떤 예외 상황도 용납하려 하지 않았다. "유감스럽게도 우리는 일본과 히틀러의 전쟁 수행을 적당히 대응할 수가 없습니다. 그것이 현 경제 구조에 너무 많은 희생을 요구하기 때문입니다." 에너지 변화를 위한 전략적인 동원도 이와 마찬가지여야 한다. 그것이 전통적인 에너지 공급에 사로잡혀 있는 이해관계 및 구조와 결합할 수 있는지의 여부에 좌우되게 두어서는 안 된다. 화석/핵에너지가 야기한 파멸적인 결과를 잘 헤쳐 나가야 하는 다음 세대를 이런 변명으로 달래지는 못할 것이다. "우리는 재생 가능 에너지로의 철저한 변화를 통해 파국을 막을 수 있었다. 하지만 반대편 이익을 고려할 수밖에 없었다. 그것이 더 중요했다. 이해를 구한다."

에너지 변화에 대한 모든 전략은 장애물을 제거할 것을 요구한다. 그러나 그 장애물은 나라마다 차이가 있다. 때마다 상이한 재생 가능 에너지의 자연적 공급 때문에, 에너지 변화를 이루는 중점은 똑같을 수가 없다. 국제적으로 비교하면 대단히 유사한 전통적인 에너지 공급의 단작單作에서 여러 가지 다문화적 재생 가능 에너지가 생겨난다. 재생 가능 에너지의 전략적 동원은 그런 이유에서 특히 개별 국가적인 동원일 수밖에 없다. 편협한 국수주의적 이유가 아니라, 이런 동원이 때마다 다른 재생 가능 에너지의 자연적 공급과 연관될 수밖에 없기 때문이다. 또한 전통적인 에너지 공급과 다양하게 결합되어 있는 그때그때의 경제 구조 및 법질서와도 연관될 수밖에 없어서이다.

여기에 매우 상이한 경제 발전 단계들이 더해진다. 개발 도상국, 신흥 경제 개발국, 공업국, 철저히 조직된 전력 시장이 있는 국가, 공급망이 턱없이 모자라기만 한 국가 등이 있다. 에너지 수출국과 에너지 수입국, 면적은 넓은데 주택지 밀도가 낮은 나라와 면적은 작은데 주택지 밀도가 높은 나라도 있다. 그러니 중단 없는 에너지 변화를 위해 모든 나라에 적용될 수 있는 한 가지 전략이 있을 리 만무하다. 가령 독일의 재생 가능 에너지 법안 같은 성공적인 구상들은 많은 나라에서 본보기가 될 수 있다. 그러나 이 또한 공급망 기반 시설이 존재하는 곳에서만 가능하며 전력 또는 가스의 공급이 중요할 때에만 가능하다. 반면 많은 개발 도상국들에 부족한 전 국토의 전력망 확충은 재생 가능 에너지 동원에 있어서는 전혀 필요하지 않다. 오히려 재생 가능 에너지의 동원을 상당히 지연시킬 것이다. 게다가 전력 공급과 전력 시장만이 아니라, 열 공급과 연료 공급의 문제, 시장 관리 규정, 공간 이용 법규, 즉 건축법 또는 조세법 등도 문제가 된다. 특히 상이한 헌법 질서에서 그때그때 행하는 정치적 능력의 문제도 중요하다.

재생 가능 에너지로의 모든 정치적 동원 전략에 있어서 다음의 두 가지 행동 원칙은 결정적으로 중요하다.

1. 우선 기존 에너지 기술과 재생 가능 에너지 기술의 비용을 실제적으로만 비교하는 전통적인 에너지 경제의 비용 산정 틀을 넘어서야 한다. 그런데 전통적인 에너지 공급의 최대 국민 경제적 비용 요인들은 여전히 대체로 주의를 끌지 못하고, 에너지 가격에 수렴되지 않는다. 이를테면 건강과 환경과 기후를 해치는 피해와 마찬가지로 에너지 수입을 통한 국제 수지의 부담 말이다. 발전소나 정련소의 비용을 능가하는 전통적인 에너지 공급 고리의 기반 시설 비용도 고려되지 않고 있다. 이들 기준은 재생 가능 에너지를 통해 생기는 국민 경제적 이점들이다. 그러나 모든 경제 참여자들에게 똑같이 이점이 되는 것은 아니다. 따라서 재생 가능 에너지의 동원에 대한 정치적 구상은 국민 경제적 장점을 개별 경제적 자극으로 변형해야 한다. 이 장점들(그리고 이와 함께 에너지 변화를 위한 나름의 국민 경제적 여지)은 그러나 더 저렴하게 생산할 수

있는 다른 나라들로부터 재생 가능 에너지가 수입될 때 사라진다. 별
도의 경영 비용 산정을 대신한 국민 경제적 및 지역 경제적 비용 산출
은 따라서 변형 전략을 위한 척도여야 한다.

2. 또한 재생 가능 에너지의 사회적 가치가 더 높아짐으로써 적법하게
된 명백한 상위 규정은 에너지 공급에서 재생 가능 에너지의 분담이
더 커지도록 전통적인 에너지 공급을 배제하는 것을 보장해야 한다.
전통적인 에너지 공급의 시스템 기능이 재생 가능 에너지에 적응하게끔 정치
적으로 보장해야 한다. 기존의 에너지 경제에 이는 무리한 요구이다. 기
존의 에너지 경제가 에너지 공급에서 차지하는 몫이 압도적인데도, 재
생 가능 에너지에 순응할 것을 요구해야 하기 때문이다. 그 평가 기준
은 더 이상 재생 가능 에너지가 전통적인 에너지 시스템을 얼마나 많
이 견디는가 하는 것이어서는 안 된다. 구체적으로는 상환 기간이 수
십 년이나 필요한 새로운 투자를 전통적인 에너지 공급에 더 이상 허
가하지 않는다는 것을 의미한다. 그런 조치를 통해서만 전통적 에너지
공급의 시스템 기능들이 재생 가능 에너지의 동원을 자꾸 방해하는
것을 막을 수 있다. 따라서 새로운 대형 화력 발전소도 새로운 원자력
발전소나 수명 연장도 에너지 변화의 전략에는 맞지 않는다.

이 두 가지 행동 원칙은 규제 정책의 결단이 있어야만 관철될 수
있다. 첫 번째 원칙 결정은 지금까지 이어진 에너지 경제적 고찰 및
행동의 틀을 깨뜨리고, 닫힌 에너지 공급 시스템으로부터 많은 발의
자들에게 여지를 열어 주는 열린 에너지 공급 시스템을 만든다. 두
번째 원칙 결정은 에너지 경제의 구조 보존적인 이해관계를 겨냥한
다. 이 때문에 에너지 경제는 에너지 변화 안에서 스스로 건설적인

역할을 부득이 떠맡을 수밖에 없다. 그래서 에너지 경제는 완전히 새로운 기업적 관점에 적응하는 대신 (몇 십 년 더 또는 대형 설비를 한 세대더) 존속을 위해 계속 싸울 것인가라는 질문 앞에 서게 된다. 형태도 다르고 중점도 다르게, 또 종래의 핵심 사업을 벗어나서 말이다.

정치적 공간은 이런 구조적인 에너지 갈등의 주된 전장이다. 이는 여론을 둘러싼 투쟁과 분리될 수 없다. 모든 에너지가 그 '정당한' 자리를 지니고 있거나 부여받게 되는 에너지 합의에 대한 온갖 외침은 결과적으로 재생 가능 에너지의 몫을 평가하고 따라서 제한하는 것이 된다. 그런데 전통적인 에너지 시스템의 주체들뿐만 아니라 정치적 기관 및 정당에 있는 옹호자들 역시 재생 가능 에너지로 발전하는 추동력이 있다는 것을 간과한다. 재생 가능 에너지에 필요한 과학 기술을 이용할 수 있는 특정 시점부터는 전통적인 에너지 공급의 구조도 정치적 기관도 이 발전 추동력을 막을 수 없다. 기껏해야 제동을 걸 수 있을 뿐이다. 이는 적어도 민주주의적이고 시장 경제적인 질서에 적용된다.

이런 추동력은 특히 공급망에 좌우되지 않고 자율적으로 투입될 수 있는 재생 가능 에너지 이용을 위한 과학 기술과 관련된다. 가장 두드러지는 중요한 예는 자연적인 주변 환경 에너지에서 직접 에너지를 공급할 수 있는 건물들이다. 과학 기술의 발전이 기존 시스템과 정치적 장애물을 위태롭게 하거나 뒤집어엎는 것은 처음이 아닐 것이다. 에너지 공급에서 이는 재생 가능 에너지로만 가능하다. 에너지 변화를 위한 모든 전략은 이런 잠재력을 주시해야 한다. 모든 정부와 정당이 동시에 시대의 징후를 깨닫고 구조 보존적인 에너지 이해관계와 무관하게 재생 가능 에너지 쪽으로 결정을 내리는 상황이 언젠가 나타날 것이라고 기대할 수 없기 때문이다. 그런 경우는 여태 없었다. 독일의 사민당-녹색당 연정의 시기에도 마찬가지였다. 정부가 열심히 추구하도록 민주적 여론과 재생 가능 에너지로 나아가는 과학 기술 혁명의 경제적 활동가들이 뒷받침을 해야 한다. 이제 그 과학 기술 혁명이 전개되기 시작했다. 가장 중요한 정치적 과제는, 재생 가능 에너지의 독자적 이용에 대한 자의적인 모든 제한들을 제거함으로써 이를 위한 공간을 열어 두는 것이다.

기존 에너지 시스템의 주체들이 끌어대는 일반적인 평계는, 신속한 에너지 변화는 전혀 실현될 수 없거나 위험천만하다는 것이다. 또한 에너지 공급 문제에서 오랫동안 인정된 그 전능함에 대한 요구가 커지면서, 에너지 공급 자체가 경제와 사회 전체인 양 혼동된다. 에너지 공급에서 실현될 수 없거나 위험천만한 것은 대체로 부적격이라고 선언된다. 따라서 모두들 재생 가능 에너지로의 변화를 어렵게 하거나 유예하는 수많은 봉쇄와 제동이 순전한 평계인지, 아니면 정당한 항변인지 물어보아야 한다. 이것을 깨닫는 것이 재생 가능 에너지의 관철을 둘러싼 갈등에서 결정적으로 중요한 지점이다. 반박하는 진술들이 근거가 있고 유효하다고 여겨지는 한, 정치와 사회와 경제 분야의 많은 사람들은 재생 가능 에너지로의 변화를 일관되게 촉진하기 어렵고 그곳에 이르는 가장 빠른 길로도 나아가지 못한다.

2장
지연의 방법과 심리학
정체, 유예 및 (비)자발적 동맹

.
.
.
.
.
.
.
.
.
.
.
.
.
.
.

늘 새로운 변이형으로 온갖 모순이 분명히 나타나는데도 '유연한 도구'에 매달리는 데에는 다른 이유가 있다. 기후 외교가 자기 준거적인 체계가 되었기 때문이다. 배출권 거래상, 변호사, 고소득 공증인 등으로 이루어지는 기후 보호 비즈니스가 생겨났고, 이로부터 이미 너무 많은 사람들이 이익을 얻고 있다.

지난 수십 년간 기존의 에너지 경제는 재생 가능 에너지가 대안일 수 없는 이유에 대해 왜곡된 정보를 의도적으로 유포했다. 그들의 병기고는 그 사이에 대부분 다 소진되었다. 반면 에너지 변화에 맞서 외우기 시작한 새로운 주문들은 너무 세련되어서, 재생 가능 에너지에 호감을 보이는 상당수 심정적 지지자에게도 그럴싸하게 들린다. 이 주문들은 지연시키는 것을 겨냥하므로 유예를 정당화해야 한다. 오늘날에는 아무도 더 이상 전통적 에너지의 위험들에 대해 으레 하듯 무비판적으로 보려 하지 않는다. 때문에 에너지 콘체른은 이제 상당한 광고 비용을 들여 가며 재생 가능 에너지의 후원자인 체하며 실제로 가능한 것을 모색한다는 인상을 불러일으키려 한다.

이는 재생 가능 에너지 법안만 가지고도 쉽게 반박할 수 있다. 이 법안으로 모인 투자의 90퍼센트 이상은, 자금 조달이 더 쉬웠을 에너지 콘체른이 아니라 시영 기업, 경영자 단체 또는 개인 경영자 등에 의해 실현되었다. 2009년만 해도 독일 전역에서 각 가정들이 태양 전기 생산에 투자한 금액이 네 개의 전력 콘체른 E.ON, RWE,

EnBW, 파텐팔Vattenfall의 금액을 합친 것보다 많았다.

두 가지 유예 전략이 눈에 띈다. 하나는 나중에야 비로소 이용 가능하다고 추정되는 재생 가능 에너지로 가는 '다리' 또는 재생 가능 에너지와 같은 등가물이라고 여겨지는 대안들을 선전하는 것이다. 이 단초는 핵에너지의 '부흥renaissance'과 '기후 친화적인 화력 발전소'의 배치를 목표로 삼는다. 전통적인 에너지 공급에 온갖 다른 위험 부담과 위협이 존재하지 않기라도 하는 것처럼 세계 에너지 논의를 이산화탄소 기후 문제에 고정시키는 것은 이런 방법에 도움이 된다.

두 번째 전략은 재생 가능 에너지를 위한 대형 프로젝트를 끌어들이는 것이다. 실현하는 데 많은 시간을 요하고, 주로 대형 투자자들을 통해서나 가능한 프로젝트 말이다. 이와 함께 에너지 콘체른은 자신이 별로 경쟁을 두려워할 필요가 없는 행동의 장으로 논의를 유도함으로써 주도권을 유지하려고 노력한다. 이 전략은 재생 가능 에너지의 옹호자들이 시간 문제와 구조 문제 간의 관계를 충분히 의식하지 못하는 한, 그들에게서조차 지지를 얻는다. 그들은 에너지 콘체른이 마침내 재생 가능 에너지에 비교적 큰 기대를 거는 것 같다고 안심하면서, 사실은 경제적 동기가 있는 유예 전략이 문제라고 오해한다. 핵/화석 에너지의 중대한 문제들을 대수롭지 않은 일로 과소평가하는 것이 여기에 해당된다. 또 이와 동시에 재생 가능 에너지로 바꿀 때 해결해야 할 문제들을 필요 이상으로 과대평가하는 것도 포함된다. 겉으로 보기에만 문제이거나, 일부분 실재하긴 하지만 극복 가능하다고 인식되는 문제들인데도 말이다.

항상 이런 '가교 전략'을 통해 에너지 변화의 절박함에서 화제를 돌리는 사람은, 그럴 의도가 없다 해도 유예를 주창하는 이들과 한편이 되고 만다. 가장 많이 언급된 논증의 내용은 다음과 같다.

- '변화는 국제적인 합의로, 적어도 비교 가능한 나라들과의 조율 속에서 이루어져야 한다. 그리하지 않으면 경제적 피해를 입기 때문에 다른 식으로는 변화가 실현될 수 없다. 게다가 세계와 관련하여, 변화를 단지 그 자체로 추구하는 것은 어차피 그다지 유용하지 않다. 이런 이유로 지속 가능한 에너지 공급을 위한 최선의 도구는 국제적으로 합의된 소비량을 토대로 하는 탄소 배출권 거래제이다. 이것만으로도 전 지구적인 기후 문제를 통제할 수 있는 동시에, 에너지 효율을 분명히 개선할 수 있다. 그 에너지 효율이 재생 가능 에너지로의 전환보다 중요하며 비용도 적게 든다. 다른 모든 정치적 대책들은 이런 목표 설정에 미치지 못할 수밖에 없거나 오히려 반생산적이다.' 이런 평계는 지금까지 세계 기후 회의가 추구한 구상에 의거하여 '조직된 미니멀리즘' 절(87쪽)에서 분석될 것이다.
- '재생 가능 에너지로 가는 전통적인 에너지 가교의 건설이 당분간 필요하다. 재생 가능 에너지가 아직은 수요에 상응하는 에너지 공급을 보장하지 못하며, 대형 발전소를 대신할 수 없기 때문이다. 특히 재생 가능 에너지는 바람과 일광의 불규칙성 때문에 전력 공급의 기저 부하base load를 보장할 수 없다. 지금까지 해결하지 못한 재생 가능 에너지의 저장은 가장 중대한 문제이다.' 이 주제는 원자력 발전소와 CCS 발전소를 포기할 수 없다는 주장을 면밀히 검토하는 '무너지기 쉬운 다리' 절(106쪽)에서 평가될 것이다.
- '재생 가능 에너지가 여전히 전통적인 에너지보다 비싸고, 따라서 재

생 가능 에너지의 도입이 국가적인 지원에 의존하고 있는 한, 연구와 발전을 넘어서는 온갖 정치적 지원은 시장 사건에의 일방적인 개입을 나타낸다. 이것은 경제적 왜곡을 야기하고, 심지어 재생 가능 에너지의 생산성 발전을 해친다. 따라서 재생 가능 에너지의 육성을 위해 시장에 도입하는 정치적 프로그램은 반생산적이다. 재생 가능 에너지는 스스로 '시장'에서 '자기 이익'에 따라 관철되어야 한다.' 이런 경제 이론적 가설은 에너지 시장 사유의 일면성과 모순을 다루는 '시장 자폐증' 절(141쪽)에서 집중 조명될 것이다.

- '재생 가능 에너지는 최고의 일광과 유리한 바람 조건이 제일 우세한 곳에서 얻을 때 가장 생산적이고, 이와 함께 가장 저렴하게 이용 가능하다. 그다음에 이용을 위한 전제는, 새 고압선들의 건설이다. 그렇지 않아도 자연적인 에너지원의 지역적인 공급 불안정을 조정하기 위해서는 이것이 부득이 필요하다.' 이런 가정은 3장(165쪽)에서 다룬다. 재생 가능 에너지는 원래 분산적으로 제공되는데도, 재생 가능 에너지의 구조를 중앙 집중화하려는 전략의 모순을 밝힐 것이다.

1. 조직된 미니멀리즘: 세계 기후 회의와 탄소 배출권 거래

1990년대 중반 이후, 세계 기후 회의는 전 지구적으로 합의되고 국가적으로 실행되어야 하는 에너지 전환을 시작하는 선회점으로 간주되었다. 그래서 전 세계는 2009년 12월 코펜하겐 세계 기후 회의의 비난받아 마땅한 결과에 놀라고 경악했다. 세계 기후 회의가 수포로 돌아간다는 것을 상상할 수 없었기 때문이다. 그 이전에는 모든 것이 성공을 말하는 것처럼 보였다. 세인의 이목을 끄는 문제의 압박, 정부의 낙관적인 예고, 비정부 기구들의 절박한 호소, 참가자 65,000명의 쇄도, 정부 수장 120명 참석 등, 그 결과 'G120' 정상 회의가 열렸다. 세계사에서 가장 큰 정치적 회의였다. 그러나 이 회의의 와해는 어쩌면 당연한 결과였다. 세계 기후 회의는 1995년 이후 열네 번 열린 이전 회의들과 똑같은 각본에 따라 진행되었다. 회의에 앞서 "지금이 아니면 안 된다."라고 극적인 호소를 하고는, 막상회의에서는 괴로운 결과들을 제시하며 좀스럽고 맥 빠지게 삭감을 주장하고 후속 회의를 결정한 다음, 이어서 죄인들을 탄핵하는 양상이었다. 2005년 발효된 교토 의정서Kyoto Protocol*가 비록 보잘것없지만 유일한 예외를 형성한다. 이것으로 온실가스의 계속되는 배출 증가를 막지 못하리라는 것은 물론 처음부터 분명해 보였다. 그래서 교토 의정서가 특히 "이빨 빠진 호랑이 같아서" 성사되었다는 추측도 가능하다.

코펜하겐의 초라한 결과들에 주범이 있다면, 바로 세계 기후 회의의 구상 그 자체이다. 이 구상은 대단히 의심적은 두 가지 전제에 근거를 두고 있다. 하나는 모두와 관련되는 전 지구적인 문제이므로 모든 관련 당사자들에게 비교적 대등하게 의무를 지우는 것을 포함하는 세계적인 계약global contract 방안이 필수 불가결하다는 것이다. 또 다른 하나는 기후 보호를 위해 꼭 필요한 대책이 경제적 부담이되므로 폭넓은 동의를 토대로 하여 '공정한 부담 분배burden sharing'를 타결해야 한다는 것이다. 결국 "모두가 아니면 아무도 안 된다."

---

* 기후 변화 협약에 따른 온실가스 감축 목표에 관한 의정서.

라는 말과 다르지 않다. 이론적으로는 설득력 있게 들리지만 실제로는 쓸데가 없다. 문제는 오히려 하나의 '공동체community'로 뭉친 기후 외교뿐만 아니라 몇몇 국제적인 환경 비정부 기구 및 기후 연구소 등의 대세 순응주의에 있다. "대안이 없다."라는 것은 분명 오판이다.

합의 무력화

세계 기후 보호를 위해 신속히 도입되어 광범위하게 작용할 수 있는 발의들은 필요하다. 그렇기 때문에 종래의 세계 기후 회의가 지닌 근본적인 딜레마는 이미 세계 협정을 추구할 때 절대적으로 필요한 합의 원칙에 내재한다. 촉진과 합의 사이에는 원칙적으로 없애기 어려운 모순이 존재한다. 구속력 있는 국제적 협약에 대한 합의는 개별 국가들의 경제적 사회적 구조와 직접적으로 많이 관련될수록 그만큼 더 도달하기 어렵다. 에너지 문제의 경우 원칙상 사정이 그러하다. 물론 (1장에서 개략적으로 알아본 것처럼) 각 국가별로 상황이 매우 다르고 방식도 대단히 상이하다. 정부의 책임과 선한 의지에 대한 호소로는 이런 차이를 없앨 수 없다. 상황이 서로 너무 다르기 때문에, 동시적이고 동등한 의무를 담은 정말로 실체가 있는 조약은 따라서 도달하기 어렵다. 교토 의정서 역시 단지 중국과 인도를 포함한 대부분의 나라가 행동의 의무를 면제받기 때문에 성립되었다. 2012년 이후를 목표로 한 교토 의정서 2 협정이 더 이상 이런 면제를 인정하면 안 된다는 것은 처음부터 분명했다. 세계 기후 협약을 위한 노력이 결국 웃음거리가 되지 않으려면 말이다. 하지만 이로써 세계 기후 회의의 근본적인 딜레마는 더욱 깊어졌다.

길고 힘겨운 협상 후에 기껏해야 너무도 보잘것없는 최소 의무에 대한 합의는 가능하지만, 기후 위험에 대처하기에는 한참 못 미친다. 또 이런 최소 목표조차 (행동에 대한 온갖 압박감과 모든 기대 및 예고에 어긋나게) 달성하지 못한다는 것을 코펜하겐 회의가 떠들썩하게 보여 주었다. 회의는 실패했다. 처음부터 웃음거리가 된 협상 목표만이 쟁점이었음에도 실패했다. 협상 목표 자체가 이미 기후 변화라는 세계적인 화두 앞에서 부분적인 포기를 의미했다. 단지 산업기 (18세기 말~19세기 초) 초기의 대기권 열 상태를 기준으로 평가할 때 현재 섭씨 0.7도인 대기권의 온난화가 2도를 넘어가지 않도록 온실 가스 배출을 제한해야 한다는 것이었다. 이는 사실상 기후 위기가 (대기 중 이산화탄소량이 현재 385피피엠에서 450피피엠으로) 계속 심화되는 것을 감수하자는 의미이다. 이와 유사한 사례를 원용한다.

2000년에 국제 연합은 밀레니엄 목표들을 발표했다. 그중에는 특히 당시 기아로 고생하는 8억 2,000만 명의 인구를 2015년까지 반으로 줄이겠다는 목표도 있었다. 만일 이때 밀레니엄 목표라고 천명하기를 굶주리는 8억 2,000만 명의 인구수를 20억 명 이상으로 더 늘어나지 않게 하겠다고 했다면, 세계 여론은 어떤 반응을 보였을까?

'2도 목표'를 모든 일의 척도로 삼다니, 공동체 구성원들의 머릿속이 어떻게 된 걸까. 그러면서 동시에 그들은 영국의 경제학자 니컬러스 스턴Nicholas Stern, 1946~의 저 유명한 연구서를 줄기차게 인용한다. 스턴은 기후 변화가 진척되면, 경제 성장을 통해 얻는 것보다 경제적 피해가 훨씬 더 커질 것이라고 한다. 그 자체로 숙명론적인 목표가 어떻게 새로운 전망을 열어 줄 수 있겠는가?

그럼에도 어떤 절충이든 여전히 전혀 없는 것보다는 낫다. 실로 모든 절충은 관련된 최소 의무를 넘어설 수 있기 때문이다. 하지만 바로 이 가능성마저 탄소 배출권 정산이라는 (선호되는) '유연한 도구'로 인해 수포로 돌아간다. 탄소 배출권이 '시장 경제적 방법들'을 이용하여 계약 목표의 실제 전환을 보장하고 쉽게 해 준다니 말이다.

최소 의무와 탄소 배출권으로 곤경에 처하다

최소 의무의 틀 내에서 각국에 할당된 탄소 배출권은 국제적으로 거래되거나 정산될 수 있다. 허용량보다 많이 배출하는 나라는 할당량보다 적게 배출하는 다른 나라에서 여분의 '배출권'을 구입할 수 있다. '배출권'의 거래 외에, 두 번째 도구로 청정 개발 체제Clean Development Mechanism, CDM*가 있다. 이 덕분에 기업은 허용된 탄소 배출의 최고 한도를 초과해도 된다. 다른 공정의 이산화탄소를 줄이는 투자로써 이산화탄소의 배출 한도를 벗어날 수 있다.

탄소 배출권 거래에서 시장 가격이 공급과 수요의 메커니즘을 통해 산출될 수 있도록 상한선은 주어져야 한다. '총량 제한 거래제cap and trade'는 합의된 상한선 내에서 탄소 배출권 거래를 정립한다. 자기 주도적으로 이산화탄소를 적게 배출하는 나라는 그 대신 재정적인 보상을 받을 수 있다. 다만 다른 나라들이 나름의 대책들로 인해 의무를 이행하지 못하고, 그 때문에 배출권을 추가로 구입해야 할 때에만 가능하다. 모든 나라가 다 의무를 이행하면 배출권 거래는 없다. 그러나 한 나라가 이산화탄소를 더 많이 줄이면, 다른 나

---

* 교토 의정서 12조에 규정된 것으로, 온실가스를 감축할 경우 감축분의 일정 비율을 자국의 실적으로 인정하는 제도.

라들은 그만큼 덜 줄여도 된다는 점이 중요하다. 이런 제로섬 게임 zero-sum game*이 최소 의무 내에서 계속되지 않으리라는 것은 처음부터 알 수 있었다.

그래서 필자는 독일 연방 의회에서 2004년 7월에 의결된 '온실가스 배출권 거래 법안Treibhaus-Emissionshandelsgesetz, TEHG'에 반대표를 던졌다. 이 법안은 유럽 연합 지침에 근거를 두었고 교토 의정서에 포함된 유럽 연합 회원국들의 의무는 이 지침과 함께 바뀌어야 했다. 녹색당의 한스-요제프 펠Hans-Josef Fell 의원 한 명만 마찬가지로 이 법안에 반대투표를 했다. 이런 거부에 환경 단체의 대변인들조차 당황했다. 우리를 기후 위기에 무지한 사람들이라고 비난하기는 어려웠기 때문이다. 그린피스 같은 환경 단체들과 세계 자연 보호 기금WWF은 2001년 본Bonn에서 개최된 세계 기후 회의에서 탄소 배출권 거래라는 '유연한 도구'의 관철을 옹호했다. 유럽 태양 에너지 학회는 이미 이 회의에 즈음하여 '우리의 공기는 상품이 아니다Unser Luft ist keine Ware'라는 캠페인을 벌이며, 배출권 거래가 오염 물질 배출이 없는 에너지 공급으로의 변화를 촉진하는 대신 이를 정체시킬 것이라고 경고했다.

그러나 배출권 거래는 그 주역들에 의해 기후 보호를 위한 가장 효과적이고 중요한 구상이라고 선전되었다. 경제학자, 기업가, 정치인 등은 생태세나 재생 가능 에너지 법안 같은 여타의 모든 정치적 수단들을 폐지할 것을 공공연히 요구했다. 많은 환경 단체들은 긍정적인 입장을 취하면서 이 '유연한 도구'가 세계 기후 회의에서 합

---

* 게임 이론에서 참가자 각각의 이득과 손실의 합이 제로가 되는 게임.

의될 수 있고 모든 나라들에 적용될 수 있는 유일한 조치라는 점을 근거로 든다. 이 구상에 관여해야만, 그다음의 의무 이행 단계(2012 년 이후 목표로 하는 '교토 의정서 2' 협정)를 계승할 수 있다고도 한다. 경제학자들은 이것을 최적의 투자 대상으로 보는 '시장 개념'으로서 선호한다. 저임금 국가들에서는 기후 보호를 위한 투자 비용이 적기 때문에, 공업국들이 비교적 상당한 비용을 절약하면서 훨씬 적은 비용으로 똑같은 감축 효과를 달성할 수 있다는 것이다.

스웨덴의 다그 함마르셸드Dag Hammarskjöld, 1905~1961* 재단이 펴낸 연구서 『전 지구적인 배출권 거래: 대기 오염 주범들은 어떻게 보상받는가Globaler Emissionshandel: Wie Luftverschmutzer belohnt werden』에서 입증하는 것처럼,[21] 온갖 우려는 다 현실로 나타났다. 배출권 거래 상한선은 교토 의정서에서 기후 보호에는 불충분하지만 어렵게 타결된 최소한의 타협 내용과 일치하거나, 목표로 하는 '교토 의정서 2'에서 바로 다음의 최소 의무와 일치한다. 유연한 도구들로 인해 이런 최소한도는 사실상 최대한도가 된다. 최소한도를 넘지 말라는 자극이 되는 것이다! 더욱이 국가들은 일방적인 발의를 통해 이런 최소 의무를 넘어서지 말라는 경고를 받는다! 그리하면 경제적으로 해를 입는다고 말이다.

이에 대해서는 재정 관리 및 경제학 교수 29명이 소속된 독일 연방 재무부의 학술 자문 위원회가 2010년 1월에 내놓은 평가서 「오염 물질 배출 방지와 조절 사이의 기후 정책Klimapolitik zwischen Emissionsvermeidung und Anpassung」이 대표적이다. 이 자문 위원회는

---

* 2대 국제 연합 사무총장을 지낸 스웨덴 정치가.

"동등하지 못한 개별 국가적인 거래"(국제적 의무를 넘어서는 발의를 말한다.)는 자기 나라뿐만 아니라 전체적으로도 해로우므로 중단되어야 한다는 결론에 이른다. "각각의 국가들은 기후 정책의 선구자 역할을 하고 오염 물질 배출 감소라는 높은 목표를 스스로 설정함으로써 기후 정책에 영향을 끼치려고 노력한다. 이런 개별 노력은 다른 나라들로 하여금 기후 정책에 더 노력하게 하는 대신 후퇴하게 만들 수 있다. 따라서 기후 정책의 선구자 역할은 그 개별 국가로 하여금 대체로 상당한 비용을 들이게 하면서도, 세계 기후의 확실한 개선을 보장할 수 없다. 개별 국가들의 특별한 노력과 선구적 발의는 세계적인 기후 협정을 시작하기에 좋은 상황을 만들지도 못하고, 오히려 그 협정의 성립을 위태롭게 할 수 있다. 세계적인 기후 협정의 장점들이 감소하면 이러한 해결책의 성립이 불가능할 수도 있다." 왜냐하면 어떤 나라가 "오염 방지 기술에의 투자"를 통해 자국의 오염 물질 배출을 일방적으로 줄인다면, 그것에 대해 다른 나라들이 "자국의 배출을 높이는 것으로" 반응하리라는 것이다. 결국 그 나라는 "방지 전략에의 조기 투자에 대해 벌을" 받는 셈이 된다. 일방적인 배출 방지의 결과, "수익자와 비용 부담자의 영역"이 와해되고 이로써 "스스로의 노력 없이 남의 수고를 가로채 덕을 보는 문제"가 생겨난다는 것이다. 따라서 가령 "비용 부담자와 수익자"가 일치하기 때문에 홍수와 폭풍우의 피해에 저항하는 경우처럼, 이미 일어난 기후 변화에 적응하는 조처들에 집중해야 한다고 주장한다.

학술 자문 위원회의 이러한 명제는 유연한 도구의 논리에 부합되는 본보기이다. 세계 기후 회의의 구상은 불합리한 결론으로, 즉 세계 기후 정책의 절망적인 무력화로 나아간다. 전통적인 에너지 공급이 지니는 여타의 모든 문제와 위험을 서서히 약화시키면서 인간들의 근본적인 관심이 전 지구적인 오염 물질 배출 정산과 상관없이, 자신들에게 직접 해가 되는 모든 에너지 배출을 줄이는 데 있음을 부인한다. 전통적인 에너지 이용으로 생기는 여타의 오염 물질은 온실가스가 아니므로 전 지구적인 기후 보호 대책과 관련되지 않는다. 배출권 거래제 같은 기후 보호 도구들은 이런 오염 물질에 의한 부담을 고려하지 않는다. 이산화탄소 문제가 없다 해도 여타의 오염 물질로 인한 건강 및 환경의 부담은 있을 것이고, 세계 에너지 시스템은 결코 온전하지 않을 것이다. 자원 고갈의 문제뿐만 아니라 개별 국가들의 국민 경제적 및 지역 경제적 이익도 간과된다. 모두들 (다양한 사회적 문제들과 관련되는) 에너지 공급에서 타결된 이산화탄소 배출 감축의 전 지구적인 '총량 제한cap' 기준에 따라 보조를 맞추게 된다. 중요한 것은, 이론적인 모델을 따른다는 것이다. 아직은 대단히 불충분할지라도 말이다.

인용된 학술 자문 위원회와 같은 논리를 펴는 '경제학적인' 충고들이 그 사이에 물결을 이룬다. 탄소 배출권 거래의 도구가 신성불가침한 것으로 통하기 때문에, 경제학적인 충고들은 다음과 같은 독단적인 결론으로 나아간다. 배출권 시장이 일종의 기준처럼 여겨지는 한 (독일에서든, 아니면 다른 곳에서든) 에너지 변화의 촉진을 위한 모든 활동은 중지되어야 한다는 것이다. 재생 가능 에너지의 신속한 확대를 향해 동시에 밀고 나아가는 '유연한 도구'의 많은 지지자들은 이 조잡한 논리에 대해 충분히 알지 못한다.

모든 에너지 대책들을 일차적으로 이산화탄소 감축에 얼마나 많이 기여하는가로 평가한다면, 그것만으로도 이미 세계 기후 회의라는 구상의 함정에 빠진 것이다. 그리되면 전통적인 에너지로 인한 다른 비용과 부담은 더 이상 중요치 않다. 이런 도구들을 더 이상 사용하지 못하게 해야 한다는 결론에 도달하게 하는 다른 부정적 측면들도 마찬가지이다. 그래서 배출권의 가격은 계속 변화하며 이는 불가피하게 투자의 불안정으로 이어진다. 투자 비용의 회수율이 계속 달라지기 때문이다. 배출권의 거래나 정산은 화석 에너지의 공급 시스템 내에서 일어난다. 이와 함께 그 시스템을 보존하고, 재생 가능 에너지를 위한 혁신을 저지하며, 에너지 변화에도 제동을 건다. 전통적인 에너지 콘체른의 역할과 정부의 행동에 미치는 영향은 전반적으로 고스란히 남아 있다. 기후 보호의 도구들이 화석 에너지 경제의 존속을 보장하는 수단이 된다.

2013년부터 배출권을 경매하려는 정부들은 국고 수입을 기대한다. 배출권을 위해 국고에 납부해야 하는 대가는 탄소세의 기능을 지닌다. 다만 그것을 위한 관료 수당과 비용이 과세의 경우보다 훨씬 클 뿐이다. 그러면 정부는 이 수입을 예측건대 더 이상 포기하려하지 않을 것이다. 이는 결과적으로 정부를 자극하여, 재생 가능 에너지를 위한 발의를 보류하게 할 수 있다. 간접적으로는 정부가 배출권 발행인들의 사업 파트너가 된다. 특히 배출권 거래가 가장 강력하게 성장하는 금융 시장 중 하나로 간주되기 때문에, 투기의 거품이 생기리라는 예측도 가능하다. 2008년 세계적인 금융 위기를 야기한 금융 투기자들의 실물 자료 없는 부기처럼 실제로 근거 없는 투기가 많이 이루어질수록 그만큼 더 통제가 힘들 것이다.

배출권 거래는 아무도 믿을 수 없을 정도로 가격 변동이 불규칙한 '미술품 시장art market' 같은 데서 이루어진다. 정치 경제학자 엘마르 알트파터Elmar Altvater, 1938~와 아힘 브루넨그레버Achim Brunnengräber, 1963~에 따르면, 진짜 "오염권 시장"이란 "존재하지 않기" 때문에 "전혀 거래될 수 없는 것이 상품이 될" 수밖에 없다고 한다. 신자유주의적인 시각에서 이는 명백히 국내외적으로 적법하다고 인정되는 "국가에 의한 오염권을 확립하는 정치적 책략"이다. 그 전제는 "오염권이라는 경제재의 부족"을 "탄소 배출 상한선이라는 총량 제한cap을 통해 인위적으로 확정하는 것"이었다.[22]

오용으로의 유인

배출권 거래라는 유연한 도구는 플랜이 예정대로 실행될 때조차 중대한 결함을 지닌다. 게다가 이 플랜은 우회와 오용으로 유인하기까지 한다. 이는 2010년 유럽 연합 경찰청 유로폴Europol에 적발된 사기 스캔들로 더 분명히 드러났다. 유로폴은 기업들이 지난 18개월 동안 유럽 연합 국가들을 상대로 배출권 거래를 하면서 50억 유로나 속였다는 것을 밝혀냈다. 배출권을 여러 번 팔고 판매세를 횡령한 것이다. 몇몇 유럽 연합 국가는 전체 배출권 거래의 90퍼센트까지, 세금을 횡령하려는 목적에만 이용되었다. 국제 연합 역시 그 사이에 수십억에 달하는 중대한 오용을 확인했다. 2010년 7월에 발표된 보고서는, 개발 도상국의 화학 공장주 22명이 배출권 시장을 의도적으로 조작하고 있다고 밝혔다.

에너지 콘체른 RWE는 중국에서 연간 46만 톤의 이산화탄소를 절약해 줄 화력 발전소 건설에 참여하고 있다. 이후 RWE가 독일에서 화력 발전소를 건설할 때를 대비해 이처럼 절약한 감축분을 비축해 둔 셈이다. 즉 절약한 양만큼의 이산화탄소를 추가로 배출할 수 있게 된다. 중국의 화력 발전소는 어차피 건설된다. 그러나 청정 개발 체제CDM라는 도구의 구상은, 단지 이산화탄소를 줄이기 위해서가 아니라 원래 계획에 없던 추가 투자를 위한 것이다. RWE는 한편으로는 독일의 발전소와 관련된 의무를 줄이는 동시에 중국에 미치는 영향력을 확대할 수 있다. 그럼으로써 온실가스는 추가로 배출된다. 세계에 이산화탄소를 뿌리며 독일의 이산화탄소 대차 대조표를 그럴듯하게 만들고 있는 것이다! RWE는 단지 배출권 마련 업무를 처리하기 위해 약 40명의 직원을 고용하고 있다. RWE의 경우가 유일한 사례가 아닌 것은 확실하다. 다른 콘체른들도 이와 비슷하게 대처하고 있으리라.[23]

민주적 공공성과 공공 행정 기구가 비교적 잘 작동하는 나라들에서 배출권의 오용이 일어난다면, 행정 기구 구조가 덜 투명한 많은 나라들의 상태는 훨씬 더 나쁘리라는 가정이 가능하다. 앞서 설명한 기후 보호 도구들에 대한 비판은 특히 환경 단체들에서 거세다. 배출권 정산이라는 구상에 오래 관여했던 환경 단체들도 마찬가지이다. 개선을 바라는 좋은 의도를 담고 있는 제안들도 많다. 배출권이 더 이상 무상으로 주어져서는 안 되고, 적어도 일부분 대금을 치르고 구매되어야 한다거나, 확정된 이산화탄소 가격은 누구에게나 똑같아야 한다거나, 청정 개발 체제의 경우에도 정말로 이산화탄소 감소가 추가로 이루어지는지 더 엄격히 검증하자는 의견도 있다. 어느 나라든 예외 없이 이산화탄소 감축의 의무를 지게 하자는 의견들도 있다. 가장 광범위한 제안은, 전 지구적으로 공평해야 하므로 모든 인간에게 각각 연간 2톤의 이산화탄소 배출권을 허용하고 국가들의 의무를 인구에 따라 계산하자는 것이다.

그러나 이런 더 엄격한 제안들에 대한 합의를 어떻게 이룰 수 있을지는 누구도 장담하기 어렵다. 비교적 어렵지 않은 의무를 위한 노력도 지금까지 전반적으로 성과가 없었으니 말이다. 모두가 다 선의로 심혈을 기울여 만든 이론적 모델을 모범적으로 따를 때에만 이 제안들이 실현될 수 있다는 희망은 모든 사회 정치적 현실과 동떨어져 있다. 개선에 대한 제안은 많으나 지금까지의 협상이 창피스럽게 진행된 이유는 분석되지 않고 있다. 아마도 칭송받는 협상의 단초가 근본적으로 잘못되었음을 깨닫기 두려워서일 것이다. 결국 체면을 잃고 싶지 않을 테니 말이다.

세계 기후 회의는 이처럼 스스로 만든 함정에 빠져 있다. 앞으로 얼마나 더 많은 세계 기후 회의를 열어야 이것을 인정하게 될까? 언제 (그리고 온실가스 배출이 얼마나 더 증가한 후에) 그로 인해 정부와 국제단체의 권위가 실추됐음을 받아들일 수 있을까? 그리고 이런 노력 속에서 결말을 내지 않으면 더더욱 권위를 상실하고 시간을 날려 버리게 된다는 것을 언제 깨달을까? 그토록 자주 맹세하던 정치적 리얼리즘은 어디에 남아 있단 말인가?

늘 새로운 변이형으로 온갖 모순이 분명히 나타나는데도 '유연한 도구'에 매달리는 데에는 또 다른 이유가 있다. 기후 외교가 국제적인 기후 사무국 및 국가 당국과 함께 자기 준거적인 체계가 되었기 때문이다. 배출권 거래상, 변호사, 보수가 좋은 공중인 등으로 이루어지는 기후 보호 비즈니스가 생겨났고, 이로부터 이미 너무 많은 사람들이 이익을 얻고 있다. 그 배후에는, 오래전에 요구된 결정 (이익을 위한 재생 가능 에너지로의 변화)에 따를 필요가 없다는 정부들의 은밀한 희망이 숨겨져 있다. 합의에 묶인 세계 기후 회의가 행동하기를 꺼리는 정부들에게 선로를 바꿀 수 있는 조차역操車驛 같은 역할을 한다는 것은 누구든 모를 리 없다. 그러면 정부들은 '본국에서', 합의 가능한 국제적 조약의 틀 내에서 더 철저한 대책에 찬성하는 입장을 취할 수 있다. 국제적 차원에서는 모호한 희석이나 거부가 안전하기 때문이다. 환경 단체의 비판이 주로 아직 이루어지지 않은 합의를 향하고 오용을 겨냥하면서도, 구상 자체에 대해서는 거의 반대하지 않는다는 것은 그만큼 더 이해하기 어렵다. 몇몇 환경 단체는 심지어 처음부터 웃음거리가 된 협상 목표(가령 '2도 목표')를 자기의 구상으로 삼기까지 한다.

단독 행동의 생산적인 기능

에너지 변화는 에너지 기술 혁명을 통해서만 실행될 수 있다. 근대 경제사에서 나타난 과학 기술 혁명이 이에 대한 실제적인 본보기이다. 어떤 과학 기술 혁명도 국제적 협약에 의존한 바 없었다. 몇몇 혁명은 심지어 정치와 비교적 무관하게 이루어지기도 했다. 남들보다 빠르다는 것은 항상 정치적이거나 기업가다운 좌우명이었다. 자국의 국민 경제나 자신의 기업을 위해 우위를 점하기 바쁜 그들이었다. 이런 경험을 에너지 기술 혁명에 이용하지 않는 데에는 더 내밀한 이유가 있다. 전통적인 에너지 경제를 보호하겠다는 정부의 각오, 정부의 비호를 받고 싶은 에너지 경제의 솔직한 기대와 요구 때문이다. 전통적인 에너지 경제는 정치적인 보호 무역주의에 의해 생겨났고, 그것으로 수명을 연장하려 한다. 특히 세계 기후 협의를 통해서 말이다. '단독 행동'에 대한 경고는 기존 에너지의 전적인 변화를, 특히 재생 가능 에너지로의 새로운 방향 설정을 꾀하는 국가적 발의를 염두에 둔 것이다.

한 나라가 다른 나라보다 서둘러 앞서 나가 보아야 아무 소용이 없다는 궤변이 자꾸 나온다. 이는 실제적 발전을 통해 이미 오래전에 반박되었다. 독일의 재생 가능 에너지 법안은 재생 가능 에너지를 똑같은 방법으로 촉진시키는 50개국에게 기운을 북돋아 주는 존재였다. 덕분에 세계적으로 역동적인 발전이 이루어졌다. 이 법안은 교토 의정서의 도구가 아니며, 교토 의정서와 무관하게 존재한다. 그 목적 또한 기후 보호만이 아니다. 1항에서 확인할 수 있는 것처럼 환경을 보호하고, 장기적인 외부 효과를 고려함으로써 에너지 공급의 국민 경제적 비용을 줄이고, 화석 에너지원을 보호하고, 재생 가능 에너지의 과학 기술을 계속 발전시키는 것도 포함한다. 재생 가능 에너지 법안을 오직 현실성 있는 이산화탄소 감소 효과와 이를 위해 조달해야 하는 비용에 견주어 평가하는 것은, 실제로 이 법안의 가설을 제한적이라고 비방하고 그만큼 좁은 시각으로 평가한다는 것을 뜻한다. 오직 이산화탄소 문제에만 집착하는 전형적인 모습이다.

배출권 거래보다 효과적이고 비용도 적은 재생 가능 에너지 법안

재생 가능 에너지 법안은 독일만 보더라도, 교토 의정서가 공식적으로 부과한 것보다 훨씬 많은 이산화탄소 감축을 가져왔다. 교토 의정서에 의해 화력 발전과 산업 부문에서 2012년까지 감축해야 하는 이산화탄소는 1,000만 톤에 불과했다. 이에 비해 재생 가능 에너지 법안으로 시작된 재생 가능 에너지에의 투자를 통해 배출이 방지된 이산화탄소의 양은 2009년에 이미 6,600만 톤에 이르렀다.

탄소 배출권 때문에 독일의 전기 요금 납부액은 2005년과 2007년 사이에만 100억 7,500만 유로로 증가했다. 게다가 탄소 배출권이 전력 콘체른들에 무상으로 할당되었음에도 이들 전력 콘체른은 배출권 주식의 시장 가치를 전기 요금 계산서에 포함시킨다. 독일의 대형 에너지 기업들이 배출권 거래와 대부분 무상으로 할당받은 이산화탄소 배출권을 통해 얻은 이런 '횡재 수입windfall profits'은 2012년까지 약 440억 유로로 증가할 것으로 보인다.

그에 비해 재생 가능 에너지를 위한 초과 비용은 2005년부터 2012년까지 470억 유로가 조금 안 될 것이다. 이 비용으로 독일은 2012년까지 8,000만 톤 이상의 이산화탄소가 감소될 예정이다.[24] 이 초과 비용을 화폐로 환산하면 여덟 배나 많은 효과를 내는 셈이다. 재생 가능 에너지를 지원하면 동시에 환경 친화적인 전기가 생산되고, 과학 기술의 발전이 자극받고, 미래의 과학 기술로 새로운 비용 감소의 가능성이 열릴 뿐만 아니라 화석 에너지의 수입과 여타의 외부 비용도 방지된다. 반면에 전력 콘체른의 '횡재 수입'은 수입 측면에서 어떤 긍정적 효과도 없다. 교토 의정서 공론가들이 주장하는 이산화탄소 감축 비용에 관한 이론적인 가설과 달리, 재생 가능 에너지 관련 비용의 숫자들은 구체적이다.

교토 의정서 공론가들의 집중 공격을 받는 재생 가능 에너지 법안이 간접적으로는 교토 의정서 전체보다 세계적 기후 보호 대책을 더 많이 유발했을 것이다. 이 법안이 재생 가능 에너지 과학 기술의 산업화를 가져와 비용이 줄어들고 미국, 중국, 인도, 일본 같은 나라와 함께 여타의 국가에서도 생산 준비가 체계적으로 이루어졌다. 급성장하는 독일 시장은 물론이고, 재생 가능 에너지 법안과 유사한 법안들을 마련하여 뒤따르는 다른 나라들에도 그에 상응하는 과학 기술이 제공될 수 있었기 때문이다. 과학 기술 혁명은 이런 식으로 생겨난다. 활력에 불을 지핌으로써 자급자족적인 발전으로 나아간다. 이를 일방적이고 의심쩍은 효율성 기준에 따라 부여되는 배출권 배당으로 대체하려는 사람은 과학 기술적인 에너지 혁명 대신 기술 만능주의적 계획 경제에 이르게 된다.

그럼에도 배출권 거래의 이론적 지도자들은 (근시안적이거나 일부러 애꾸눈인 척하는 고찰 방식과, 뚜렷이 알 수 있을 만큼 표리부동한 설명으로) 재생 가능 에너지 법안의 '경제적 비효율성'을 한탄하고 상당한 '배출권 거래의 경제성'을 강조한다. '라인-베스트팔렌 경제 연구소 Rheinisch-Westfälische Institut für Wirtschaftsforschung, RWI'는 그것을 유난히 특별히 자주 떠들어 댄다. 마치 다른 기준은 전혀 없는 것처럼, 모든 것을 이산화탄소 감소 비용에 견주어 평가하면서 왜곡하는 방식을 취한다. 태양 전기로 이산화탄소 1톤을 감축하는 비용은 900유로이고, 풍력 전기로는 200유로, 배출권 거래로는 겨우 30유로 또는 그 미만이라고 주장한다. 이 숫자들은 어떻게 나오는 걸까? 재생 가능 에너지 전기와 (가격이 매겨진) 이산화탄소 배출권을 위해 전력 소비자가 지불해야 하는 가격은 앞서 언급된 가격과는 불균형이 심한데 말이다. 이는 서로 비교할 수 없고 개념상 일치하지 않는 두 세계상이 충돌하고 있기 때문이다.

배출권 거래의 모든 주역들을 대표하는 본보기로서 연구소는 재생 가능 에너지 설비에 투자하는 실제 비용을 비교하는데 그것도 이 설비를 통한 탄소 배출 없는 전력 생산 비용으로 환산하여, 할당받은 이산화탄소 배출권의 거래 가격과 비교한다. 게다가 재생 가능 에너지 설비에 새로이 전부 다 투자하는 비용을, 이산화탄소 배출을 고작 몇 퍼센트 줄이기 위해 기존의 시설에 부분적으로 투자한 추가 비용과 비교한다. 나아가 (효율성이 더 큰 화력 발전소의 신형 설비와 이로써 10퍼센트 감소했을 배출량에 관해) 영구히 탄소 배출 없이 전기를 생산하는 재생 가능 에너지 설비를, 50년 후에도 여전히 이산화탄소를 엄청나게 대규모로 내뿜을 화력 발전소와 비교한다. 이산화탄소를 지속적으로 방지하는 효과를 몇 퍼센트의 탄소 배출 감소라는 단기적 효과와 비교하는 것이다. 요컨대 좁은 의미에서 경제적으로 고찰한다 해도 비교할 수 없는 것을 서로 비교하고 있다.

재생 가능 에너지 법안으로 받은 투자와 관련해, 단순히 20년후를 생각해 보자. 설비 각각의 보증 기간 배상이 끝난데다 시설의 감가상각 비용이 공제되었을 때를 말이다. 그때가 되면 태양 전기 및 풍력 전기 시설의 비용은 아마도 킬로와트시당 유로화로 1센트 정도이거나 그 미만일 것이다. 이 금액도 전적으로 정류기rectifier*의 교체 때와 정비 작업에 쓰일 비용이다. 반면에 화력 발전소는 이산화탄소 배출을 줄였다 해도 20년 후에도 계속해서 또 다른 그리고 확실히 더 많은 연료 비용을 야기할 것이다. 또 이산화탄소도 계속 배출할 것이다. 하물며 다른 오염 물질 배출과 이와 연관된 사회적 비용은 더 말할 나위조차 없다. 배출권 거래의 이론적 지도자들은 마치 다른 별에 살기라도 하는 듯 이런 요인을 전혀 고려하지 않는다. 이런 식으로 가다 보면, RWI의 수장인 동시에 종합 경제적 발전을 평가하는 독일 연방 정부 전문가 위원회 5인(일명 '경제 현인') 중 한

---

* 整流器, 교류를 직류로 바꾸는 장치.

명인 크리스토프 슈미트Christoph Schmidt처럼 재생 가능 에너지 법안의 환경 효과가 '제로0와 같고', 종합 경제적인 효과는 '기껏해야 제로'라는 불합리한 결론에 도달하게 된다. "재생 가능 에너지 법안의 범위에서 절약되는 만큼 곧바로 다른 곳에서 내뿜어지고, 배출은 단지 배출권 거래에 편입된 다른 산업 부문으로 옮겨질 뿐이다."[25]

경제학 교수 카린 홀름-뮐러Karin Holm-Müller는 환경 문제 전문가 위원회에 보내는 기고문에서, 비교할 수 없는 것을 비교하는 이런 분석들이 얼마나 의심적은지 분명히 밝혔다. 이런 비교들은 물론 당연히 '화력 발전소의 선호'로 이어진다고 했다. 실제로 '배부 원가 absorbed costs 비교'를 할 때, 이것이 경제적 관점하에서 가령 풍력을 통한 이산화탄소 방지보다 비용이 많이 든다 해도 마찬가지이다.

따라서 처음에 오판한 결과, 미래에도 "사회 전체적으로 볼 때 장기적으로 차선책인 탄소 배출 방지라는 좁은 길"에 매달리게 된다. 즉 탄소 배출권 거래 시스템이라는 방법에 매달린다. 이런 문제가 심화되는 것은, 더 높은 이산화탄소 감축 의무가 하나의 '거래 시기 trading period'에서 다음의 거래 시기로 항상 단계적으로만, 그리고 매번 논란의 여지가 있는 방식(그때그때 타결해야 하는 규모)으로 이루어지기 때문이다. 따라서 기업들은 언제나 재생 가능 에너지에의 투자보다 '기왕 있는 설비들의 탄소 배출 감소를 위한 비용'을 택한다. 항상 추가로 조달하기만 하면 되는 비용이므로 비용 계산이 더 단기적이고 더 예측하기가 쉽기 때문이다.

그래서 "기존의 과학 기술은 이런 식으로, 배출권 거래만으로는 없앨 수 없는 '존립 보호'를 여전히 견지하고 있다." 그 결과, "새로운 과학 기술은 배출권 거래 시스템으로 인해 해를 입는다."[26] 즉 기다리고 유예하는 것이 보상받는 것이다.

2. 무너지기 쉬운 다리: 핵에너지와 CCS 발전소의 함정

코펜하겐에서 거둔 성공에 대한 큰 기쁨은 많은 환경 단체들에게서
금세 사라졌을 것이다. 이 회의에서 이를테면 논란의 여지가 상당한
두 가지 요인을 공식적으로 인정받은 기후 보호 대책을 구성하는
불가결한 요소로 지정했기 때문이다. 바로 새 원자력 발전소를 건설
하는 것과, 그 전에 화력 발전소에서 분리된 이산화탄소를 지구의
내부나 해저에 최종 처리하는 것을 말한다.
    교토 의정서가 21세기 초에 개시되었을 때, 새로운 원자력 발전소
는 아직 기후 보호 수단으로 인정되지 않고 있었다. CCS 발전소도
아직 언급조차 되지 않았었다. 그런데 2004년 이후 세계적으로 '핵
에너지의 부흥'을 찬성하는 목소리가 계속 나오더니, 얼마 후에는
CCS 발전소까지 거론되었다. CCS 발전소 대신 재생 가능 에너지로
의 전환에 새로운 투자를 집중하지 않는 이유를 묻는 질문을 피하
기 위해, 원자력 발전소나 CCS 발전소를 '재생 가능 에너지로 가는
가교'라고 부르기 시작했다. 늘 공공연히 반복되는 변명의 내용인즉,
유감이지만 재생 가능 에너지로는 아직 에너지 수요를 충족할 수
없다는 것이다. 그 배후에는 이 '가교'를 계속 더, 반세기나 그 이상
연장하려는 의도가 숨겨져 있다.
    매혹적인 새로운 개념의 내용은 '탄소 없는' 에너지원이다. 2007
년 12월 발리에서 열린 세계 기후 회의에서는 '청정에너지 기술clean

energy technologies'과 '탄소 제로 경제zero carbon economy' 같은 개념들이 회의 안건에 올라오더니 검증도 없이 받아들여졌다. 이런 단어들은 핵에너지와 CCS 발전소의 가능성을, 재생 가능 에너지가 기후를 보호하는 수준으로 끌어올리려는 사람들에게서 비롯된다. 그 자리에서 이를 비판한 소수 중에 당시 세계 미래 위원회 의장이었던 비앙카 재거Bianca Jagger가 있었다. 그녀는 재생 가능 에너지만이 '청정 에너지clean energy'라고 불릴 수 있다는 점을 환기시켰다.

그러나 늦어도 2년 후 코펜하겐에서 나올 새 기후 협정(교토 의정서 2)이 CCS 발전소와 신형 원자력 발전소를 기후 보호 대책으로 인정하리라는 것은 명백해 보였다. 세계 기후 위원회, 기후 사무국, 대다수의 유명한 기후 연구소 등도 기후를 보호하는 단초들을 열거할 때 이 두 가지를 끌어들인다. 핵에너지와 CCS 발전소의 주역들은 세계 에너지 논의가 이산화탄소 배출에만 매달리는 것을 이용했다. 이런 논의가 전통적인 에너지 공급의 다른 모든 위험을 뒷전으로 내몰기 때문이다. 그러니 그녀의 요구가 코펜하겐에서 받아들여졌다면, 많은 환경 단체들은 까다로운 문제에 직면했을 것이다. 그들이 '교토 의정서 1' 협정이 관철되었던 8년 전과 똑같이 환호의 함성을 터뜨렸다면 여지없이 난감해진다. 온실가스의 상승이 '2도' 상한선까지 지속되는 것에 대해 묵인하는 동시에 (핵에너지를 만장일치로 거부하고 CCS 발전소를 압도적으로 거부하는 것에 충실하기 위해) 협정의 내용에 대해서도 반대하는 입장을 취해야 했을 테니 말이다.

어떤 가교?

재생 가능 에너지로의 완전 공급으로 나아가기 위해 가교가 있어야 한다는 것은 의심할 바가 없다. 전통적인 에너지 공급에서 곧장 재생 가능 에너지로 건너뛰는 것은 쉽지 않기 때문이다. 그러나 이는 기술적인 이유 때문이 아니며 또 그것을 배제하는 극복할 수 없는 경제적 이유 때문도 아니다. 오히려 정치적이고 사회적인 성질의 이유 때문이다. 모든 정부와 국회가 동시에 의지와 힘을 동원하여, 전통적 에너지의 강력한 이해관계들이 미치는 익숙하고도 경우에 따라서는 강요에 가까운 영향력에서 벗어날 리는 없기 때문이다.

또한 대부분은 재생 가능 에너지의 도입을 위한 전략적 능력이 아직 부족하다. 정부와 정당과 금융 기관에는 비교적 새로운 분야이기 때문이다. 주민들로부터의 지원도 공적 홍보의 부족 탓에 여전히 편차가 매우 심하다. 이론적으로 기술 교육을 받은 인적 자원은 거의 어디에서나 부족하다. 지난 10년간 특히 교육 및 학술 연구 활동에 소홀했다는 사실이 고스란히 드러난다. 서로 다른 교육 곡선들이 더 빨리 상승해야 하므로, 폭넓은 전선에서 전략이 요구된다.

개별적인 모듈은 각각 짧은 시간 안에 설치되어 작업을 개시할 수 있다. 에너지 자율적인 건물, 태양 전기 시설, 풍력 설비, 바이오 시설, 소형 수력 시설 등이 모두 가능하다. 정치적 차원에서 때마다 제기되는 행정적인 장애가 제거된다면 바로 말이다. 설치에 걸리는 기간은 하루 내지 몇 달이다. 반면에 모든 대형 설비는 건축 기간이 수년이나 된다. 원자력 발전소는 새 송전관 건설에 필요한 시간을 제외하고도 10년 또는 그 이상이 걸린다.

그렇다면 재생 가능 에너지로 나아가면서 어떤 가교들을 지날 수 있을까? 전통적인 에너지 공급의 기존 생산 설비에서 이미 하나의 가교가 보인다. 재생 가능 에너지가 점차 기존의 설비를 대신하다

보면, 마침내 기존의 설비는 전혀 필요 없게 될 것이다. 신속한 에너지 변화를 위해서는, 실제로 필요한 생산 능력을 넘어서는 전통적인 에너지의 유효 잔여 수명만 없애면 된다. 그러면 재생 가능 에너지가 활성화되는 동시에 시장에서 밀려나게 돼 있다. 또한 정부는 전통적인 에너지의 보호자 역할을 포기해야 한다. 전통적인 에너지 시스템을 떠받치고 있는 주체들이 볼 때 이런 말은 터무니없을 것이다. 하지만 모든 과학 기술적 혁명에서 이것은 정상적인 수순이다. 개인용 컴퓨터PC의 폭넓은 도입 과정에서 보더라도, 타자기 제조업자의 생존은 고려되지 않았으며 타자기 제조업자는 그 사이에 거의 사라졌다.

재생 가능 에너지로 연결하는 가교들에는 재생 가능 에너지로의 길을 고르게 하고 나아가 함께 촉진시키는 수반 전략과 짧은 과도기가 있어야 한다. 특히 건물과 엔진과 기계 장비에서 이루어지는 에너지 절약의 장려와 에너지 효율의 향상을 위한 모든 단초들 및 긴 수송로와 이로 인한 에너지 손실의 방지가 수반 전략에 속한다. 이런 대책들 덕분에 에너지 변화가 수월해지고 그 비용도 내려간다. 이로써 새로운 에너지를 덜 필요로 하기 때문이다. 짧은 과도기에 해당되는 시설들이 있다. 여전히 화석 에너지가 투입되기는 하지만, 장기적인 자본 결합을 요구하지 않고 모듈식 에너지 공급의 미래적 시스템에 적합한 시설들이다. 그 전형적인 예가 열 병합 발전소 combined heat and power plant로서 그중에서도 수명이 약 12년 정도로 예측 가능한 엔진 열 병합 발전소가 적합하다. 투입된 에너지를 여러 번 사용할 수 있다는 효율상의 이점 외에도, 이미 재생 가능 에너지를 일부 쓸 수도 있다. 그러다가 마침내 화석 연료의 투입을 완전히 포기하게 될 것이다.

이와 달리 신형이거나 수명이 더 늘어난 원자력 발전소와 대형 화력 발전소는 재생 가능 에너지로 나아가는 가교가 아니라 본격적인 교량 차단물이다. 대체로 건축 기간이 길고 수명이 약 40년 내지 60년 정도로 예상되기 때문이다. 또 한편으로 이들 발전소를 위해 특히 비용을 많이 들여 새로운 수송 기반 시설을 조성해야 할 때, 효율성이 낮고 에너지 투입이 유연하지 못하기 때문이다. 기력 발전소가 그렇다. 기력 발전소는 에너지 손실이 불가피하게 크다. 계속 바뀌는 전력 수요에 맞춰 전기를 생산하기 위해 터빈을 언제든지 가동할 수 있으려면 증기가 계속 공급되어야 하기 때문이다.

기력 발전소는 하루 종일, 즉 이론상으로 1년 내내 8,760시간 동안 전기를 생산할 수 있기 때문에 포기할 수 없는 기저 부하용 발전소base-load power station로 간주된다. 물론 기력 발전소는 제한적으로도 가동될 수 있다. 완전 가동되는 화력 발전소의 연간 가동 시간은 통상적으로 95퍼센트 정도이다. 즉 8,000시간이 넘는다. 원자력 발전소는 지속적으로 나타나는 크고 작은 운전 고장 때문에 가까스로 70퍼센트를 넘긴다. 냉각 상태에서 증기를 내기 위해서는 약 8시간의 준비 시간이 필요하므로 완전히 끄는 것은 불합리하다. 따라서 연속 가동은 장단점이 있다. 기력 발전소의 단점은 전력 생산을 줄일 때조차 매시간 실제로 필요한 것보다 전기를 많이 생산한다는 것이고 장점은 수요가 있으면 언제든지 실제로 이용 가능하다는 것이다. 연속 가동이 전력 수요가 최고치일 때마다 도움이 되는 것은 아니다. 그래서 그런 경우에는 1년에 불과 몇 백 시간만 가동되는 가스 발전소gas power station뿐만 아니라 양수 발전소pump storage station도 사용하게 된다.

풍력 전기 및 태양 전기가 전력망에 많이 모일수록 기저 부하용 발전소의 사용이 그만큼 줄어들므로, 기저 부하용 발전소의 완전 가동은 둔화된다. 기저 부하용 발전소가 완전히 필요 없어지지 않으려면 일반 발전소나 예비 발전소로 쓰여야 하겠지만, 그런 용도로 설치된 것이 아니다. 그렇기 때문에 기저 부하용 발전소는 기술 면에서 사실상 풍력 전기와 태양 전기의 경쟁자이다. 그래서 환경 문제 전문가 위원회는 2009년 5월 공포한 '지속적인 전력 공급을 위한 진로 결정'이라는 입장 표명에서 다음과 같은 결론에 이르렀다. "이 기저 부하용 발전소가 경제적으로 가치 있게 가동된다면, 화력 발전소와 원자력 발전소를 토대로 한 전력 공급 전략에서 재생 에너지원의 몫은 분명히 제한될 수밖에 없을 것이다."[27] 따라서 두 전력 콘체른 E.ON과 EdFElectricite De France가 영국 정부에게 영국에 원자력 발전소를 건설할 용의가 있음을 내비친 것은 전력 콘체른의 시각에서 보면 사리에 맞는 일이다. 또 이들은 그 대신 영국 정부에게 재생 가능 에너지로의 발전發電이 전력 공급에서 차지하는 몫을 35퍼센트로 제한해 달라고 요구한다.

그런데 고트프리트 뢰슬레Gottfried Rössle가 설득력 있게 묘사한 것처럼, 전기 수급 상황의 발전이 원자력 발전소 대신 엔진 열 병합 발전소의 다양하고도 분산적인 구조를 목표로 이루어졌다면 이런 대형 발전소들은 이미 포기될 수 있었을 것이다.[28] 엔진 열 병합 발전소는 전력 수요가 발생하면 자동차처럼 빨리 시동이 걸리고, 임의로 고단 및 저단 기어로 바꿀 수 있다. 열 산출량만큼 보충되는 것이다.

이 모두를 종합해 본 결과, 대형 발전소는 재생 가능 에너지로 가는 가교로 부적합하다고 볼 수 있다. 에너지 기술적인 면에서 효율성의 기준에 따라 고찰해 보면, 원자력 발전소와 화력 발전소를 다루는 것은 재생 가능 에너지보다 훨씬 복잡할 수 있다. 또 기후 보호와 에너지 안전이라는 관점에서 보면, 원자력 발전소와 화력 발전소는 불필요하다. 그 사회적 비용도 감당하기 어렵다. 실제로 원자력 발전소와 화력 발전소를 소유한 전력 콘체른들에게는 단지 전통적인 에너지 시스템의 유지 내지 연장만이 중요할 뿐이다. 그리고 몇몇 주요 나라들에서 핵에너지의 경우는 전혀 다른 문제, 즉 핵무기 보유국으로서 또는 핵무기 보유 선택의 여지가 있는 국가로서의 위치와 역할이 중요하다.

2-1. 감당할 수 없는 핵에너지

핵에너지에 반대하는 모든 이유를 이 대목에서 다시 한 번 상세히 설명할 필요는 없다. 이는 여러 번 서술되었다. 필자는 카를스루에 Karlsruhe 핵 연구 센터의 공동 학술 연구자(1976~1980)였던 이래, 핵에너지에 반대하는 입장이 확고해졌다. 핵에너지가 전혀 비용이 들지 않는다 해도 거부해야 한다는 입장이다.

　그 주된 이유 하나를 크리스티네, 에른스트-울리히 폰 바이츠제커 부부Christine and Ernst-Ulrich von Weizsäcker가 쟁점으로 삼았다. 모든 과학 기술은 오류에 친숙하기 마련이라는 '오류 친화성error friendliness'이 핵에너지 시설들에는 없다고 말이다. 즉 원자력 발전소에 잠복해 있는 오류 가능성은 사회 전체와 관련되는 돌이킬 수 없는 재앙을 야기할 수 있다는 것이다. 핵에너지 시설들의 경우, 그것은 상상할 수 있는 가장 큰 사고GAU*, 즉 원자로 노심의 용해일 것이다. 이런 오류가 생길 수 있다는 것은 1986년 체르노빌의 원자로 사고가 증명했다. 이와 비슷한 재앙을 마지막 순간에 간신히 막아 낸 경우도 여러 번이었다. 1978년 미국의 스리마일 섬Three Miles Island 원자력 발전소에서 발생한 사고나, 2007년 기술적인 안전 문제에서 특히 엄격하다고 알려진 스웨덴의 포르스마르크Forsmark 원자로에서 발생한 사고가 그렇다.

체르노빌 대참사는 비교적 인구 밀도가 낮은 지역에서 일어났다. 이와 비슷한 사고가 경제적 과밀 지역에서 (가령 라인마인 지역 중앙에 있는 비블리스Biblis 원자력 발전소의 두 원자로 중 하나에서, 슈투트가르트 광역권 중앙에 있는 넥카르베스트하임Neckarwestheim 원자력 발전소의 두 원자로 중 하나에서, 또는 뮌헨 광역권에 있는 이자르Isar 원자력 발전소의 두 원자로 중 하나에서) 발생한다면, 전체 국민 경제에 치명적인 타격이 될 것이다. 대참사는 외부 영향에 의해서도 야기될 수 있다. 가령 납치된 비행기가 핵 원자로를 향해 가미카제처럼 비행하는 의도적인 핵 테러리즘도 가능하다. 라인마인 지역에 있는 비블리스 원자로는 프랑크푸르트 국제 비행장으로 들어가는 착륙 진입로에서 불과 40초 비행 거리에 있다.[29] 2010년 4월 오바마 미국 대통령이 40개국 정상들을 초청한 국제회의에서도 핵 테러리즘의 위험이 존재한다고 밝혔다. 그러나 핵 테러 공격이 없다 해도 원자력 발전소는 오류 친화성을, 즉 재앙에 대한 절대적인 안전 보장을 장담할 수 없다. 오류 없는 인간이 없고, 오류 없는 기술도 없다. 수만 가지 (대부분 매우 민감한) 기

---

* GAU= größter anzunehmender Unfall(가장 나쁜 사고).

술적 개별 요소들이 매우 정확하게 서로 맞아야 하는 원자로라 해도 마찬가지이다.

쉽게 말하면 일어날 수 있는 일이지만 일어나서는 안 되기 때문에, 그런 기술이 투입되어서는 안 된다는 것이다. 그 결과가 인간과 경제가 감당할 수 있는 책임의 모든 한도를 벗어나 있다면 말이다. 그 위험성이 수십만 년 후에야 비로소 사라지는 핵폐기물의 문제도 마찬가지이다. 어떤 정치적 시스템이 그처럼 오래 존속한단 말인가? 그리고 오늘날 원자력 발전소를 가동하는 어떤 기업이 그토록 오랜 시간 내내 핵폐기물을 안전하게 최종 처리할 수 있단 말인가? 따라서 핵에너지는 문명사에서 가장 뻔뻔스런 기획물이다.

핵에너지의 미래에 대한 허풍에 가까운 약속(핵융합)은 다음 수십 년 안에 해결해야 하는 에너지 문제를 보더라도 기술적 유용성이 없으므로 아무런 역할도 하지 못한다. 핵에너지의 위험 부담(이는 핵분열 원자로의 위험 부담과 동일하지는 않지만 그럼에도 심각하다.)에 대해서는 아예 언급조차 되지 않는다. 재생 가능 에너지의 도입 비용을 확실히 웃돌 개연성이 큰 비용에 대해서도 마찬가지이다. 그러니 핵융합에 대한 수요는 없을 것이다. 2010년 초에 세계 언론을 통해 떠돈, 마이크로소프트사 설립자 빌 게이츠가 소형 핵 원자로를 개발할 것이라는 예고도 핵에너지를 구하지는 못한다. 게이츠의 계획에 따르면, 소형 원자로는 10메가와트에서 300메가와트까지의 전력을 생산하고, 완전 자동으로 가동되며, 우라늄도 거의 사용하지 않을 것이라고 한다. 그러나 개발팀의 보고에 따르면 이런 원자로에서도 핵융해가 배제되지 않았고, 사고에 대응할 시간을 좀 더 벌었을 뿐이라고 한다. 핵폐기물은 유산처럼 그대로 남게 된다는 것이다. 성공이 불투명한 개발에 필요할 시간 및 비용에 대해서도 장담할 수 있는 것이 없다.[30] 빌 게이츠와 그의 팀이 물리학적 기술적으로 대단히 까다로운 기획에 매혹되었다고 해도, 그것이 핵에너지를 복권해야 하는 이유가 될 수는 없다.

2010년 3월에 꾸준히 원자력 발전소의 신축을 요구한 독일 물리학 협회의 에너지 작업팀 소속 물리학자들도 핵에너지의 복권 시도를 멈추지 못한다. 트라우마가 된 지 이미 오래인 핵에너지는, 그들이 정신적인 투자를 그토록 많이 했는데도 여전히 실현되어야 하는 꿈으로 남아 있다.[31] 과학적 근거를 대며 핵에너지의 필요성을 주장하는 논리는 재생 가능 에너지의 잠재력이 압도적으로 크고 위험 부담이 없다는 사실 앞에서 설 자리를 잃고 만다.

핵에너지 공동체의 자기 보존 본능

흥미로운 정치적 궁금증 하나. 핵 과학자들의 개발 및 탐구에 대한 공명심 때문이 아니라면, 온갖 위험 부담이 극히 명백한데도 자꾸만 핵에너지의 부흥을 시도하는 이유는 과연 무엇일까. 그 배후에는 우선 에너지 콘체른, 즉 원자력 기술 산업뿐만 아니라 핵에너지의 국제 및 국내 연구소와 원자력 연구 센터 등이 존립하고 지속되는 이해관계가 존재한다. 주로 1960년대부터 1980년대까지 이루어진 원자력 발전소 건설은 1980년대 중반 이후 전반적으로 침체되었다. 시민의 저항이 커지는 까닭이다. 그렇다고 시민의 저항이 늘상 있었던 것은 아니므로 시민의 저항이 침체의 원인을 설명해 주는 유일한 이유도 아니다. 여기에 체르노빌 대참사의 충격이 더해졌다. 많은 정부들은 불안에 떨며 여타의 기획들을 실행에 옮기지 못했다.

더 나아가 안전 조건이 까다로워지면서 예기치 않게 비용도 상승했다. 핵 전문가들은 원자로의 복잡성을 과소평가했었다. 모든 원자로에서 발생하는 수많은 고장 사례에서 그 사실이 잘 드러난다. 원자력 기술 산업은 추가 안전 요구를 충족시키기 위해 할 일이 많아졌다. 그러나 이제 무엇보다도, 비교적 오래된 원자로들의 수명이 끝나가면서 많은 원자로가 폐쇄될 차례를 기다리고 있다. 차단 대기 중인 각각의 원자로와 함께, 원자력 기술 산업의 수주도 줄어든다.

원자력 기술 산업이 얼마나 심하게 압박을 받고 있는지는 2009년 8월 기준 세계에서 가동 중인 원자력 발전소가 435개인 것에 비해 2010년 현재 건설 중인 새 원자력 발전소는 '단지' 52개에 불과하다는 사실에서 잘 드러난다. 이 원자로들이 작동하고 있는 32개국 중 20개국 원자로의 평균 수명은 25년에서 35년 사이이다. 그렇기 때문에 이들 원자로는 다음 10년 이내에 작동이 중지되어야 한다. 그뿐 아니라 2009년 8월에는 90기의 신형 원자로가 계획되어 있었다. 따라서 수명 연장이 없고 신축률이 증가하지 않으면 세계의 원자력 발전소 수는 다음 10년 내에 약 절반으로 줄어든다는 결론이 나온다. 『세계 핵 상황 보고서 2009World Nuclear Status Report 2009』에서 마이클 슈나이더Mycle Schneider와 공동 저자들은, 단지 원자로의 수와 설비 용량을 세계적인 규모로 유지할 수 있으려면 어떤 상황이 전제되어야 하는지 탐구했다. 우선 건설 단계에 있는 신형 원자로 52기 외에 42기의 다른 원자로가 2015년까지 완성되어야 하므로, 그때까지는 평균 6주마다 신형 원자로 한 기가 공급망에 연결되어야 한다고 했다. 그다음에는 2025년까지 또 다른 신형 원자로 192기가 가동을 시작해야 한다고 했다. 즉 평균 19일마다 1

기가 새로 작동해야 한다는 것이다.[32]

이들의 보고서는 이것이 실제로는 불가능하다고 평가한다. 산업 생산 설비도 충분하지 않고, 대충이라도 적합한 자격을 갖춘 인적 자원이 없기 때문이다. 그래서 사르코지 전 프랑스 대통령은 프랑스 원자력 기술 콘체른 아레바AREVA가 이탈리아에서 북아프리카를 거쳐 아시아 국가들에 이르기까지 다른 나라의 건설 공사를 새로 수주하도록 열성적으로 애를 썼다. 또한 유럽 연합에 새 원자력 발전소를 위한 지원뿐만 아니라, 핵에너지 기술자 양성을 위한 대대적인 노력을 요구했다. 2010년 3월 사르코지는 많은 신흥 경제 개발국을 초청한 파리 원자력 국제회의를 개최하여, 원자력 발전소의 건설을 국제적 개발 프로젝트로 선언할 것을 강력히 요청했다.

핵에너지의 부흥 시도에서 근거로 내세울 수 있는 것은 오직 "재생 가능 에너지에 대한 날조"뿐이다. 100퍼센트 재생 가능 에너지의 실현 가능성이 없다고 부인하는 것이다. 스웨덴 에너지부 장관 안드레아스 칼그렌Andreas Carlgren은 정부가 예고한 원자력 발전소 신축을 반대하는 저항이 일어나자 이렇게 설명했다. "원자력 발전소에 대한 저항은 괜찮다. 하지만 기후 파괴적인 물질을 방지하기 위해 무엇을 해야 하는지에 대해서도 설명이 있어야 한다." 아레바가 수주가 없어서 비틀거리게 되면, 원자력 발전소의 비중이 크고 핵무장을 하고 있는 프랑스로서는 중대한 문제에 봉착한다. 이 두 가지를 다 고수하려면, 국고에서 수십억 유로의 금액을 아레바에 지원해야 할 것이다. 그리되면 프랑스 핵 정책의 성공 스토리는 누가 보더라도 그 끝이 명명백백할 테지만, 아레바의 파산은 핵보유국 프랑스에 정치적인 대형 사고가 될 것이다.

상당한 능력을 지닌 핵물리학자들의 실존적 딜레마

핵에너지 기술자에 대한 수요는 엄청난 문제이다. 현존하는 원자력 발전소를 되도록 위험 없이 가동하는 데에만 필요한 인력이 아니기 때문이다. 폐쇄된 원자력 발전소의 철거를 실행하고, 핵무기 제조용 방사능 물질의 분리를 막기 위해서뿐만 아니라 핵폐기물을 상상할 수 없을 정도로 긴 기간 내내 안전하게 보관하고 감시하기 위해서도 그들은 필요하다.

따라서 상당한 자질을 갖추고 책임 의식이 있는 인적 자원의 투입이 시급하다. 그런데 원자력 발전소 확대의 잠정 중단(모라토리엄)이 약 20년 전부터 지속되고 있고, 핵에너지에 대해 점점 더 논란이 많아지고 의문시됨으로써 (그 결과 오스트리아, 이탈리아, 스웨덴 등에서는 핵에너지에 반대하는 국민투표가 실시되고, 독일에서는 핵 하차에 대한 결정이 이루어졌다.) 핵에너지에서 직업적인 전망을 찾는 젊은 세대의 관심은 현저히 줄었다. 오늘날 핵 과학 및 핵에너지 기술에 종사하는 인원은 고령화되고 있다.

이미 절박해진 인적 자원 문제는 핵에너지가 가져온 심각한 딜레마를 암시한다. 핵에너지의 이용을 끝내는 것은 불가피하면서도 꼭 해야 하는 일이다. 그 후에도 고도로 숙련된 핵에너지 기술자들이 핵폐기물 수백만 톤을 땅속에 묻는 매장자이자 저장된 핵폐기물을 지키는 묘지기라는 역할에 만족하며 계속 그 자리를 지키리라는 것을 중장기적으로 어떻게 보장할 수 있는가? 누가 앞으로도 그런 직업을 가지려 할까? 풀기 힘든 과제이다. 핵에너지 선구자들은 이런 문제를 미처 생각하지 못했다. 핵에너지가 영원한 미래를 위한 것이라고 믿었기 때문이다. 핵에너지는 포기될 수 없고, 그 유산 또한 거의 원상태로 되돌릴 수 없다. 뻔히 보이는 인적 자원 비상사태에서 계획적으로 벗어날 수 있는 길은, 핵에너지의 영구적인 지속을 통해 이런 사태를 막는 것이다. 일단 그것에 관여했으므로 영원히 행해야 한다는 것이다. 이는 사회적 인질의 형태로서 핵에너지 주역들 자신도 인질의 처지에 놓여 있다. 그리고 이런 처지가 그들의 의식과 행동을 결정한다.

핵에너지에 종사하는 상근 인원은 예나 지금이나 중요하고 영향력이 크다. 원자력 산업은 1970년대에 들어와서까지 미래의 주역이라고 인정받았으나, 이제 그 역할이 줄어들기는 했다. 1974년만 해도 국제 원자력 기구IAEA는 2000년이면 원자력 발전소의 설비 용량이 400만 메가와트를 넘어설 것이라고 말했다. 이는 2010년 현재 세계 전력 공급 전체 용량을 훨씬 웃도는 수치이다. 1950년대에 조성된 국내 및 국제 공공 기관들은 대체로 고스란히 남아 아직도 미래의 에너지 공급 전체를 핵에너지에 맞추고 있다. 국내 연구 센터들이 그렇고, 국제적 차원에서는 유럽 원자력 공동체EURATOM와 국제 원자력 기구가 그렇다. 국제 원자력 기구는 회원국이 140개국 이상이고, 함께 일하는 인원만 해도 2,000명이 넘는다. 1957년 창설 당시 기대된 역할은 미래의 세계 에너지 공급을 위한 심근의 역할이었다. 그러나 이제 이 기구가 (유럽 원자력 공동체, 국제 에너지 기구와 그 하위 기구인 원자력 기구NEA, 국내 원자력 기관, 원자력 기술 산업, 원자력 전기 콘체른 등과 협동하여) 핵에너지 문제를 단순히 차례대로 처리하기만 하는 역할에 만족하려 하지 않는다고 해도 전혀 놀랍지가 않다.

국제적으로 단단히 연결된 핵에너지 단체의 자기 이해와 미치는 영향력이 너무 엄청나서, 핵에너지를 위한 새로운 도약의 시도를 접을 수가 없다. 또 그리하도록 기후의 위기가 반가운 기회를 제공하고 있다. 핵에너지의 주역들이 순수한 해결사로서의 역할만 바라고 그처럼 전문적이고 자격 요건이 높은 직종에 발을 들인 것은 아니었다. 단종될 모델만을 위해 일한다는 것이 그들로서는 견딜 수 없는 일임에 틀림없다. 따라서 핵에너지를 다시 미래와 관련시키기 위해, 재생 가능 에너지가 결코 충분하고 안전한 대체물이 아니라는 명제를 공공연히 붙들고 늘어질 수밖에 없다. 설령 이런 진술이 비과학적이고, 우습게 여겨진 지 오래라 해도 말이다. 핵에너지를 재생 가능 에너지로 가는 길에 있는 가교와도 같은 과학 기술로 정의한다는 것은 그들로서는 오히려 전술상의 양보나 마찬가지이다.

핵에너지의 가치를 일반적으로 다시 제고하기 위해서는, 예술을 연상시키는 '핵 르네상스'라는 개념, 안전한 원자력 발전소의 약속, 특히 국제 원자력 기구가 선전하는 것처럼 대규모 확대 계획 등을 동원하여 공공연히 엄청나게 선전해야 한다. 그들도 이런 확대 계획이 결코 실현될 수 없다는 것을 알고 있다. 모두(정부 및 국민)가 일치단결하여 재생 가능 에너지로 나아가기 위해 진력하고, 또 그때 어떤 재정 문제도 없는 한 말이다. 그러나 그들은 핵에너지를 열심히 선전함으로써 적어도 자신들의 역할을 유지할 수 있기를 바란다.

틀린 진보 증명

핵에너지의 확대를 둘러싸고 논의된 계획 및 권고는 개발 도상국에서 뜻하지 않게 상당한 반향을 만난다. 핵에너지가 예나 지금이나 과학 기술적 진보의 증거로 간주되기 때문이다. 그 주도 세력이 대형 조직과 전 세계적인 통신망을 갖춘 국제 원자력 기구이다. 국제 원자력 기구는 수백 번의 워크숍을 열어 전 세계의 과학자들로 하여금 핵에너지가 유일무이하다는 점에 동조하게 한다. 필자는 (아직 원자력 발전소는 없지만, 정부 수장 직속의 원자력 위원회는 존재하는) 베트남에서 재생 가능 에너지에 대해 강연하면서 명망 있는 베트남 물리학 교수 몇 명과 이야기를 나눈 적이 있다. 모두들 핵에너지를 잘 알고 있었지만, 아무도 핵에너지의 근본적인 문제를 보지는 못했다. 그리고 재생 가능 에너지에 관해서는 모두들 1970년대에 논의되었던 수준의 지식을 갖고 있었다. 이와 비슷한 경험을 최근까지도 라틴아메리카부터 아프리카에 이르기까지 다른 많은 나라들에서도 한 바 있다. 요르단에서 개최된 왕립 과학 아카데미Royal Academy of Science 회의에서 필자는 대단히 유명한 요르단의 에너지 과학자가 원자력 발전소 건설을 권고하는 제안에 반대하는 논증을 했다. 그렇지 않아도 물 위기가 절박한 요르단에서 그 엄청난 양의 물(원자력 발전 전기 1킬로와트시당 물 3.2리터) 공급을 어쩌려고 그런 견해를 대변할 수 있는지를 묻자, 필자의 질문에 많은 사람들이 놀라는 표정이었다. 그러나 정작 그 과학자는 답변을 하지 못했다.

국제 원자력 기구(권한과 그에 상응하는 공식적인 지위를 갖는다.)가 지속적으로 활동한 결과, 아직 전력 생산용 원자력 발전소가 없는 23개국에도 연구용 원자로는 존재한다. 그중에는 이집트, 모로코, 리비아 등 특히 일광과 풍력이 풍부한 나라들도 있다. 또 알제리나 조지아, 인도네시아, 필리핀, 태국 등 자연적인 재생 가능 에너지는 풍부하지만 국내 정세가 대단히 불안한 나라도 있다. 이들 나라 모두 국제 원자력 기구의 목록에서는 원자력 발전소를 위한 잠재력 있는 신입 국가로 간주된다. 다른 15개국도 마찬가지이며 보스니아, 우간다, 요르단, 나미비아, 나이지리아, 튀니지 등이 속한다. 대부분의 신형 원자로는 「핵에너지 세계 상황 보고서」에 따르면 2010년 현재 중국(16), 러시아(9), 인도(6), 한국(5)에 건설되고 있고 구체적인 새로운 계획 수립은 중국(29), 일본(13), 미국(11), 인도(10), 러시아(7), 한국(7)에 집중된다. 계획된 건축 기간은 각각 평균 5년 정도이지만 항상 지연된다.

실제로 핵폐기물의 믿을 만한 최종 처리 방법이 그 어디에서도 보이지 않는데도, 또 핵에너지가 비용상 유리하다는 주장에 상반되게 신형 원자력 발전소용 경비가 폭발적으로 상승하는데도 불구하고 이 모든 일은 일어난다. 세계적으로 활동하는 시티그룹 글로벌마켓Citigroup Global Markets은 열 개의 신형 원자력 발전소를 건설하겠다는 영국 정부의 계획과 관련하여 「새로운 원자력 경제는 '노'라고 말한다New Nuclear-Economics Say No」라는 제목하에, 그 계획을 실행에 옮기지 말라고 경고했다.[33] 정부의 재정적인 지원이 없는 상황에서, 받아들이기 힘든 위험 부담이 뜻하지 않게 비용이 상승하는 형태로 기업들에게 닥치리라는 것이다. 핀란드에 건설 중인 신형 원자로의 비용 상승이 참고로 제시된다. 이 원자로는 35억 유로의 고정 가격으로 2005년에서 2009년 사이에 세워질 예정이었다. 그 사이에 이미 55억 유로가 건설 비용으로 들어갔는데, 완공은 빨라야 2012년으로 예상된다. 그때까지 비용은 또다시 더 올라갈 것이다. 시티그룹은 신형 원자로 건설 때 원래의 견적보다 비용이 두 배 또는 그 이상 넘어선 또 다른 예들을 거론한다. 그렇게 보면 전력 생산 비용은 더 이상 경쟁력이 없을 정도로 상승할 것이라고 예상해야 한다는 것이다.

그럼에도 새 원자로가 건설된다면, 그것은 추후 보장되는 국가 보조금에 기대를 걸기 때문이라는 설명만이 가능하다. 사르코지 전 프랑스 대통령이 벌써부터 요구한 바는 바로 이것, 즉 핵에너지에 대한 새로운 지원 물결이다. 정치적으로 원자로 건설에 대한 지원이나, 원자력 전기 요금이 실제 생산 비용을 배상하도록 정할 뿐만 아니라 돈벌이도 보장하는 지원을 요구한 것이다. 독일의 재생 가능 에너지 법안에서처럼, 재생 가능 에너지 전기에 대해 보장된 공급 정가와 비슷하게 말이다. "원자력에 동일한 권리를"이라는 원자력 발전소 경영자들의 요구는 형식상 시류에 부합한다. 결정적인 차이는, 다만 원자력이 반세기 훨씬 전부터 엄청나게 큰 규모로 보조를 받고 있고 점점 더 비싸진다는 점이다. 반면에 재생 가능 에너지를 시장에 끌어들이는 것은 불과 몇 년 전부터 그것도 훨씬 작은 규모로 공공연하게 장려되고 있어서, 설비의 대량생산이 이제 이루어지기 시작했다. 재생 가능 에너지는 지속적으로 저렴해진다. 핵에너지의 사회적 비용과 비교되는 재생 가능 에너지의 사회적 유용성 같은 다른 질적인 차이들은 더 말할 나위조차 없다.

2-2. CCS—정치와 사회의 숨통을 조이는 답답한 공기

CCS 발전소는 발전소에서 석탄이나 가스를 태울 때 발생하는 이산화탄소를 분리해 지하의 지정된 저장소나 심해에 보관한다. 따라서 화학 공장과 연결되고 이산화탄소 파이프라인 기반 시설 및 이산화탄소 최종 처리 기술을 갖춘 화력 발전소라고 할 수 있다. 발전 비용 또한 오늘날의 화력 발전소 비용을 훨씬 능가할 수밖에 없다. 그런데 소위 '기후 친화적인 화력 발전소'라는 이 대체물은 비용 부담도 헤아릴 수 없고 환경 위험을 전혀 예견할 수 없는데도, 이미 국내 및 국제 기후 보호 전략의 확고한 요소가 되었다.

오늘날 CCS 선택을 옹호하고 추진하는 사람은, 전력 생산에서 화력 발전소의 재생 가능 에너지 교체가 21세기 후반으로 연기되는 것을 감수하는 셈이다. CCS 발전소가 실제로 (이미 여러 번 예상했던 것처럼) 2020년이나 2025년부터 구속력 있는 화력 발전소의 기준이 되고 그다음에 관행적으로 세워진다면, 이 발전소의 수명은 2070년이나 2075년, 또 그 이상이 된다는 뜻이다. 이때는 석탄과 가스의 엄청난 가격 인상이 예상되는 시기에 속한다. CCS를 선택하는 경우 이런 가격 인상은 특히 중요하다. 1킬로와트시를 얻을 때마다 이산화탄소의 분리 절차와 수송 탓에 연료의 수요가 급증하기 때문이다.

CCS 선택은 또한 화력 발전소에서 이산화탄소 배출과 무관하게, 온갖 다른 오염 물질이 배출되는 것을 감수한다는 것이기도 하다. 그뿐 아니라 이산화탄소를 최종 처리하는 위험에 모험적으로 관여한다는 것이기도 하다. 그 위험은 시간이 오래 지속되고 이산화탄소의 양이 많아질수록 커지는데 말이다. 이러한 최종 처리장 문제는 핵에너지 주역들이 핵폐기물에 대해 그러듯이, CCS 지지자들의 의도하에 대수롭지 않은 일로 왜곡된다. CCS라는 개념만 해도 이미 미화된 것이다. 'S'는 저장Storage을 나타내며 최종 처리라는 개념은 마지못해 억지로 사용된다. 일반적인 경우 다른 목적을 위해 사용될 무엇인가가 저장 창고에 보관된다. 그러나 CCS에서 중요한 것은, 결코 다시는 대기에 이르면 안 되는 이산화탄소가 최종적으로 저장된다는 것이다.

이 기획의 중심 논거는, 예컨대 석탄 매장량이 있는데다 전력 수요도 빨리 커지는 중국 같은 나라들이 화력 발전소를 새로 짓는 것을 아무도 막을 수 없다는 것이다. 이런 욕구들을 고려해야 하므로, CCS 발전소를 기후 보호 대책의 목록에 받아들이고 정치적으로 장려해야 한다고 주장한다. 이것이 기후 정책적인 현실주의라고 말이다. 그러면서 화력 발전소를 신속하게 재생 가능 에너지로 대체하는 선택은 CCS 옹호자들에 의해 불가능하다고 선언된다. 하지만 재생 가능 에너지로의 대체가 기업과 국민 경제에 부당한 부담이 된다는 주장은, 특히 CCS 발전소를 위해 요구되는 이산화탄소 파이프라인 기반 시설을 포함하여 이 발전소에 반드시 필요한 재정적 비용에 비하면 속이 뻔히 들여다보이는 핑계에 불과하다. 실제로 이 기술은 대형 화력 발전소를 위한 구명 튜브 같은 것으로, 책임지지 않을 다양한 결과를 내포한다. CCS의 선택은 '이행移行의 기술'이 아니라, 화석 에너지 경제의 존속 이해관계 앞에 항복하는 것이다.

그럼에도 기후 연구소들과 몇몇 환경 단체들(가령 세계 자연 보호 기금)마저 CCS를 적어도 시험해 봐야 한다는 논리를 펴며 CCS 기획을 옹호한다. "기술을 점검하지 않은 채 사악하고 위험한 존재로 낙인찍고, 그럼으로써 기후 보호의 기회를 경솔하게 날려 보내는 것은 아무짝에도 소용없는 일이다."[34] 그런데 무엇을 점검해야 하는가? 이산화탄소를 분리하고 이산화탄소 파이프라인을 통해 최종 처리장에 압축하여 넣는 것이 기술적으로 가능하다는 데는 의심의 여지가 없다. 이런 시도는 상이한 분리 방법과 그 각각의 생산성에 대한, 그리고 다소 적합한 최종 처리장의 변형에 대한 지식만 전해 줄 수 있을 따름이다. 즉 어떻게 하면 CCS를 가장 잘 가동할 수 있을까, 라는 물음에 대한 해답이다. 하지만 무엇보다도 꼭 제기해야 하는 근본적인 질문이 있다. 과연 이 길을 책임질 수 있을까, 그리고 실제로 (다시 한 번) 이것에 대한 명목상의 '어떤 대안도' 없을까? 어떤 최종 처리에도 달라질 리 없는 화학적 물리학적 이유들 역시 CCS의 선택을 반대한다.

분리된 이산화탄소는 어디로?

분리된 다음 보관되는 이산화탄소는 영원히 그대로 저장소에 남아 있을 때에만 기후를 보호하는 것이 된다. 그러나 아무도 이 이산화탄소가 조만간 대기에 도달하지 않는다고 자신 있게 말할 수도 없고 또 그러려고 하지도 않는다. 그 점에 대해 알고 있는 지식이 없고, 그 지식 역시 단기간에 얻을 수 있는 것이 아니기 때문이다. 이에 대한 간접 증거가 2009년 독일 연방 정부의 법안을 둘러싼 논쟁이었다. 이 법안에서는 이산화탄소의 안전한 보관에 대한 전력 콘체른의 보증 의무가 단 30년간으로 국한되었다. 기업들의 어마어마한 재정적인 위험 부담을 덜어 주기 위해서였다. 전력 콘체른은 심지어 보증 기간을 20년으로 줄이려고 시도했다. 배출된 이산화탄소의 점착이 이산화탄소 배출로 인해 생겨나는 재앙을 상쇄할 수 없다는 점은 제쳐 놓자. 그렇더라도 이런 조처는 불길하게도 방사능 폐기물의 보관에 대한 경험들을 상기시킨다.

독일에서 가장 최근에 있었던 사례는 기존의 암염 광산을 활용한 아세Asse 방폐장에서 방사능 폐기물을 아무렇게나 보관한 것 때문에 벌어진 소동이다. 수십 년 넘게 이 저장소는 연구 센터와 관리 책임이 있는 정부 기관으로부터 지질학적인 감정을 근거로 안심해도 된다는 증명서를 받았다. 저장소가 건조하고 침수 우려가 영원히 없다는 의견이었다. 그러나 30년이 지나 드러난 것은, 날마다 수천 리터의 물이 암염 광산으로 흘러들어서 평가액 40억 유로의 비용을 들여 핵폐기물 수십만 통 이상을 다시 끌어낼 수밖에 없다는 사실이었다. 그리하지 않으면 물의 흐름 때문에 지하수가 넓은 공간에 걸쳐 통제하기 어려울 정도로 오염될 수 있기 때문이었다.

이런 경험 이후로는 지구 과학적 연구들이 이산화탄소를 영원히 안전하게 보관할 수 있다고 증명해도 신뢰가 가지 않는다. 이 연구들은 이산화탄소가 밖으로 새는 누출이 1,000년 동안 10퍼센트를 넘지 않는다면 '용인할 수 있다'고 평가한다. 이는 매년 0.1퍼밀 permill*만큼 새는 것이 된다고 한다. 아무도 누출량이 그 정도라고 보장할 수 없고 또 그 양을 정확히 잴 수도 없다. 어떤 보험 회사도 그런 일을 해내지 못할 것이다. 그러므로 핵에너지의 경우처럼 다시 사회 전체가 책임지게 될 것이다. 이산화탄소가 한결같이 아주 조금씩만 밖으로 샌다는 가정에서 출발한다면, 그것 역시 순진한 생각이다. 이산화탄소는 처음에는 천천히, 그다음에는 점점 더 빨리 그리고 비교적 큰 규모로 대기에 도달할 가능성이 훨씬 크다. 모든 허파 동물들에게는 치명적인 과정이 될 수 있을 것이다. 'CCS 대형 사고'로 이어질 수도 있다. 이와 비슷한 일은 파이프라인의 틈새에서도 발생할 수 있다. 농축된 이산화탄소는 숨 막히게 하는 답답한 공기로, 공기보다 무거워서 산소를 밀어낸다. 여기에서 문제가 되는 이산화탄소의 양을 생각해야 한다. CCS를 장차 모든 신형 화력 발전소

---

* 천분율을 나타내는 단위.

의 의무 조건으로 삼겠다고 선언한 목표를 전제로 하여 1,000메가와트 급 화력 발전소가 이산화탄소를 완벽하게 분리한다면 매년 1,075만 톤의 이산화탄소가 분리될 것이고, 파이프라인을 통해 수송되고 저장되어야 할 것이다. 독일의 경우 이 정도 용량의 화력 발전소 30개만 보더라도, 화력 발전소 각각의 수명을 어림잡아 50년으로 평가한다면 이산화탄소의 양은 340억 7,000만 톤이 될 것이다. 이는 34.7 세제곱킬로미터의 필수 저장 용량에 맞먹는다!

캘리포니아 버클리 대학에서 수학한 공학자이자 유럽 연료 전지 포럼European Fuel Cell Forum 의장인 울프 보셀Ulf Bossel은 이산화탄소 최종 처리의 상이한 변이 형태들을 비교하고, 화학적 물리학적 합법칙성에 따라 평가했다.[35] 하나의 변이 형태는 이산화탄소를 물에 녹이는 것이다. 용해의 양은 물 1리터당 3그램이다. 그렇다면 1,000메가와트 급 CCS 발전소의 경우 수명이 50년일 때 254세제곱킬로미터 분량의 지하수를 갖추고 있어야 할 것이다. 그러나 지하에서는 많은 양의 물이 흐르며, 그 물이 지하수에도 도달한다. 그렇기 때문에 이 지하수는 더 이상 식수로 사용할 수가 없다. 이산화탄소를 물에 묶어 두는 식으로 처리하는 것은, 물의 온도와 압력이 변함없이 그대로 유지될 때에만 보장되는데 이는 많은 지층 때문에 불가능하다. 그래서 이산화탄소가 다시 떨어져 나와 꼬불꼬불한 길을 타고 대기 중으로 새어 나올 위험은 지속적으로 존재한다.

또 다른 변이 형태는 이산화탄소를 압축하여 대수층aquifer, 즉 대개 다공성이고 소금물로 채워져 있는 지하의 지층(소위 염전 지층)에 넣어 두는 것이다. 물에 묶인 이산화탄소를 이 지층에 밀어 넣을 수 있는 가능성은 물을 압축할 수 없기 때문에 매우 낮다.

세 번째 변이 형태는 가령 석유 및 천연가스용 압축 공기 저장기나 저장실에서처럼, 지하의 빈 공간을 이산화탄소로 채우는 것이다. 그러나 석유나 천연가스의 저장에 대한 경험들은 이산화탄소의 보관 기술과 비교될 수 없다. 압축 공기, 석유, 천연가스 등은 재삼재사 추출되는 반면, 이산화탄소의 보관에서는 영구 용해가 중요하기 때문이다. 게다가 다량의 이산화탄소를 위한 저장소 용적은 전적으로 충분하지 못하다. 아마도 금세 채워질 것이다. 또한 이 지하 저장소도 더 이상 사용할 수 없을 때가 온다. 압축 공기로 바뀐 풍력 전기 또는 태양 전기나 바이오 가스를 저장하기 위해, 가까운 장래에 또는 중기적으로 필요한 순간이 오기 때문이다.

네 번째 변이 형태는 이산화탄소를 깊은 해저에 가라앉히는 것일수 있는데, 이런 방식은 이제 대부분의 CCS 옹호자들에 의해 배제된다. 유출의 위험이 가장 크며, 또 가장 빨리 나타날 수 있기 때문이다.

독일에서 CCS 발전소를 가장 열렬히 신뢰하는 전력 콘체른 파텐팔은 이산화탄소를 압축하여 염전 대수층에 밀어 넣는 것을 선호하고, 연방 지구 과학 조사 기관의 연구를 근거로 독일의 저장 잠재력을 200억 톤으로 예상한다. 이는 20세제곱킬로미터에 상응한다. 그 정도로는 콘체른이 주장하는 것처럼, "독일의 발전소들을 적어도 60년 동안 가동하여 생긴 이산화탄소 전체를 기후에 영향을 미치지 않게 저장할" 수 있기에는 충분하지 않을 것이다.[36] 그러나 설령 그럴 수 있다 해도, 화학적 물리학적인 경과의 개괄만으로도 이 방법의 무해함에 대해 엄청난 의구심이 생긴다.

어마어마한 비용 부담

경제적 관점에서 보더라도 CCS의 선택은 의심스러운 것 이상이다. 현대적인 화력 발전소는 투입된 석탄 대비 현재 약 45퍼센트의 효율을 보이고 있다. 많은 에너지를 소모하여 이산화탄소를 분리하면 효율은 35퍼센트로 줄어든다. 파이프라인 수송과 압축을 위한 에너지 수요 때문에 효율성은 재차 줄어든다. 따라서 실제적인 에너지 산출을 위해 CCS 발전소는 CCS 없는 전통적인 화력 발전소보다 40퍼센트까지 1차 에너지를 더 투입해야 한다. 이로써 분리 기술, 파이프라인 기반 시설, 전선 설치, 압축, 감독 등을 위한 추가 비용 외에도 연료 비용이 상승한다. 따라서 간과할 수 없는 엄청난 비용 상승이 사전에 예정된다. 신중한 비용 평가에서조차도 오늘날 이미 CCS 석탄 전기가 가령 풍력 전기보다 값이 싸지 않다는 것을 보여 준다. 2020년이든 아니면 그보다 나중이든 CCS 발전소가 가동될 수 있다 해도, 풍력 전기의 생산 비용은 계속 낮아질 것이다.

하나의 프로젝트를 구동하고 이를 위한 정치적 지원을 얻기 위해 나무랄 데 없이 훌륭하다고 평가하는 것은, 새로운 대형 프로젝트에 정부와 여론의 구미를 당기게 하는 잘 알려진 방법이다. 이때 프로젝트의 주창자들은 증명되지 않은 주장에 근거하기 십상이다. CCS 프로젝트에서는 노르웨이 국영 콘체른 스타토일Statoil이 채굴한 가스에서 나오는 이산화탄소 중 일부를 채굴지에서 직접 분리하자마자 곧 다시 압축한 것이 '실행 가능성'에 대한 증거로 제시되었다. 그러나 스타토일은 2010년 5월, 몽스타드의 가스 발전소에서 이산화탄소를 분리하고 저장하려 한 세계적으로 가장 큰 프로젝트를 기술적 문제와 경제성 부족 때문에 중지한다고 발표했다. 하필이면 공범

증인인 스타토일의 공표여서, 이 프로젝트는 그만큼 더 흥이 깨졌다. 새로운 전력 및 열 발전소는 이제 CCS 없이 가동되고 있다. 스타토일이 내놓은 공식적 논거의 내용은 이렇다. "CCS 기술은 지금까지 용인된 것보다 훨씬 비싸다고 입증되었고, 발전소 전체 비용보다 많이 들 것이라고 한다. 4년 전에 생각했던 것보다 모든 것이 훨씬 복잡하다."[37] 이와 동시에 노르웨이 정부는 CCS 프로젝트를 위해 더는 돈을 쓰지 않겠다고 예고했다. 노르웨이는 그 전에 CCS를 주도했고, 개발 목적으로 벌써 10억 유로를 대 주었으며, 세계 기후 회의에서 이 프로젝트를 집중적으로 선전했다. 2007년에만 해도 옌스 스톨텐베르그Jens Stoltenberg 노르웨이 총리는 CCS 프로젝트를, 1960년대 미국의 달 착륙 프로그램의 가치에 비견했었다.

몽스타드 실험의 중지는 CCS 단초를 더 이상 추구하지 않고 당장 재생 가능 에너지로의 변화를 추진할 계기로 이미 충분할 것이다. 그 정도로 의심쩍고, 재생 가능 에너지보다 비쌀 테고, 재생 가능 에너지들을 동원하는 것보다 CCS의 실현에 더 많은 시간이 소모될 것이 뻔한데, 왜 그런 선택을 추구하겠는가? 게다가 CCS는 명목상 충분히 이용 가능하다고 하는 어마어마한 최종 처리 능력을 요구한다. 또한 이런 CCS의 사례는 재생 가능 에너지를 위한 저장 능력이 압축 공기, 바이오 가스, 수소 등의 형태나 (또한 지하의) 펌프 저장기로는 충분히 이용 가능하지 않다는 주장을 명확히 반박한다.

뭔가 구린내가 나는 분석적 타협

그러나 CCS 주역들 스스로 이런 결론을 끌어내리라고는 가정할 수 없다. 그 사이에 너무 많은 세력들이 이 프로젝트에 관여했다. 에너지 콘체른과 정부 외에도, 세계 자연 보호 기금과 심지어 독일 생태 연구소 같은 환경 단체도 발을 들여놓았다. 이 프로젝트는 콜럼버스의 달걀처럼 보였다. 에너지 콘체른의 이해관계에도 기후 보호에도 부합되는 타협점 같았다. 또한 핵에너지를 경고한 교훈적인 사례에도 불구하고 오류의 길에 접어든 전형적인 예이기도 하다. 세계 기후 협의회(공식 명칭은 '기후 변화에 관한 정부 간 전문가 패널 Intergovernmental Panel on Climate Change, IPCC'이다.)가 2005년 「특별 보고서special report」에서 CCS를 포기할 수 없는 기후 보호 요소로 선언한 이후, 이 프로젝트는 거의 하룻밤 사이에 새로운 약속이 되고 정치를 움직이게 했다. 이 프로젝트를 우선해 탐구하는 대신, 그 방법을 곧장 에너지 예측과 계획에 통합시켰다. 재생 가능 에너지의 경우와는 전혀 다르게 국고의 준비와 법률적 요건의 도입이 대규모로 매우 빨리 이루어졌다.

2008년 유럽 연합은 행동 선택권으로서 CCS를 배출권 거래의 기준에 포함시켰다. 영국 정부는 핵에너지와 함께 기후 변화법Climate Change Act을 담은 이 프로젝트가 기후 보호에 관한 한 돋보인다며 자리매김을 종용했다. 2009년에는 유럽 연합의 CCS 기준이 나왔다. 독일 연방 정부가 CCS 법안의 초안을 내놓았지만, 이 구상은 2009년 6월 의결이 예정되었던 주의 마지막 순간에 철회되었다. CCS에 반대하는 저항의 물결이 커지고 있는데다, 차기 연방 의회 선거가 임박했기 때문이었다. 오스트레일리아 정부는 연간 미화 1억 달러의 예산을 들여 '글로벌 CCS 연구소Global CCS-Institute'를 세웠다. 새로 창설된 국제 재생 가능 에너지 기구IRENA의 2010년 예산보다 여섯 배 이상 많은 금액이다. 유럽 연합은 12개의 CCS 발전소를 위해 미화 20억 달러의 보조금을 댔고, 오스트레일리아는 미화 12억 달러, 캐나다도 12억 달러, 미국 정부는 34억 달러를 제공했다. CCS 발전소를 기후 보호를 위한 청정 개발 체제CDM의 도구로 인정할 수 있도록 만반의 준비가 갖추어지고 실행에 옮겨졌다.[38]

미국 최대 환경 단체로서 회원이 130만 명이나 되는 천연 자원 보호 협회Natural Resources Defense Council, NRDC는 CCS 도입을 위해 창끝을 세운 공격수가 되었다. 이들은 화력 발전소의 대안을 둘러싼 투쟁이 가망 없어 보이자 CCS를 통해 이산화탄소 배출에 맞서는 저항을 추진하고 싶어 한다.[39] 노르웨이의 환경 보호 단체 벨로나 Bellona는 몽스타드 CCS 프로젝트의 중단 선언을 "등에 꽂는 비수"로 느끼고, 유감을 표명했다. "우리는 이 정책을 변호하는 데 많은 에너지를 썼습니다."[40]

이로써 CCS는 이미 전통적인 에너지의 이해관계에 있어 전략의 중심이 되었다. 이미 서문에서 언급한 것처럼, 셸 콘체른은 재생 가능 에너지를 위한 활동을 전반적으로 중단하고 그 대신 CCS로의 전략 변화를 선포했다. 화력 발전소 포트폴리오를 갖춘 전력 콘체른 및 CCS 기술에 기대를 걸고 있는 테크놀로지 기업은 공동으로 자금을 대는 광고 캠페인을 벌인다. 독일의 기후 친화적 화력 발전소 정보 센터IZ Klima가 동참한다. 또 독일 갈탄 산업 협회DEBRIV 같은 단체는 정기적으로 일간 신문에, 교수들이 발언하는 대형 광고를 끼워 넣는다. 그들은 모두 똑같이 말한다. 재생 가능 에너지가 화력 발전소를 대체할 수 없기 때문에, 석탄은 CCS와 함께 기후 친화적으로 이용될 수 있고 또 그리되어야 한다고. 경고와 저항은 전문가들의 폭넓은 동의에 대립되는 불합리한 편견으로 선언된다.[41]

기후 연구소들은 에너지 기술을 오직 이산화탄소 감소의 잣대로만 (자신들의 시각에서 실감나게) 평가한다. 그럼에도 기후 연구 사안에 관한 전문성 외에, 미래의 에너지 공급을 위해 정치와 경제의 어떤 전략이 최선인지를 판단하는 능력도 있다고 인정받는다. 주요 기후 연구소들은 '기후 변화에 관한 정부 간 전문가 패널IPCC'에 포함되기 때문에, 이 공동체에서 생겨나는 합의의 틀도 넘겨받는다. 실행할 수 있고 관철할 수 있으며 무리가 없다고 간주되는 것에 관한 합의의 틀이다. 그러나 IPCC는 권고의 토대를 전적으로 과학적 분석 기준에 두는 협의체가 아니다. 조직적인 안티 캠페인에도 불구하고 IPCC가 세계 여론에 기후의 위기를 알리는 데 큰 공을 세운 것은 물론 사실이다. 그런데 IPCC는 하나의 합의에 의지하고 있으며, 이 합의는 적어도 제시된 행동의 선택과 관련하여 뭔가 수상한 분석적 타협이다. 그 합의의 결과, 영향력이 큰 이해관계들에 따르게 되고, 구체적인 행동 제안들이 너무 앞서 나아가지 않게 된다. 이런 식으로 '2도' 목표와 CCS 단초도 생겨났다.

주안점들에 대해 책임질 수 있는 경험적 자료들이 나오기도 전에, CCS의 단초에 관해서는 이미 경제적 실행 가능성 예측이 공표되었다. 포츠담 기후 연구소PIK 소장 오트마르 에덴호퍼Ottmar Edenhofer는 다음과 같이 말하며 CCS에 찬성투표를 했다. "CCS는 전 지구적인 기후 보호를 위한 중요한 가교의 기술일 수 있습니다. 분리와 지역적 보관의 기술적 문제가 풀려서 비용 경쟁력이 생기고 위험 부담이 납득 가능하게 된다면, 기후 보호 비용은 포츠담 기후 연구소의 모델 견적에 따르면 CCS의 투입으로 4분의 1 정도 낮출 수 있다고 합니다."[42] 그런데 기술적 비용 문제조차 명백하게 해명되지 않고

CCS 프로젝트와 결부된 갈등의 가능성이 고려되지 않는다면, 대체 무엇을 토대로 이 모델을 예측했단 말인가?

사회적 갈등의 가능성

CCS 프로젝트는 언제 폭발할지 모르는 화산 위에서 추는 춤처럼 위험을 도외시한 무모한 행동이다. 석탄 경제를 살리기 위한 이 지원 프로젝트는 재생 가능 에너지보다 분명히 비용이 더 많이 들 것이다. 2009년 독일에서 CCS 법안을 관철시키려고 연방 의회 의원들에게 행사한 엄청난 압력은 많은 것을 시사한다. 마르코 뷜로브Marco Bülow는 사민당 연방 의회 원내 교섭 단체의 환경 분과 대변인으로서 몸소 한 경험을 상세히 묘사했다. 로비스트가 법 제정 절차에 지속적으로 어떻게 개입하는지 말이다.[43] 에너지 콘체른은 정부가 재정적 정치적 부담을 덜어 줄 것을 믿는다. 그래서 RWE의 회장단 의장은 독일 정부에, 이산화탄소 파이프라인의 건설 비용 및 법인체를 맡을 것을 요구한다. 기반 시설은 공공의 과제이기 때문이라는 주장이다. 이것은 그가 전력망을 위해 거부하고 있는 입장이다.

CCS의 위험 부담은 핵에너지 때와 마찬가지로 어차피 사회로 돌아온다. 정치는 다른 한편으로, 파이프라인과 이산화탄소 최종 처리장에 반대하는 주민과의 갈등을 끝내야 한다. 이미 1차 최종 처리장에 대한 탐사가 이루어진 지역인 슐레스비히-홀슈타인에서의 대규모 저항은 그 갈등을 예감케 한다. 이런 저항은 CCS의 실행이 시작되는 곳이면 어디에서나 나타날 것이다. 이런 경험을 통해 노르베르트 뢰트겐Norbert Röttgen 환경부 장관은 주민의 동의가 있는 지역에만 이산화탄소 최종 처리장을 만들겠다고 선언했다. 독일 연방 정부가

2010년 7월 제출한 CCS 법안에는, 최종 처리장이 세워질 지역의 자치 단체에 최종 처리되는 이산화탄소의 양만큼 재정적 보상을 하겠다는 약속이 담겨 있다. 또한 연간 최종 처리의 양을 800만 톤으로 제한한다는 확인 조항이 있다.

이른바 CCS의 장점을 선전하는 것은 과학적 경제적으로 무모할 뿐만 아니라, 정치적으로도 그렇다. CCS를 찬성하는 과학자들은 헤아릴 수 없는 위험들이 나타날 때 투자의 위험 부담에 대해 책임을 질 필요가 없다. 또 타당한 근거들을 토대로 하여 안심해도 된다고 입증해 주는 과학적인 증명들을 점점 더 믿지 못하는 주민들에 대해서도 마찬가지이다. CCS를 찬성하는 과학자들은 이런 주민들의 반대 운동에 직면하여 실시되는 민주주의 선거에서 꼭 이길 필요도 없다. CCS 프로젝트는 위험을 극복하는 대신 위험을 다른 데로 옮기는 구상이다. 즉 비용이 많이 들고 대단히 위험천만하게 에너지 변화를 유예하는 것이다. 이 프로젝트는 재정적인 이유 때문에도 그렇지만, 정당한 저항들에 부딪혀서 실패할 것이 매우 확실하다. CCS 프로젝트의 문제는 이산화탄소가 사라지는 것이 아니라 오히려 수십억 톤의 이산화탄소를 물속에 가라앉히는 결과를 초래한다는 데 있다. 재생 가능 에너지로의 변화를 위한 관심과 시간을 이 프로젝트가 다시 차지하게 된다는 것도 문제이다.

최종 저장 대신 재사용

CCS 단초의 오해는 '저장'이라는 완곡한 개념에서 이미 시작된다. CCS 단초를 거부한다는 것이 꼭 앞으로도 화석 에너지가 연소되는 한 다량의 이산화탄소를 대기에 그냥 배출한다는 의미는 아니다.

산업의 다른 과정들에서도 상당한 양의 이산화탄소가 배출되기 때문이다. 석회 원료에서 이산화탄소를 분리해 내는 과정인 시멘트 생산에서도 마찬가지이다. 그래서 확실히 이산화탄소의 재사용, 즉 탄소 포집 및 저장CCS이 아니라 탄소 포집 및 재활용Carbon Capture and Recycling, CCR이 더 타당해 보인다.

쓰레기 때문에 대기는 현재 '불법 쓰레기 집하장'으로 오용되고 있다. 위험한 이 쓰레기에서 나오는 이산화탄소가 CCR 덕분에 재활용 가능 물질recyclable material이 된다. 화석 연료의 연소 과정에서 이루어지는 이런 재사용으로 이산화탄소 배출이 방지되지는 않지만, 배출량을 절반으로 줄일 수 있는 기회를 제공한다. 재사용의 방법은 조류藻類, algae의 생산이다. 조류의 씨는 이산화탄소로 채워진 유리 용기 비슷한 소형 '조류 반응기algae reactor'에서 자연 일광을 받으면 하루 안에 배양algae culture이 되고, 이와 함께 에너지와 산업에 이용 가능한 바이오매스가 된다. 1헥타르의 반응기에서 얻을 수 있는 조류의 산출량은 재배되는 바이오매스에서보다 여덟 배나 많다.[44] 물론 이처럼 재사용한다고 해서, 화력 발전소에 대한 새로운 투자가 정당화될 수는 없다. 하지만 재사용 덕분에 가령 시멘트 생산에서 나오는 이산화탄소를 원료로 사용할 수도 있다.

재사용은 예컨대 이산화탄소를 연간 1,000만 톤 내뿜는 대형 발전소처럼 한 장소에서 분리되는 이산화탄소의 양이 너무 많지 않을 때에만 시행 가능하다. 재사용은 필요한 면적 때문에 넓게 흩어져서 다양한 형태로, 즉 분산적으로 일어날 수밖에 없다. 대형 발전소와도, 파이프라인 기반 시설과도 양립할 수 없다. 이와 함께 다시 CCS 구상의 핵심 동기와 만나게 된다. 에너지 변화와 경제적 구조 변화에 맞서, 에너지 공급의 대형 시스템과 시스템을 보존하는 빗장을 붙잡고 놓지 않겠다는 무조건적인 의지와 충돌하게 되는 것이다.

2-3. 속이 뻔히 들여다보이는 기저 부하 변명

원자력 및/또는 CCS 발전소를 당분간 포기해선 안 된다는 주장의 근거로 제시되는 것은 필수 에너지의 양이 아니라 오히려 꼭 필요한 '기저 부하'이다. 태양 에너지와 풍력에서 나오는 전기는 필요할 때마다 사용할 수 있는 것이 아니기 때문에 이런 결함을 극복하려면, 태양 전기 및 풍력 전기의 저장에 경제적으로 지나치게 크고 막대한 비용이 필요하다고 주장한다. 그래서 원자력/CCS 발전소가 필요하다는 것이다. 또 이것을 에너지 변화에 있어서 극복하기 어려워 보이는 장애물이라고 과장한다. 이와 함께 하필이면 전통적인 에너지 공급에서 에너지론 측면의 가장 비효율적인 요인, 이른바 기저 부하용 발전소(107쪽 '어떤 가교?' 참조)가 전력계의 보물이자 중심이라고 선언된다. 전통적인 전력 생산의 마지막 으뜸 패라고 말이다.

상당히 호평받는 '기저 부하용 발전소'의 문제는 미사용 증기에 의한 불가피한 손실이 가져오는 에너지 투입의 구조적인 비효율만이 아니다. 송전에서의 손실뿐만 아니라, 특히 원자력 발전소에서 비교적 빈번한 고장을 대비한 다른 예비 발전소들의 필요성도 문제가 된다. 예비 용량은 현 시스템에서 종종 며칠 또는 몇 주 동안만 필요하거나, 사용되지 않는 '콜드 리저브cold reserve'를 말한다. 평균적으로 전체 용량의 3분의 1가량에 해당된다. 그런데 비상용 발전기emergency generator 형태의 예비 용량은 통계상으로도 파악되지 않는다. 병원과 통신 시설, 물 공급과 철도 교통, 행정 기관을 위해 갖추어 놓기는 하지만, 결코 거의 사용되지 않는다. 분산적 발전기의 이런 잠재력은 에너지 변화를 위해 활성화될 수 있다. 이는 독일에 이미 유명한 사례가 있음에도 지금까지 거의 고려되지 않는다. 즉 베를린 소재 제국 의회 건물에서 쓰이는 비상용 발전기는 전력 및 열 공급을 위해 식물성 기름으로 가동되는 두 개의 열 병합 발전소로 대체되었다. 또 공공 전력망은 비상용 전력 공급의 기능을 수행한다.

전통적인 것이든 재생 가능 에너지를 기반으로 한 것이든, 에너지 공급의 어떤 시스템도 예비 용량 및 저장 용량이 없으면 꾸려 나가지 못한다. 전통적인 모델은 전력 공급 분야에서 에너지의 저장이 주로 전기 변화에 앞서 일어난다. 에너지의 운반과 교체가 동시에 이루어지지 않는다면 저장은 항상 꼭 필요하다. 이러한 저장 창고가 에너지 수송 시스템이다. 석탄 더미든 저장 탱크든 상관없다. 태양 에너지와 풍력은 전기로 변화되기 전에는 저장될 수 없기 때문에, 저장이 필요한 시점은 발전發電 이전이 아니라 이후가 된다. 전기 저장은 전통적인 에너지 시스템에도 있다. 다만 중간 부하용 및 첨단 부하용 발전소medium-load and peak-load power station가 조정을 위해 투입되기 때문에 그 필요성이 더 작을 뿐이다. 그러므로 재생 가능 에너지와의 차이는 저장의 수요보다는 오히려 저장 형태와 여기에 필요한 투자에서 나타난다.

시스템 변화의 본질적 요소는 기저 부하용 발전소를 모듈식 전력 생산의 효과적인 송전망 관리를 이용하여 신속한 연결이 가능한 제어 에너지control energy로 교체하는 것이다. 그러면 저장의 수요를 전반적으로 줄일 수 있다. 또한 특수 저장 창고의 투입 비용 산출 시외부 비용을 따로 떼어 내어서는 안 된다. 기저 부하용 발전소의 에너지 손실뿐만 아니라 부족한 효율 등급 및 불필요한 예비 용량을 위한 비용 역시, 전기를 저장할 때 생기는 변환 손실과 맞먹는다.

재생 가능 에너지에 관한 시나리오에서 지금까지 고려되는 저장 변이 형태는, 전통적인 전력 공급에서 최대 부하 시간대에 투입되는 펌프 저장 및 압축 공기 발전소이다. 또한 종래의 배터리로 저장하는 것도 가능할 것이고 때때로 실행도 되지만, 그 기술에 비해 작은 부하 사이클load cycle과 에너지 소모 때문에 권할 만하지 못하다. 그러나 축전지에 대한 논쟁은 여전히 편협한 방향으로만 흐른다. 비단 많은 새로운 배터리 기술만 외면하는 것이 아니다. 유럽 태양 에너지 학회와 재생 가능 에너지 세계 협의회가 매년 개최하는 재생 가능 에너지 저장에 관한 국제회의들에서 소개되는 수많은 새로운 저장 기술도 마찬가지로 고려되지 않고 있다. 대부분은 시제품의 단계에 있거나, 시장에 출시하기 직전의 상태에 있다. 4장의 '시스템 파괴자' 절(205쪽)에서 그중 몇 가지가 언급된다.

이처럼 다양한 저장 방법을 선택하게 되면, 새로운 원자력 발전소나 화력 발전소를 세우거나 그 수명을 연장해야 하는 모든 이유가 사라진다. 또한 3장에서 상세히 다룰 데저텍 프로젝트Desertec Project나 북해* 프로젝트North Sea Project처럼, 폭넓은 공간에 망처럼 연결된 초대형 전력망 슈퍼그리드를 설치해야 하는 이유도 없어진다. 원자력 발전소든 화력 발전소든 아니면 3장에서 거론되는 슈퍼그리드 프로젝트든 상관없이, 그 수명은 전부 50년으로 계획된다. 또 전

---

* 유럽 대륙, 영국, 노르웨이에 둘러싸인 대서양의 연해.

부 다 기저 부하 공급을 위해 포기할 수 없는 것으로 선언된다. 그리고 전부 다 축전과 관련하여 기술 염세주의적인 논리를 편다. 이모든 것은 재생 가능 에너지를 위한 저장 기술의 선택폭을 간과한다. 그렇지 않으면 대형 프로젝트를 위한 논증이 그대로 무너지기 때문이다.

3. 시장 자폐증: 재생 가능 에너지에 관한 네 가지 거짓말

재생 가능 에너지를 위해 정치적으로 시장에 개입할 때면 반대하는 목소리가 높다. 반면에 전통적 에너지를 위한 정치적 발의들이 "시장에 위배된다"는 비난을 받는 일은 드물다. 이처럼 상이한 평가는 이중 잣대를 드러낸다. "유피테르에게 허용되는 것이 황소에게는 허용되지 않는다.Quod licet jovi, non licet bovi"라는 말처럼.* 확고히 자리 잡은 에너지 공급을 가리키는 유피테르에게 허용되는 것이, 재생 가능 에너지를 의미하는 황소에게는 오랫동안 허용되지 않을 것이다.

국가적 차원의 연구 지원이 있을 때를 제외하고, 필자가 지난 25년 동안 재생 가능 에너지를 관철시키기 위해 정치적 발의를 제안하거나 시작하거나 함께하면서 그 어떤 이의 제기보다 자주 들은 항변이 있다. 재생 가능 에너지를 위한 발의들은 시장 원리와 양립할 수 없다는 것이다. 재생 가능 에너지에 대한 정치적 지원의 역사는

---

* 그리스(로마) 신화에 나오는 제우스(유피테르)와 에우로페의 일화에서 유래하며, 이중 잣대를 빗대는 격언으로 쓰인다.

아직 얼마 되지 않았다. 그나마도 '시장 경제적'이면서 소위 더 생산적인 해결책이라는 이름으로 이루어지는 지속적인 '퇴보roll back' 시도로 점철된다. '급발진'을 조심하라는 경고와 "너무 많이 요구하지 말라"는 주의가 절박하게 이어진다. 그리하지 않으면 재생 가능 에너지에 "해로울 뿐이고", 시장에 적합한 생산성 향상에 방해가 될 것이기 때문이라고 한다.

'시장에서'의 검증이 아닌 정치적 비호를 통해 시장을 지배하게 된 에너지 콘체른은 재생 가능 에너지에 대한 불만을 특히 소리 높여 끈질기게 토로했고 또 지금도 그러하다. 에너지 콘체른이 재생 가능 에너지는 '시장에서' 관철되어야 한다고 누구나 알 수 있게 가식적으로 요구하면, 경제 연구소가 옹호에 나선다. 또 에너지 콘체른의 연구용 사례비 지급 명단에 올라 있지 않은 경제 연구소도 지지를 표한다.

신자유주의적인 '시장의 정확성'

1970년대 이후로는 떠들썩한 연구들이 제법 있었다. 모든 결정 주체들이 익히 알고 있는 연구들이었다. 결국 성화에 못 이긴 결정 주체들은 전면적으로 정치적인 발의를 하지 않을 수 없었다. 「성장의 한계Grenzen des Wachstums」(1972), 「글로벌 2000」(1981), 「우리 공동의 미래Our Common Future」(1987), 세계 기후 보고서 등등의 발의들이다. 그럼에도 영향력이 큰 정치적 주도권을 거의 잡지 못한 것은 (자원 및 환경 보장에 있어서 근본적인 위험에 대한 인식과 동시에) 신자유주의적 교의가 국가적 및 국제적 차원에서 경제 정책적 행동의 주 동기가 되어 버린 탓도 있다. 경제적 자유화는 '자유로운 시장'을 우상화하고 국가의 경제 활동에 낙인을 찍는 것과 함께 나타났다. 가능한 한 무

제한적인 경제적 자유화라는 신자유주의 교의는 1990년대에 정치와 경제를 지배하는 교리처럼 작용했다. 정치적인 경제 전략보다는 '시장의 보이지 않는 손'이 더 합리적으로 여겨졌다.

신자유주의 교리는 자유의 이상을 일방적으로 기업을 위해서만 이용한다. 세계 개방성의 이상은 세계적으로 개방된 '시장'과 동일시된다. 이 원칙은 1990년대 이후 '워싱턴 합의Washington Consensus'* 로서 경제 정책적 행동에 대한 결정적인 평가 기준이 되었다. 이 원칙에 위배되는 전략들은 금지 목록에 올라갔다. 자원 보장 및 환경 보존 같은 실존적인 생존 문제에서조차 정치적 행동은 시장 자유화의 기준에서 평가되고, 자원 위기 및 환경 위기 극복을 위한 정치적 발의들은 금기시되었다. 국제적 경제 조직들(국제 통화 기금IMF, 세계은행, 경제 협력 개발 기구OECD, 유럽 연합 등등)도 각국의 정부 및 정당 들과 마찬가지로 이 교의를 따랐다. 환경 기구들 및 단체들 역시 이 교의에 위배되지 않는 구상을 마련하기 위해 더욱 애썼다. 다른 구상들은 애당초 더 이상 실현될 수 없는 것처럼 보였기 때문이다.

당사자들이 그와 같은 모순을 더 이상 자각하지 못하는 것을 아주 당연하게 여긴다면, 하나의 생각만이 지배하게 된다. 이 모순이 얼마나 확대되는지는, 불과 2년 사이에 두 번이나 열린 세계 회의가 보여 준 상호 모순에서 특히 분명히 나타난다. 먼저 1992년 6월 리우데자네이루에서 열린 환경 및 발전에 관한 세계 회의는 그 유명한 '의제 21Agenda 21'을 의결하면서 생태학적 경제와 함께하는 지속적인 발전을 21세기를 위한 중요한 도전으로 선언했다.

---

* 미국과 국제 금융 자본이 미국식 시장 경제 체제를 개발 도상국 발전 모델로 삼게 하자는 합의.

그러나 1994년 4월 모로코 마라케시에서 열린 세계 무역 회의는 새로운 세계 무역 협정을 결의하고 세계 무역 기구WTO를 창설했다. 세계 무역 기구의 성립으로 상품과 자본과 서비스에 대한 전 지구적 경제 자유화는 차후에 모든 정치적 경제 활동이 따라야 하는 일종의 세계 경제 규약으로 선언되었다. 심지어 국제적인 환경 보호 또는 노동 재해 방지 협정보다 우선 적용되는 효력마저 요구했다. "세계 무역의 자유가 환경 보호보다 먼저인가?"(니나 셰어Nina Scheer)라는 질문이 성문화되고, 행복감에 젖어 경제의 세기Jahrhundert der Ökonomie가 선언되었다.[45] 이와 같은 우선순위가 확립되는 것과 함께, 재생 가능 에너지로의 변화를 위한 정치적 발의들이 경제 자유주의적 교의와 일치해야 한다는 요구가 나타났다. 마치 이 교의가 에너지 변화 자체보다 중요한 것처럼 말이다. 예컨대 세계은행은 독일 재생 가능 에너지 법안을 여전히 부정적으로 평가했다. 이 법안이 재생 가능 에너지를 정치적으로 가장 유리하게 활성화할 수 있는 단초로 입증된 지 이미 오래인데도 말이다. 무역의 자유와 '의제 21'을 의결한 주체가 똑같은 정부들이었으니, 사실상 정치적 정신분열증을 드러내는 것이나 진배없다.

시장을 지배하는 전통적인 에너지 공급 세력은 '시장의 정확성 market correctness'이라는 기준을 근거로 내세우면서 스스로 에너지 시장의 수호자인 척했다. 이들은 법률로 도입되는 에너지 시장의 자유화 과정에서 약간 주저하더니, 재생 가능 에너지라는 신참에 비해 자신들의 입장이 비교할 수 없을 정도로 유리하다는 사실을 깨달았다. 그 이후로는 이중 플레이를 하고 있다. 정치적 특혜를 통해 얻은 지위를 수호하는 동시에, 재생 가능 에너지에 대해서는 시장 독단론을 펼치고 있다. 전통적 에너지는 그 엄청난 생산량 덕분에 비용 절감이 가능했다. 그래서 생산량이 아직 보잘것없는 재생 가능 에너지에 비하면 시장에서 유리하다. 그런데 여기서 결정적인 경제적 차이가 쉽게 간과된다. 화석 연료는 초과 소비할수록 가격이 올라간다. 연료가 제한돼 있어 빠듯해지기 때문이다. 반대로 재생 가능 에너지 기술의 대량 판매 시장mass market에서는 연료의 가격이 내려간다.

신자유주의 경제관의 중요한 특질은 다른 (마찬가지로 별개인 것처럼 보이는) 제품들과 대조되는 단일 제품의 경제성 요인에 맥락 없이 집착하는 것이다. 그다음에 시장에서는 이 제품들 간에 경쟁이 벌어진다고 여긴다. 이런 비용 비교는 겉보기에 이데올로기가 없고 목적에 적합하게 간명하다는 인상을 불러일으킨다. 제품들의 유래, 각각의 시스템적인 의미, 사회와 생태계와 경제에 생기는 상이한 결과 등에 대한 의문은 서서히 없어진다. 이와 함께 이런 단색의 시장관이 굳어져, 자신과 남들을 우둔하게 만드는 대단히 근시안적인 이데올로기가 된다. 필연적으로 미래의 가능성 또한 부족해진다. 중장기적으로 부득이 필요한 것이 시장의 꼼수에 의해 단기간에 갑작스레 무너진다. 신자유주의적 경제관은 아주 명백히 자폐적 특징을 지닌다. 일부 합리적인 이론적 추론을 실제로 따르면, 비합리적인 결과가 나올 수밖에 없다. 그래서 프랑스의 경제학자들은 이미 '자폐증 이후의 경제를 위한 협회Gesellschaft für post-autistische Ökonomie'를 설립했다. 뒤늦은 감이 있는 지적 방어인 셈이다.

에너지 시장의 신화에 대한 이런 방어는 특별히 반드시 요구된다. 비교할 수 없는 것을 똑같은 시장에서 경쟁시키는 것은 여러 가지 관계에서 보더라도 경쟁의 평등Wettbewerbsgleichheit 원리에 위배된다. 이 원리가 실현되지 않으면, 모든 시장 경제적 질서는 왜곡되고 만다. 시장의 평등이라는 원리와 객관적인 비교가 가능하다는 기본 조건에서 출발하면, 전통적 에너지와 재생 가능 에너지 사이에는 시장이 불일치하는 네 가지 지점이 있다. 재생 가능 에너지를 오직 에너지 시장에서 그것도 전통적인 에너지와의 경쟁에서 관철시키려 하거나, 재생 가능 에너지를 (초기에는 시장을 지원한 후) 가급적 빨리 시장에 풀어놓으려는 온갖 시도, 이로써 재생 가능 에너지의 도입에 제동을 걸고, 전통적 에너지 경제의 생존을 인위적으로 연장하려 한다. 또 시장의 불일치는 재생 가능 에너지가 비용 면에서 더 저렴해질 때에도 전통적인 에너지를 시장에서 걷어 낼 수 있으려면, 비용 경쟁력만으로는 충분치 않은 이유를 말해 준다.

3-1. 경쟁 이야기

전통적인 에너지 공급과 재생 가능 에너지 사이에 경쟁의 평등이라니, 사실 말도 안 되는 얘기이다. 전통적인 에너지는 백 년 이상 다양한 방법으로 정치적 지원을 받았다. 법률과 여타의 특혜를 통해 아직도 거의 믿어지지 않을 만큼 대규모로 직간접적인 보조를 받고 있다. 독일의 예만 들자면, 광업법과 수십 년간 탄광업에 투입된 수조에 달하는 보조금, 에너지 콘체른의 거의 모든 개발 비용을 떠맡았고 오늘날까지 책임 부담을 안고 있는 원자력 기술 지원 및 원자력 법안의 지원 등이 여기에 속한다. 최종 처리용 면세 예비비의 재정적 규모는 그 사이에 300억 유로를 넘었다. 이 금액은 임의적으로 사용해도 되므로 사실상 세금이 면제된 이익을 나타낸다. 핵연료에 대한 면세와 원자력 발전소 건설에 대해 이자율 혜택을 받는 신용 대부도 직간접적인 보조에 해당된다. 원자력 대형 연구 센터들에 대한 자금 지원은 비교가 안 될 정도로 엄청나다. 1957년부터 유럽 원자력 공동체EURATOM와 국제 원자력 기구를 위해 지불한 회비(독일의 분담금만 보더라도 총액이 130억 유로를 넘는다.)도 마찬가지이다.

법률적 특혜들은 전기 및 가스 공급에 관한 한 수십 년간 모든 경쟁을 차단하는 지역 독점에서부터, 대형 발전소의 가동과 넓은 공간에 걸친 가스 공급의 진척을 도와주는 자유로운 도관 건설에까지 이른다. 오늘날까지도 연료의 수입은 주로 관세가 면제되는데, 이는 정치적 혜택을 입은 것이다. 세계적으로 통하는 최대 규모의 간접적 지원은 선박 연료 및 비행 연료에 대한 세금 면제이다. 이로 인해 발생하는 각국의 연간 세금 포기 금액은 미화 3,000억 달러를 넘는다. 이 모든 것이 합쳐져, 에너지 경제의 집중화 과정이 촉진되었고 독점 구조가 생겨났다. 또 이 독점 구조 때문에 독점 이익이 가능해진다. 독일의 전력 콘체른 네 개만 보더라도 독점 이익은 연간 약 200억 유로에 달한다. 1996년 유럽 연합 차원에서 도입된 전력 및 가스 시장의 자유화는 이와 같은 발전을 막지 못하고 오히려 촉진시켰다. 이런 배경을 볼 때, 재생 가능 에너지의 시장 관철 요구와 재생 가능 에너지를 위한 진흥 법안이 시장에 위배된다고 매도하는 것은 명백히 철면피한 태도이다.

재생 가능 에너지에 맞춘 시장 법안들은 재생 가능 에너지의 발전을 위해 불가피한 전제이다. 이들 법안은 시장 경제적 원리를 전혀 위반하지 않는다. 오히려 전통적인 에너지 경제에 주어졌고 또 지금도 그러한 어마어마한 지원 및 특혜를 똑같이 보장하는 것이다. 이 법안들은 시장 경제적 상황을 가져오는 수단이다. 사라져 버린 다양한 공급자를 다시 늘리고 수요의 다른 욕구들을 충족시키기 때문이다. 이에 대한 유일한 대안은, 전통적인 에너지에 존속하는 모든 특혜를 즉시 끝내고, 에너지 콘체른에 지불한 보조금을 추후에 반환하도록 요구하는 것이라고도 한다. 그런데 이 보조금은 정확히 계산할 수도 없고, '반환'의 실행도 가능하지 않다. 그렇다면 재생 가능 에너지에 대한 시장의 특혜가 있을 때 양심의 가책을 느낄 어떤 이유도 없다. 그 반대로, 그리해야만 종래의 불균형과 독점적 상황이 극복될 수 있다.

3-2. 고려되지 않고 있는 것, 사회적 비용

이론에 따르면, 시장의 경쟁은 사회적 기능을 지닌다. 공급자의 생산성을 높여 주고, 수요자에게는 비용을 낮춰 주며, 투자의 최대 배당으로 이어지기 때문이다. 그러나 이는 사회적 기능을 갖는 제품들에만 적용될 수 있다. 핵/화석 에너지에 대한 가격이 그 '생태학적 진실ökologische Wahrheit'(에른스트-울리히 폰 바이츠제커)을 표현하지는 않는다는 것은 오래전부터 잘 알려져 있다. 종래의 에너지 경제는 오늘날 지속적으로 사회로부터, 그리고 환경 훼손의 장기적인 영향 때문에 다음 세대들로부터도 지원을 받는 셈이다. 정확하게 계산할 수는 없지만 그 규모는 엄청나다. 이 점은 에너지 경제적인 고려에서 간과되기 쉽다. 이는 어떤 사회적 비용(건강 손상, 산림 훼손, 수해, 토양 훼손, 광업 활동으로 인한 피해, 종의 다양성 감소, 기후 변화에 의해서도 점차 야기되는 폭풍과 홍수와 가뭄으로 인한 피해)이 고려되는가에 따라 그

리고 그 평가에 따라 경영학적인 내부 에너지 비용의 열 배 내지 스무 배까지 달한다.[46]

재생 가능 에너지의 몇몇 생산 형태에서도 사회적 비용은 발생한다. 대체로는, 바이오매스가 새로운 재배를 통해 보충되지 않는 동안 바이오매스를 에너지로 이용하는 경우, 또 화학 비료와 농약을 지나치게 많이 투입하는 단식 재배로 에너지 작물을 재배하거나, 유전자 조작된 종자를 투입하는 경우이다. 또한 대형 저수지를 조성할 때, 그리고 이것과 결부되어 넓은 공간에 걸쳐 지대와 강의 진로를 침해할 때에도 발생할 수 있다. 그러나 이런 문제들은 지속적인 재배 구상의 전제하에 전반적으로 방지될 수 있거나, 어쨌든 핵/화석 에너지 공급의 피해에 비하면 극히 작다는 것이 결정적으로 다르다. 구舊 에너지들의 경우에는 사회적 비용이 현저하며 피할 수 없다.

외부 효과가 있어 보았자 미미한 재생 가능 에너지가 에너지 시장에서 사회적 비용이 상당한 전통적 에너지보다 비싸다는 것은 역설적이다. 다른 제품들에서는 이런 모순들을 더 이상 용납하지 않은 지 이미 오래되었다. 가령 오염된 식수든 깨끗한 식수든, 오염 물질이 들어 있는 유아식이든 오염 물질이 없는 유아식이든 똑같이 시장 진출의 기회를 요구한다면 엄청난 저항에 부딪힐 것이다. 또 소나 돼지에 바이러스 전염병이 돌 때는 주민의 보호를 위해 일괄적인 대량 도축의 처분이 내려졌다. 그러나 에너지 시장 감시자들에게는 이런 고려가 낯설다. 심지어 시장에 위배된다고 비난받는다. 사회적 후속 비용이 없거나 적은 에너지 공급에 대한 정치적인 시장 특혜는, 결국 핵/화석 에너지의 사회적 비용을 중요하게 여기는 사회적 시장 경제를 조성하는 요소이다.

예컨대 독일의 재생 가능 에너지 법안은 재생 가능 에너지로 생산된 전기의 마케팅을 우위에 놓고, 모든 전력 소비자가 지불하는 가격 보상을 보장한다. 따라서 이 법안은 사람들이 되풀이하여 비난조로 주장하는 것처럼 국가의 보조금 지원을 전제하지 않는다. 사실은 오염 물질의 배출 없이 자원을 보호하면서 생산된 전기에 대한 환경 보너스environmental bonus이다. 또한 고갈되지 않는 본거지에서 생산되기 때문에 에너지 보장이 더 확실해지므로 에너지 보장 보너스energy security bonus인 셈이다. 이 보너스는 재생 가능 에너지로 만들어지는 전기를 머지않아 전통적인 에너지 가격 수준으로 얻게 되어도 꼭 필요한 부분이다. 그러나 재생 가능 에너지의 많은 주역들도 제기하는 이런 요구는 거의 먹히지 않을 것이다. 그러면 사회적으로 유해한 에너지는 사회적으로 유용한 에너지보다 값이 많이 나가지 않을 것이다. 여전히 원칙적으로 서로 다른 것이 그 경제적 가치가 같다고 선언될 것이다.

따라서 종래의 에너지가 여전히 관련되어 있는 한, 오염 물질이 적거나 없는 에너지에 대한 가격의 이점은 정치적으로 계속 보장되어야 한다. 이는 재생 가능 에너지 법안 같은 도구를 통해서나, 사회적 비용을 예방한 만큼의 세제 혜택을 통해서만 가능하다. 그런 다음에야 비로소 시의 적절한 사회적인 시장 질서가 생길 것이다. 재생 가능 에너지에 부여되는 시장의 우선적 지위는 잠정적인 특별 해결책으로만 볼 것이 아니라 이런 시장 질서의 요소로 이해되어야 한다. 이로써 모든 전력 소비자는 재생 가능 에너지가 전력 공급에서 차지하는 몫만큼 자동적으로 생태적 전력 소비자가 된다. 이런 구매 의무purchase obligation는 결코 이례적인 것이 아니다. 정부 보

조금subvention이라는 개념은 의도적으로 헷갈리게 하려는 속임수나 다름없다.[47]

건물용 에너지 절약 규정, 법적으로 규정된 자동차 책임 보험·주택 보험·의료 보험이나 쓰레기 처리 요금 등을 건축업계와 보험 회사나 쓰레기 수거 회사를 위한 정부 보조금이라고 부르는 사람은 없다. 항상 문제가 되는 것은 공적 자산이다. 공적 자산은 모두에게 중요하고, 따라서 자금 조달 분담금을 자발적으로 내는 것을 개인의 결정에만 맡겨서는 안 된다. 이는 특히 재생 가능 에너지에 적용된다. 이런 점을 고려하지 않는 시장 이론가들의 말은 현실과 거리가 멀다. 신자유주의적이라고 거론되는 것은 사실상 미시 경제적인 단초를 가지고 거시 경제적인 문제를 풀려고 하는 쓸데없는 시도이다. 에너지 공급에서 이런 단초는 결국 에너지 요금 계산서 이상으로, 사회의 생존 가능성을 심각하게 해치는 상당한 사회적 비용을 초래한다.

3-3. 비호되는 소수 독점

핵/화석 에너지 경제가 시장 경제적 원칙에 따라 작동한다고 진지하게 주장하기는 어려울 것이다. 에너지 공급은 자유화가 논의되기 전만 해도 지역 독점 때문에 위험 부담이 없는 계획 경제적 상태에 있었다. 에너지 콘체른은 자유화에서 특히 기업 활동의 공간 확대에 대한 기회를 보았다. 유럽 위원회는 모든 유럽 연합 회원국들을 고려하는 공동의 전기 및 가스 시장을 목표로 삼고, 유럽 연합의 내부 시장에서 경쟁자들에게 주어질 자리는 어차피 일곱 개에 불과할 것이라고 했다. 이 경쟁자들이 유럽 연합 전역에서 시장성이 있으려면 전력 기업들의 집중이 필요하다고 했다. 전력 부문에서는 경쟁의 이유 때문에 전력 생산과 송전망과 판매망의 분리가 규정되긴 했지만, 소유주의 해체는 포기되었다.

스웨덴과 네덜란드 같은 소수의 회원국만 송전망과 판매망을 공기업의 수중에 두어야 한다는 결론을 끌어냈다. 생산업자들이 송전 비용에서 경쟁자들에 비해 유리한 입지를 얻으려고 송전망과 판매망을 오용할 수 없도록 말이다. 그러나 이러한 특혜는 더 저렴한 송전 요금을 통해서만 가능한 것이 아니다. 송전망의 확대를 거부하거나 주저하는 것을 통해서도 가능하다. 송전망이 연결되지 않으면 전기를 공급할 수 없는 경쟁적인 생산자들을 배제할 수 있기 때문이다. 많은 새로운 생산업자들이 이례적인 장소에 등장하는 것은 1980년대와 1990년대의 자유화 법안들에서는 고려되지 않았다. 그때만 해도 재생 가능 에너지가 전통적인 전력 공급과 비교적 큰 규모로 경쟁 가능하다는 것은 상상할 수 없는 일로 여겨졌다.

그럼에도 전력 소비자가 전력 공급자를 바꿀 수 있는 전력 시장이 점차 발전했다. 그런데 동시에 공급자 측에서 집중화 과정이 빨라졌다. 프랑스의 EdF 같은 국영 독점 기업들은 다른 나라들로 사세를 확장할 수 있었다. 독일에서는 비교적 큰 전력 콘체른들이 지역 및 자치 단체의 기업을 모조로 사들였다. 이로써 전력 콘체른은 지역 독점이 법적으로 폐지되었음에도 시장 지배력market power을 오히려 확대할 수 있었다. 규제 당국이 전력망 사용료를 통제하지 않는 동안, 전력 콘체른은 낮은 전기 요금을 통해 경쟁적 입지의 확대를 꾀하면서 그 대신 전력망 사용료를 인상했다. 이런 구상이 독일에서 (나중에는 다른 유럽 연합 국가들에서) 2005년 도입된 연방 전력망 기구Bundesnetzagentur 때문에 줄어든 이후 전기 요금이 상승했다. 발전소와 전력망 유지를 위한 새로운 투자는 이윤 추구에 대한 기대감이 낮아지면서 아주 드문드문 나타났다. 그 결과, 모든 민영화에서 관찰될 수 있는 것처럼 발전소의 노후화와 전력망의 관리 소홀이 발생한다. 예컨대 철도나 물 공급의 민영화에서처럼 에너지 공급 외에도 다른 문제가 생긴다.

이런 발전은 오래갈 수 없었다. 전력 경제가 에너지 변화의 필요에 맞출 것인지, 아니면 새로운 투자, 즉 대형 발전소의 신축과 그에 상응하는 전력망 투자를 통해 기존의 구조를 고수할 것인지 갈등에 빠지는 것은 불가피했다. 이런 상황에서 특히 자치 단체의 에너지 공급 기업들은 구조 변화에 대해 적극적인 지지파가 될 수 있는 기회를 포착한다. 이들 기업은 재생 가능 에너지와 열 병합 발전의 확대와 함께, 지난 수십 년 동안 밀려났던 생산업자 역할을 다시 도맡을 기회를 엿본다. 그에 반해 대형 에너지 콘체른은 대형 발전소의 시스템과 이와 연관된 에너지 공급망을 뿌리내리게 하는 것뿐만 아니라, 해상 풍력 발전 단지Offshore-Windpark나 태양광 대형 발전소 같은 대규모 프로젝트 형태로 자기 구조에 적합하게 재생 가능 에너지가 전력을 생산하는 것에 기대를 건다.

기존 에너지 경제는 표리부동한 짓을 벌인다. 한편으로는 대안들을 평가절하하고 다른 기업을 사들여 사세를 확장하는 데 시장 메커니즘을 이용할 수 있는 지금, 에너지 시장을 들먹인다. 다른 한편으로는 "전체의 이익을 위하여", 그러나 사실은 에너지 경제의 이익을 위하여, 정부가 잠재적 경쟁자를 후원하지 못하게 막아야 한다고 주장한다. 시장 경제 기준에 따르면 뻔뻔스런 요구이다. 그러나 많은 이들은 이 점을 전혀 의식하지 못한다. 그들이 에너지 콘체른의 우세를 국제화했기 때문이다.

전력 콘체른이 요구한 '계획 보장'은 정치적 비호의 존립을 원하는 갈망일 뿐이다. 이런 이유에서 전력 콘체른의 행동 표본은 다음 슬로건처럼 정의할 수 있다. "계획은 가능한 한 많이, 경쟁은 정치가 요구하고 계획을 위해 유리한 만큼만." 게다가 모든 진짜 경쟁은 대형 에너지 콘체른의 (정치 지원을 받는) '글로벌 플레이어global player'에 의해 배제된다. 에너지 콘체른은 국제적 합병과 인수를 통해 이 역할을 강화하려 한다. 이때 돈벌이 사슬은 가급적 에너지 채굴에서부터 연료 운반을 거쳐 발전소와 정련소, 실용 에너지 수송에까지 이른다. 심지어 대부분 채굴국 소유의 채굴 회사가 비교적 긴 과정에 개입하는 결정권을 누린다.

에너지 공급의 '시장 경제적' 자유화가 지니는 세 가지 기본 오류는 다음의 사실에서 확실히 알 수 있다. 첫째, 잘 돌아가는 에너지 시장의 생성을 위해 불가피한 전제였을 에너지 경제의 해체가 포기되었다. 그 결과 이전에 미처 몰랐던 속도와 엄청난 규모로 집중화가 이루어졌다. 점점 더 소수의 공급자에게로 몰리기 시작한 것이다. 둘째, 공간적으로 제한되고 고갈되는 전통적 에너지의 매장량이 국제적 기반 시설 수요와 자유로운 시장 상황을 위한 장기적인 대규모 투자에 너무 유연하지 못하다는 점이 고려되지 않았다. 셋째, 세계의 어떤 정부도 에너지 공급에 지장을 초래하면 안 된다는 점이 간과되었다. 그리되면 모든 바퀴가 멈춰 서기 때문이다. 재생 가능 에너지가 아닌, 전통적인 에너지와 에너지 수입을 기반으로 하는 '자유로운 에너지 시장'은 환상일 뿐이다.

3-4. 전통적인 에너지 공급 비용의 함정

특히 지난 몇 년 동안 계속된 석유, 천연가스, 석탄 등의 가격 상승이 이것을 증명한다. 그 상승폭은 서서히 올라가는 채굴 비용을 웃돈다. 채굴 비용은 필연적으로 대단히 차이가 나기 때문에, 1차 에너지 공급자들의 가격 요구는 비교적 가장 높은 국제적 채굴 비용에 맞춰 이루어진다. 시장 붕괴를 초래하지 않고 수요자 측에서 지불할 수 있는 정도의 가격이 요구된다. 제한된 매장량 때문에 불가피하게 국제화된 전통적 에너지 경제는 재생 가능 에너지로의 변화를 통해서만 극복될 수 있는 '자연스런 독점적 지위' 상태에 있다. 채굴국과 공급 회사는 에너지를 수령하는 국가들에서 사라지는 자본을 획득해 점점 더 많이 축적할 수 있다. 채굴국과 대부분 국영기업인 공급 기업은 그 자본으로 다시 수요국의 기업에 출자하여 주주가 된다. 그 규모가 에너지 경제의 범위를 훨씬 넘어서면서 세계 경제의 비중이 옮겨진다. 이 점을 간과하는 에너지 경제 분석가들은 오랫동안 기업에 종사하며 타성에 젖어 비판 정신을 잃었다. 독점적 지위의 수익률을 지향하는 공급자는 투입 비용이나 충족하는 적정한 가격 요구와 제한적인 이익 상승만으로 만족하지 못한다. 경제사에서 그런 경우는 없었다.

시장 안정적인 계획 경제로서만 존재할 수 있는 초국가적인 에너지 경제는 전통적인 에너지의 매장량이 고갈되고 있음에도 성장하는 것이 아니라, 바로 그 고갈 때문에 성장한다. 전통적인 에너지 시스템이 저무는 단계에서는 여타의 전통적 에너지 경제 전체를 좌우하는 1차 에너지 경제의 규모와 영향력이 커진다. 원산지를 소유한 쪽이 논란의 여지 없이 막강한 시장 지배력을 갖는다. 그 힘은 예컨대 이라크 전쟁에서 보듯이, 채굴국에 대한 군사적 개입을 통해서나 부술 수 있거나 아니면 당사국 정부와의 긴밀한 협력이나 매수를 통해서나 참여할 수 있어 보인다. 채굴국은 자국의 이익을 위해 원산지의 신속한 채굴을 포기한다. 이로써 공급량 부족을 통해 가격을 높이 유지하는 동시에, 이것을 석유 수출국 기구OPEC*처럼 공동으로 하는 경우 매장량을 아껴서 쓸 수도 있다. 에너지 가격을 내리기 위해 채굴 비율을 높이라는 수입국의 요구는 괴로운 속수무책과 정치적인 착상이 부족함을 드러낼 뿐이다.

다른 나라의 경제재를 수입할 필요가 없는 재생 가능 에너지로의 변화를 통해서만 이 역사적인 시장의 덫에서 벗어날 수 있다. 그리고 재생 가능 에너지로 전환할 때에만 에너지 공급이 사실상 시장 경제적으로 조직될 수 있다. 원산지가 고갈되지 않고 기술이 증강될 수 있기 때문이다. 물론 이런 전환은 앞에서 언급한 이유들 때문에 현재의 에너지 시장으로써는 이루어질 수 없다. 지금의 에너지 시장에 존재하는 전통적인 에너지와 재생 가능 에너지 사이의 불평등은 부분적으로만 교정이 가능할 뿐이다.

4. 시민의 정치적 용기 박약: 미래를 걸고 도박하다

현재 에너지 공급의 중앙 집중적인 단식 구조에 대한 대안은 전반적으로 분산된 다원 구조이다. 기존 에너지 콘체른이 온갖 수단을

---

* 1960년 석유 수출국들이 국제 석유 자본에 대한 발언권을 강화하기 위해 결성한 조직.

써서 자기 시스템을 고수하려 드는 것은 놀랄 일이 아니다. 실제로 중요한 것이 체제 유지라 해도, 에너지 변화를 늦추라고 압박하며 사실상의 제약factual constraint을 내세우는 것은 에너지 콘체른의 전제와 일치한다. 에너지 콘체른이 펼치는 표면적으로만 그럴듯한 논거는 습관, 사고의 타성, 획일화, 무관심, 새로운 것에 대한 불분명한 두려움 등을 겨냥한다. 이와 함께 현재를 통해 미래를 걸고 도박하려 한다.

그래서 에너지 콘체른은 국제적인 조화를 장황하게 변호하며, 자칭 국제적 고립으로 이어지는 성급한 독자 행보를 경고한다. 하지만 프랑스가 오랜 건축 기간을 요하는 원자력 발전소로 해낸 것을, 신속하게 설치 가능한 재생 가능 에너지 시설로는 왜 할 수 없겠는가. 원자로가 처음 가동된 1977년과 1987년 사이에 (즉 불과 10년 이내에) 프랑스는 39개의 원자력 발전소를 가동하여, 당시에 이미 전력 공급 전체의 50퍼센트를 조달했다. 새로운 에너지 형태에 대해 늘 뭐라 왈가왈부했지만, 프랑스가 이 문제 때문에 국제적으로 고립되지는 않았다.

재생 가능 에너지에 '그 나름의 환경 문제'가 있으리라는 경고도 이중적이다. 그리하면 핵/화석 에너지의 실질적인 위험이 얼버무려질 테니 말이다. 그런데 모두가 죄인이라는 복음을 통해 가장 큰 문제가 가장 작은 문제와 동일시된다. 마치 (은유적으로 표현하면) 흉악 범죄와 소매치기 사이에 어떤 도덕적인 차이도 없는 것처럼 만든다. 주민들 사이에 '재생 가능 에너지에 대한 저항도' 있다는 발언이 이와 같은 선상에 있다. 마치 그 저항의 이유들이 핵에너지 또는 화석 에너지 시설에 대한 저항의 이유들과 똑같이 중대하며 이미 널리 퍼져 있고 상당히 근거 있는 것처럼 부풀린다. 여론 조사에 따르면 적어도 독일에서는 국민의 겨우 10퍼센트 미만만이 새로운 화력 발전소나 원자력 발전소를 지지하지만, 재생 가능 에너지의 계속적인 신속한 확대는 무려 90퍼센트 이상이 지지한다. 그리고 집 근처에 풍력 발전 시설을 설치하는 것에도 60퍼센트 이상이 동의한다.[48] 그럼에도 풍력 발전 시설이나 수력 발전 시설에 대한 지역적 저항을 전적으로 이해한다는 식의 보고가 곧잘 인용된다. 반면에 다른 한편으로는 정부가 온갖 저항을 무릅쓰고 대형 발전소와 고압선의 건설을 관철시키기를 기대한다. '전체의 이익'이란 이름으로 말이다.

재생 가능 에너지의 에너지 가격이 비교적 높고 그로 인해 '공급의 안전 보장'이 위태로워지는 것을 조심하라는 상습적인 경고는 특히 비열하다. 이러한 경고는 핵/화석 에너지의 위험이 이미 긴급하고 더 커질 것이 불 보듯 뻔한 상태를 경고하는 모든 논쟁을 압도하여, 그 위험을 인지하지 못하도록 할 것이다. 연 수익이 대단히 높은 수십억대 상당의 일부 에너지 콘체른은 사회적 관심사의 대변인인 것처럼 행동한다. 이는 다른 사람들과 미래 세대에 부담이 되는 이기주의를 부채질하려는 시도로, 사회를 모욕하는 일이다. 변화에 대한 두려움 때문에 사회의 다수가 재앙의 위험을 무릅쓸 용의가 있다고 무고하는 것이다.

그런데 이들의 방법은 공공연히 끊임없이 영향을 끼치고 있음에도 불구하고 점점 쓸모가 없어진다. 재생 가능 에너지는 실천적 응용률이 높아질수록 점점 더 널리 유포된다. "인접 지역에서 이루어지는 에너지 생산을 아주 좋다, 또는 좋다"고 여기는지 묻는 한 여론 조사에 따르면, 태양 에너지 공원solarpark과 관련해서는 74퍼센트가 "그렇다"고 답했다. 또 풍력 발전 단지wind park와 관련해서는 56퍼센트가, 바이오매스 시설과 관련해서는 40퍼센트가 그렇다고 했다. 하지만 화력 발전소와 관련해서는 단 6퍼센트만, 그리고 원자력 발전소의 경우에는 5퍼센트가 좋다는 답변을 했다. 이 수치는 거의 5,000명의 개인을 대상으로 한 조사를 토대로 산출한 것이다.[49] 독일에서는 재생 가능 에너지 법안을 통한 재생 가능 에너지의 활성화가 전기 요금 상승으로 이어졌고 앞으로도 몇 년 더 그러리라는 점을 누구나 알고 있다. 재생 가능 에너지는 전력 소비자가 구입한 전력의 전체 가격에 비하면 비교적 값이 싼데도, 언제나 너무 비싸다는 비방을 듣는다. 그럼에도 재생 가능 에너지 법안은 점점 더 널리 유포되었다. 재생 가능 에너지가 희망의 담지자이기 때문이고, 일시적인 과다 비용이 에너지 변화에 기여한다는 것을 사람들이 알고 있기 때문이다. 거짓 선전은 대개 실패하는 법이다.

그런 만큼 정부와 의회와 정당으로 하여금 기존 에너지 시스템 주체들의 관심사와 이해관계를 더 많이 고려하도록 부추기고 유인하는 것은 대체 무엇이냐는 질문이 제기된다. 이러한 의구심은 그 시스템이 실제로 위험한 상황을 용인할 때보다 더 거세진다. 재생 가능 에너지에 대한 온갖 신념 고백에서도 그리고 재생 가능 에너지에 대한 호의적인 참여에서조차, 기존 중앙 집중적인 구조의 여전히 포기할 수 없는 두드러진 가치가 인정된다. 재생 가능 에너지의 분산적 구조가 에너지 경제적으로 커지고 성장하기 전에는 유년기 단계에 불과한 것처럼 말이다. 에너지학 및 환경학, 환경 단체 및 재생 가능 에너지 단체에서 활약하는 재생 가능 에너지의 적극적인 주창자들의 견해에서도 이런 입장을 만날 수 있다.

그 이유들은 공통점도 없고 심리적인 것에까지 이른다. 한편으로는 정보 숙달이 부족한 탓이고, 다른 한편으로는 과학 기술의 발전을 과소평가한 때문이기도 하다. 또 일부 사람들의 이해관계가 연관성에 대한 판단을 가로막기도 하고, 구조 속에서 생각할 수 없는 무능력 때문이기도 하다. 기존 에너지 공급자들에 대한 아마도 무의식적인 기본 신뢰가 이유가 되는 경우도 적지 않다. 즉 전통적인 에너지 공급의 전승된 위엄에 대해 내면화된 경외심 때문이다. 전통적인 에너지 공급이 생태적 세계 에너지 위기의 주범이라 해도 말이다. 그러나 필자가 받은 인상에 따르면, 기존 에너지 시스템의 전제와 관련해서는 세 가지 동기가 특히 중요하다.

첫 번째 동기는 정치학자 마르틴 그라이펜하겐Martin Greiffenhagen이 때마다 존속하는 것이 지니는 심리적 이점에 관한 연구서에서 설명한 정치적 보수주의이다. 시스템 변화를 지지하는 사람은 아직 구체적으로 입증할 수 없는 것을 증명해야 한다. 즉 새로운 것이 이미 입증된 것으로 보이는 것보다 더 낫다는 것을 증명해야 한다. 이는 기존 에너지 기업이 선점의 측면에서 심리적으로 우위에 있음을 말해 준다. 그래서 입증된 것처럼 보이는 것에 더 이상 미래가 없다는 것을 자꾸 반사적으로 잊게 된다. 대형 구조의 기존 에너지 시스템은 기만적인 안전 욕구를 들먹이며, 대안들에 대한 불안을 부추긴다. 그러나 구조를 보존하려는 경향은 과학 시스템에도 내재하고 있다. 과학자들은 과학성이 부족하다는 비난을 받지 않기 위해 공론을 피하려 하기 때문에, 새로운 한정 조건에 관여하고 새로운 과학 기술과 씨름하는 대신 종종 차라리 기존 구조에 프레임을 맞추곤 한다. 이는 많은 연구서와 시나리오를 통해서도 간접적으로 알 수 있다.

두 번째 동기는 기존의 에너지 경제만으로도 에너지 변화가 가능하다는 생각에서 나온다. 그러니 기존의 에너지 경제와 합의해야 한다는 것이다. 그렇게 하지 않으면 '비현실적'이라고 간주된다. 이런 견해는 특히 정치가들 사이에 퍼져 있다. "에너지 경제에 시비를 건다면 한 발도 더 나아가지 못할 거요." 필자는 이미 이런 말을 종종 들었다. 결코 그리해 본 적이 없고 따라서 거의 어떤 것도 움직이지 못하는 정치가들로부터 말이다. 제압할 수 없다고 여겨지는 에너지 권력에 맞서 재생 가능 에너지의 도입이 대단한 성공을 거둔 것은 경험적인 사실이다. 그것은 정치적 현실주의였다. 이를 위해 방해받지 않고 행동할 수 있고 처지를 (즉 아직 감가상각 되지 않은 오랜 투자와 이와 연관된 시스템 투자를) 고려하지 않아도 되는 자만이 가능한 전속력으로 빨리 나아갈 수 있다. 제대로 작동되는 에너지 시스템에 대한 모든 투자가 동시에 감가상각 되는, 이론적으로 산출 가능한 시점은 결코 없다. 이런 투자는 등급별로 이루어지고 수명에도 차이가 나기 때문이다. 전통적인 에너지 경제의 시스템 역량은 예전의 투자와 최근의 투자가 섞인 혼합물이다. 따라서 점차 이행되는 것 외에 어떤 다른 전략도 추구할 수 없다. 그 결과, 지금쯤 이미 가능했을 것을 항상 유예하게 된다. 그래서 이 시스템에 편입되지 않은 새로운 활동가들만이 에너지 변화의 추진 세력이 되고, 발의를 통해 에너지 콘체른을 새로운 발전에 적응시키도록 강제할 수 있다. 발의가 성공한 것은 항상 발의의 구상이 "시스템에 어긋나고", 새로운 활동가들이 정치와 경제와 사회에서 주도권을 장악할 때였다.

세 번째 동기는 '대大'와 '소小'의 상이한 암시 작용에서 나온다. 큰 것(대 프로젝트, 대형 발전소)만이 진지하게 고려된다. 수많은 작은 발의들은 함께 더 많이 움직일 때조차 끼지 못한다. 따라서 에너지 변화와 관련하여 '대'와 '소'가 무엇인지 인식하는 것이 중요하다. 큰 수요와 대형 발전소는 같은 의미가 아니다. 대기획만이 에너지 변화를 추진할 수 있다는 것은 맞지만, 그것을 대형 발전소의 건설과 동일시하는 것은 틀렸다. 서로 독자적인 수많은 개별 발의들로 이루어지는 대기획 사례들이 있다. 첫 번째 예는 인도의 서벵골 재생 가능 에너지 개발 기구WBREDA에서 추진하는 마을 전기화electrification 프로그램이다. 이 기구는 5년 동안 3,000개의 마을에 재생 가능 에너지로 전기를 공급했다. 두 번째 예는 방글라데시의 그라민 샤크티 은행Grameen Shakti Bank(이 이름에서 '샤크티'는 '태양'을 뜻한다.)이다. 이 은행은 2004년부터 2012년까지 소액 신용 대출로 정비 서비스와 관련해 태양광 전지 시설 150만 개, 바이오매스 시설 10만 개, 태양열 이용 조리기solar cooker 500만 개를 도입할 예정이다. 세 번째 예는 독일의 재생 가능 에너지 법안이다. 이 법안은 2001년부터 2010년까지 재생 가능 에너지의 전기 공급을 위해 960억 유로 상당의 투자를 창출했다. 이에 반해 전통적인 대형 발전소를 위한 새로운 투자는 같은 기간 동안 100억 유로 미만에 머물렀다.

전통적인 대형 발전소와 심지어 그 신축에 계속 매달리는 주장의 근거는 항상 (시나리오에서 평가된 재생 가능 에너지의 제한적인 몫에서 시작하여) 재생 가능 에너지가 그 몫을 넘어서는 에너지 수요를 어떻게 충족시킬 수 있겠느냐는 것이다. 이것은 독일의 에너지 정책에 대한 논쟁에서 기민련/기사련CDU/CSU과 자민당FDP이 2001년 법안으로

의결된 원자력 하차를 취소하고 새 화력 발전소를 허가하겠다는 번복의 근거가 된다. 원자력 하차를 고수하는 사민당SPD은 두 가지를 다 동시에 포기하는 일이 가능하지 않다는 것을 새 화력 발전소 변호에 대한 근거로 내세운다. 그리고 녹색당Partei der Grünen도 3장에서 보여 주는 것처럼, 대형 구조(물론 재생 가능 에너지와 '슈퍼그리드'로 된 대형 구조)를 포기해서는 안 된다는 입장이다. 원자력 없이, 새 화력 발전소와 CCS 없이 전체 에너지 수요를 어떻게 충족시킬 수 있는가 하는 물음에 대한 답변은 명백하다. 재생 가능 에너지에 필요한 저장 선택권storage option과 함께 재생 가능 에너지의 매우 신속한 확대를 위한 정책이 있어야 한다.

재생 가능 에너지의 신속한 확대를 위한 자연적 잠재력과 과학 기술은 이미 활용 가능하다. 그리고 재생 가능 에너지의 원칙적 우위가 철저히 실행되면, 공급 구조는 재생 가능 에너지의 신속한 확대에 적응해야 한다. 그러면 시스템 기능들 역시 다양하게 분산적으로 조정될 수밖에 없다. 이것은 종종 요구되는 '에너지 정책의 전체 플랜'과는 다른 것이다. 전체 플랜은 재생 가능 에너지와 전통적 에너지의 몫을 수십 년 내내 에너지 경제적인 경제 계획의 형태로 확정하려 한다. 이것을 시도하는 각각의 플랜은 에너지 경제적 및 기술적 측면의 실제 발전 때문에 실패할 것이다.

정치적 행동가들이 에너지 공급의 구조적 혁명화에 돌입하지 못하도록 막는 것은, 정치 기관들 및 정당들에 흔히 직접 (개인들을 통해) 근거를 둔 기존 에너지 경제의 이해관계만이 아니다. 이런 방법들은 오래전부터 잘 알려져 있는데 특히 '후불bezahlt wird später' 원칙에 따른 합법적 매수의 형태가 쓸 만하다고 입증되었다. 물러난 정부와 요직의 관리들이 에너지 콘체른 내부와 주변에서 펼치는 연계 활동을 통하는 방식이다. 이는 몇 가지 사실을 설명해 주지만, 결코 모든 것을 밝혀 주지는 못한다. 비교적 소규모의 인적 범위만을 포착하기 때문이다.

또한 시민의 정치적 용기 부족이, 즉 불가피한 갈등을 피하고 자꾸 '에너지 합의'를 구하려는 시도가 더 큰 이유가 된다. 서로 어울리는 것만을 한데 모을 수 있다. 사회는 대개 정치 대표자 대부분이 생각하는 것보다 범위가 넓다. 모든 정치가들은 스스로 자문해 봐야 한다. 에너지 변화를 매우 일관되게 즉각 시작할 객관적 필요성과 사회의 적법한 기대보다, 기존 에너지 이해관계와의 무력한 일치가 진정 중요하다고 여기는가?

3장
사이비 진보 브레이크 슈퍼그리드
데저텍 및 북해 프로젝트는 새로운 거인증

기존 에너지 콘체른이 갑자기 재생 가능 에너지의 도입을 앞장서서 추진하는
세력이 될 수 있고, 그것을 위해 현재의 이익을 전부 보류할 것이라고 가정할
이유가 있을까? 과연 이들 프로젝트의 배후에는 정말로 무엇이 숨겨져 있으며,
유럽 전력 공급의 중심으로 삼으려는 시도들이 겨냥하는 것은 무엇인가?

매체들에 그저 소개만 되었는데도 벼락 스타처럼 공공연히 유명해진, 재생 가능 에너지를 위한 두 가지 거대한 계획이 있다. 사막 발전소 내지 '해상' 풍력 발전 단지로부터 유럽의 전력 공급을 연결하는 데저텍 프로젝트와 북해 프로젝트가 그것이다. (초)대륙적 신新송전망을 이용하는 프로젝트로서 이 초대형 전력망은 장차 재생 가능 에너지로의 전면 공급을 위해 포기할 수 없는 '슈퍼그리드'라고 찬양받고 있다. 이 두 프로젝트는 (특히 이미 계획된 상호 연결로) 해결할 수 없다고 선언된 태양 전기 및 풍력 전기의 모든 문제를 극복하기 위한 특효약처럼 보인다.

데저텍/트랜스그린

2009년 7월 선보인 데저텍 프로젝트는 사하라와 근동에서 풍력 발전 단지를 둘러싸고 보완된 태양열 발전소의 건설을 목표로 한다. 이 풍력 발전 단지로부터 거리 3,000~5,000킬로미터에 걸쳐 80~100개의 송전 노선을 만들어 유럽 국가들에 전기를 보내기 위함이다. 2050년까지 이런 방법으로 유럽의 전력 공급 중 15퍼센트가 확보되고, 2020년이면 이미 3퍼센트가 달성된다고 한다. 소요 비용은 4,000억 유로로 평가된다. 금액으로는 세계 경제사에서 최대 투자 프로젝트가 될 것이다. 데저텍 프로젝트로 (이것이 이 프로젝트의 핵심 논거인데) 태양 전기의 저장 결함이 극복될 수 있다고 하는데, 계획된 집광형 태양열 발전소CSP, Concentrated Solar Power를 통해 계속 전기를 생산할 수 있어서, 이 태양열 발전소가 앞서 상술한 기저 부하 발전소로 기능할 수 있기 때문이라고 한다.

기술적으로는 가능한 일이다. 사막 지역에는 끊임없이 햇빛이 비치고, 집광형 태양열 발전소가 전통적인 발전소의 전형적인 원리에 따라 작동하기 때문이다. 즉 전기를 만들어 내기 위해 터빈을 가동하는 증기를 생산한다. 발생한 열은 낮 동안 액체 소금 탱크liquid salt tank에 저장되어, 밤에도 전기 생산을 위해 투입될 수 있다. 기술적인 구상은 매혹적이다. 집광형 태양열 발전소는 저장을 통해 지속적인 발전發電이 가능하기 때문에 데저텍 프로젝트에서 가장 중요한 요소이다. 그 주창자들은 전기 요금이 킬로와트시당 유로화로 5센트, 6센트에 불과하리라고 약속한다. 이른바 "경쟁 상대가 없을 정도로" 저렴한 태양 전기라는 것이다. 이들은 또한 송전망과 발전소의 건설로 유럽에 산업 일자리도 생길 것이라고 약속한다. 또 이 지역에서 전력 수출로 이익을 얻을 수 있는 나라들을 위해 에너지 변화와 경제적 개발 원조에 협력하겠다고도 한다.

이 프로젝트의 지지자 범위는 넓다. 뮌헨 재보험 회사 외에도 오랫동안 정반대 입장이었던 단체 및 기업이 한데 모인다. 그것도 재생 가능 에너지의 분산적 구상이나 원자력 발전소 및 화력 발전소와 연관하여 여전히 정반대 입장인 채로 말이다. RWE와 E.ON 같은 전력 콘체른, 로마 클럽Club of Rome*과 그린피스가 참여한다. 또 새로 확장된 재생 가능 에너지 기술 업종 외에 예나 지금이나 원자력 발전소와 화력 발전소 사업에 종사하고 있고 또 계속 그러려고 하는 지멘스Siemens 같은 과학 기술 콘체른뿐만 아니라, 태양 에너지 이용 기술을 전문으로 하는 몇몇 기업들도 참가한다. 정치적 및 매체적 반향은 거의 이구동성으로 긍정적이었다. 유럽 연합 위원회는 독일 연방 정부와 마찬가지로 지원을 확약했다. 또 (그 밖의 에너지 정책적 논쟁을 넘어서) 기민련/기사련과 자민당은 물론이고 녹색당과 (좀 더 소극적인) 사민당까지 독일의 정당들도 나섰다. 많은 기업이 드디어 모두가 하나로 뭉치고 지금까지의 논쟁을 그만둘 수 있는 하나의 프로젝트가 나왔다는 인상을 받았다. "우리는 오늘 세계의 구원을 맹세했습니다." 컨소시엄consortium의 공식 프레젠테이션 때 나온 말이었다.

데저텍 프로젝트는 '독일 중심적으로' 구상되었다. 컨소시엄의 구성에서뿐만 아니라, 산업과 에너지 경제에서 컨소시엄으로 대표되는 기업 이해관계의 표명에서도 마찬가지이다. 그런데 유럽 연합에는 지리적인 이유에서뿐만 아니라 역사적인 이유에서도 지중해권 남부와 동부를 자신의 이익 범위로 여기는 나라들이 있다. 따라서 그런 나라들에서 여타의 발의를 내놓으리라는 것은 이미 예정된 수순이었다. 특히 프랑스가 그랬다. 프랑스어를 모국어로 사용하는 북아프리카, 즉 프랑스의 옛 식민지와 관련되기 때문이다. 그래서 프랑

---

* 1968년 실업가·경제학자·과학자 등이 현대 사회의 여러 문제를 세계적인 시야에서 해결하고자 결성한 국제 미래 연구 기관.

스 정부는 2010년 초에 프랑스 국영 전기 공사EdF의 지휘하에 '트랜스그린Transgreen'* 프로젝트를 내놓았다. 데저텍과 트랜스그린, 이 두 프로젝트의 핵심 요소는 고압 직류 송전망HGÜ, Hochspannungs-Gleichstrom-Übertragungsnetz인데, 거리 1,000킬로미터당 에너지 손실이 교류 송전망일 때 10퍼센트이던 것과 달리 3퍼센트에 불과하다고 한다. 이것이 바로 소위 슈퍼그리드이다.

북해 프로젝트/시텍Seatec

2010년 1월 비교 가능한 공공연한 효과와 폭넓은 지지를 받으며 유럽 연합 위원회 외에 유럽 연합 국가 9개국 정부가 협력해 선보인 두 번째 프로젝트, 즉 '북해 연안국 해양 그리드 계획The North Seas Countries' Offshore Grid Initiative'도 슈퍼그리드에 기대를 걸고 있다. 이 프로젝트에 대해, 데저텍이 야기한 쾌감의 파도에 편승하는 '시텍'이라는 약칭이 고안되었다.

시텍은 북해 연안국들을 노르웨이의 양수 발전소와 하나의 망으로 연결하는 것뿐만 아니라, 특히 장차 유럽의 풍력 전기 생산의 중심이 될 북해 해상 풍력 단지의 확대도 목표로 한다. 유럽 풍력 협회EWEA와 그린피스도 후원자에 속한다. 중부 유럽과 영국은 바람이 약한 시기를 노르웨이 양수 발전소의 도움으로 잘 넘기고, 특히 바람이 생산 집약적으로 부는 시기에는 해상 풍력 설비가 전기를 공급한다고 한다. 이 전기가 펌프를 가동하여 물을 다시 저수지로 들여보낸다. 이 네트워크는 그 밖에도, 지역적으로 바람이 약한 시

---

* 북아프리카와 유럽을 고압선으로 연결하는 사업.

기를 잘 넘기도록 넓은 공간에 풍력 전기가 공급되는 것을 보장해야 한다. 해상 설비들은 비교적 바람이 지속적으로 부는 상황을 예상할 수 있기 때문이다. 수천 킬로미터에 달하는 이 북해 슈퍼그리드의 비용은 어림잡아 약 300억 유로로 평가된다.

열 개의 유럽 콘체른은 이 프로젝트를 위해 동맹을 맺고, 서로 '슈퍼그리드 친구들Friends of the Supergrid'이라고 부른다. 그중에는 프랑스 원자력 기술 콘체른 아레바AREVA, 독일의 지멘스, 독일 RWE의 계열사 호흐티프HOCHTIEF 등, 몇몇 풍력 발전 설비 생산업자들이 있다. 이 생산업자들은 연대하여 유럽 연합 위원회와 자국 정부에 전력망의 자금을 조달해 줄 것을 요구한다. 슈퍼그리드를 통해 용량 10만 메가와트 급에 달하는 해상 풍력 설비를 설치할 계획이 이미 세워져 있다. 이는 현재 영국(688메가와트), 덴마크(663메가와트), 네덜란드(247메가와트), 스웨덴(164메가와트), 독일(72메가와트)에 설치된 해상 설비 총풍력의 50배에 달한다.

성급한 쾌감

두 프로젝트(특히 데저텍)에 대해 열광적인 논평들이 잇따랐다. 이로써 이들 프로젝트를 심각하게 반대하는 사람은 반동적이거나 옹졸하다는 인상을 불러일으킨다. 두 프로젝트의 연결도 트랜스그린과의 연결과 마찬가지로 기대가 높다. 이들 프로젝트에 공감하는 이유는 분명하다. 데저텍과 시텍은 재생 가능 에너지의 촉진에 대단히 중요한 작용을 하겠다고 약속하고, 더 나아가 전통적인 에너지와 재생 가능 에너지 간 시스템 갈등 및 중앙 집중적 전력 생산과 분산적 전력 생산 간 구조 갈등을 극복하겠다고 약속한다. 그러나 이들 프로젝트에 대한 공감은 비단 이런 약속 때문만은 아니다.

두 프로젝트는 에너지 합의가 아직 가능하며, 에너지 콘체른들의 이해관계가 환경 운동의 공명심과 사이좋게 양립할 수 있다는 희망도 품고 있다. 협력, 통합, 역사적 타협 등, 이 모든 것은 하나의 목표를 추구한다. 모두가 좋은 대접을 받는다고 느낄 수 있는 정치와 경제에 대한 꿈 같은 표상이 그것이다.

앞 장에서 재생 가능 에너지의 유보에 관해 기술했다. 두 프로젝트는 이런 유보에 더 심층적인 모든 동기들과 부합한다. 구조 보존적인 경향, 대형 발전소에 대해 지난 수십 년간 커진 기본 신뢰, 에너지의 분산적 공급 가능성에 대한 과소평가 등과 맞아떨어지는 것이다. 그 과소평가가 어느 정도였는지는 두 대형 프로젝트와 재생 가능 에너지 법안 현실화의 엄청난 성공 간에 보인 인식 차이에서 드러난다. 이 인식의 차이는 사막 전기 및 해상 풍력 단지에 대한 성급한 쾌감에 도취되어 간과된다. 두 프로젝트는 열망하던 대기획처럼 나타나, 이미 실행되고 있던 비교적 큰 성공작들을 공공 의식에서 밀어낸다.

가령 데저텍 전기의 4분의 1이 독일로 흘러가 전력 공급의 15퍼센트 정도를 차지하는 데는, 모의 실험한 비용 산출에 따르면 1,000억 유로의 투자 비용이 필요하다. 그러나 독일은 이미 2000년부터 재생 가능 에너지 법안의 틀 내에서 총 960억 유로를 투자하여, 10년 안에 재생 가능 에너지가 전력 공급에서 차지하는 몫이 13퍼센트가 되었다. 이 두 가지를 비교해 보면 다음과 같은 사실이 드러난다. 재생 가능 에너지 법안의 '대기획'은 데저텍 프로젝트가 달성할 만한 것을 확실히 훨씬 빨리 실현할 수 있었고, 결코 비용도 많이 들지 않았다는 것이다. 960억 유로는 게다가 무수히 많은 중소형 투자를 의미한다. 또한 시행 속도가 누구에게 달려 있고, 재생 가능 에너지를 위한 투자 자본이 어떻게 활성화될 수 있는지를 매우 인상적으로 증명해 준다.

대형 프로젝트들의 과대평가는 『디 차이트*Die Zeit*』편집자 프리츠 포어홀츠Fritz Vorholz가 북해 프로젝트를 다룬 기사에서도 두드러졌다. 이 기사에서 그는 독일의 해안 앞 100킬로미터 거리에 있는 70메가와트 급 독일 최초의 대형 해상 풍력 발전 단지에 관해 이렇게 선언했다. "전기의 미래가 시작된다."[50] 마치 이미 오래전에 독일에서 25,000메가와트 급으로 설치된 '육상onshore' 풍력 설비들이 작동을 시작하지 않은 것처럼 말이다.

또 하나의 다른 인식 차이, 즉 데저텍 프로젝트와 이와 동시에 카셀에서 개최된 '100퍼센트 지역' 회의 간 인식 차이는 더욱 의미심장하다. 이 회의에서는 이미 독일의 99개 군과 시가 실제로 도입한, 2015년, 2020년 또는 2025년까지 재생 가능 에너지로의 완전 공급을 어떻게 이룰 것인가 하는 구상을 소개했다.[51] 이 구상들이 몇몇 곳에서 이미 상당히 잘 실현된 후, 99개의 군과 시는 원거리 태양 전기를 더 이상 필요로 하지 않게 되었다. 원거리 태양 전기의 공급이 전반적으로 가능하기도 전에 이룬 성과이다. 그런데 '100퍼센트 지역' 회의에 대한 매체들의 반응은 없는 것이나 진배없었다. 반면에 데저텍은 신문의 지면들을 가득 채웠다.

따라서 필자가 매체들의 반향에 도취해 있는 데저텍 프로젝트를 신기루Fata Morgana라고 부르고, 북해 플랜 또한 에너지 변화로 빨리 갈 수 있는 길에서 관심을 돌리는 용도라고 평가했을 때 많은 사람들이 놀랐다. 재생 가능 에너지의 주창자로 통하고 완전한 에너지 변화를 위해 진력하는 장본인이 어떻게 이 프로젝트들을 반대할 수 있는가? 질문이 쇄도했다. 그러나 필자 혼자서 비판의 목소리를 내고 있는 것이 결코 아니다. 물론 온갖 에너지 진영에서 나오는 대단히 상이한 목소리들은 슈퍼그리드 프로젝트를 환영하고 지지한다. 슈퍼그리드 프로젝트에 대한 열렬한 성원 속에서, 중대한 이의를 제기하는 여러 비판적 목소리들만 사라졌다. 재생 가능 에너지로의 실제적 출발을 주도한 대부분의 주역들이 여기에 속한다.

전통적인 에너지 콘체른은 지금까지 무엇보다도 재생 가능 에너지에 대한 봉쇄 전략으로 두각을 나타냈다. 그런 기존 에너지 콘체른이 갑자기 재생 가능 에너지의 도입을 앞장서서 추진하는 세력이 될 수 있고, 그것을 위해 현재의 이익을 전부 보류할 것이라고 가정할 이유가 있을까? 재생 가능 에너지의 주역들은 그럴 이유가 거의 없다고 확신한다. 그렇다면 이들 프로젝트 배후에는 정말로 무엇이 숨겨져 있으며, 이들 프로젝트를 유럽에서 전력 공급의 중심으로 삼으려는 시도들은 어디로 나아갈 것인가?

1. 슈퍼그리드: 재생 가능 에너지의 발목을 잡는 우회로

슈퍼그리드 아이디어는 엄연히 교훈이 되는 사례들이 있는데도 실천적인 상상력이 부족한 모든 이들에게서 호응을 얻는다. 이들은 에너지 변화를 다른 방법으로 더 효과적이고 더 빨리 실현할 수 있을 뿐만 아니라, 종합 경제적으로 더 생산적이고 또 사회 전체적으로 더 유익하게 실현할 수 있다고 아예 상상하지를 못한다. 또 이 아이디어는 분산적인 구조와 중앙 집중적인 구조 둘 다 미래를 위해 필요하다는 논리로 시스템 갈등을 피하려는 사람들에게서도 동의를 얻는다. 물론 두 구조에서 모순, 이해관계 갈등, 목표 갈등, 우선순위 갈등 등이 필연적으로 생겨난다는 점은 인정하지 않는다.

에너지 변화가 대형 프로젝트에 의존하게 되면, 대형 프로젝트는 에너지 변화를 필연적으로 늦추게 된다. 이는 이미 앞서 언급된 대형 프로젝트가 허위임을 증명한다. 에너지 변화를 늦추지 않으면, 어마어마한 슈퍼그리드는 수십억 달러를 파묻는 무덤이 될 수도 있다. 그리고 전통적인 에너지 시스템보다 최소한 부분적으로 더 중앙 집중적인 구조를 (원래부터 분산적으로 제공되고 결국은 다시 개별적인 에너지 소비자들에게 전달되는) 재생 가능 에너지로 만들겠다는 점도 마찬가지로 슈퍼그리드 단초가 허위임을 말해 준다. 사람들은 직접적인 방법이 있음에도 먼 우회로를 선택한다. 대형 프로젝트들은 순전히 에너지 경제적으로 구상된다. 종합 경제적으로 구상되지 않으며, 지역 경제적으로는 더더욱 아니다. 대형 프로젝트들은 재생 가능 에너지를 위한 활동가들의 수를 늘리기는커녕 줄여 놓는다.

슈퍼그리드 구상은 전통적인 에너지 시스템의 전제들을 넘겨받아 집중적으로 생산되는 공급량에 집착하는 특성을 이른바 피할 수 없는 영원한 숙명으로 만든다. 가히 혁명적이라고 칭해지는 이 구상은 이로써 단종 모델의 가설에 따른다. 이 가설을 받아들이는 사람은 아직도 여전히 세워져야 할 슈퍼그리드의 존재가 전력 공급에서 에너지 변화의 전제 조건이라고 선언한다. 슈퍼그리드의 건설이 늦어지거나 이루어지지 않는다면, 전력 콘체른들은 이로부터 종래의 대형 발전소를 계속 작동시킬 정당한 명분을 도출해 낼 수 있을 것이다.

그러나 슈퍼그리드가 이루어진다면 전력 콘체른들은 조직력 및 자본력을 동원하여 사막 발전소뿐만 아니라 해상 발전소도 세울 수 있고, 이로써 재생 가능 에너지 분야에서도 우월한 생산자 역할을 계속할 수 있다. 전력 콘체른에게 슈퍼그리드 단초는 유리한 구상이다. 이로써 전력 콘체른들은 종래의 발전을 계속하기 위해, 적어도 슈퍼그리드의 건설에 필요한 시간만큼을 번다. 또 그 시간은 대단히 길 것이다.

유념할 사항이 있다. 중요한 것은, 재생 가능 에너지로 만드는 전기를 송전망을 통해서도 보내야 하느냐 마느냐가 아니다. 초지역적인 균형을 만들어 내고 한 지역에서 과잉 생산된 전력을 다른 지역에서 때때로 발생하는 생산 부족을 보완하는 데 사용하기 위해서는 송전망이 가치 있고 꼭 필요할 수도 있다. 이를 위해서는 기존 송전망의 부분적 보완 및 송전망 간 연결도 필요하다.

그러나 슈퍼그리드에서는 북아프리카-아라비아 사막 지역에서부터 중유럽 및 북유럽권에까지 이르는 완전히 새로운 하나의 고압선 및 최대 고압선의 건설이 중요하다. 아일랜드인 에디 오코너Eddie O'Connor는 유럽을 위한 하나의 '직류 고속도로direct current highway' 이념의 주창자로 여겨진다.[52] 오스트리아 전기 회사 APT의 회장단 의장이자 유럽 전기 주식 협의회 의장인 귄터 라벤슈타이너Günter Rabensteiner는 하나의 '유럽의 동판europäische Kupferplatte'*을 말하며, 그 목표를 다음과 같이 밝힌다. "조화로운 전력 거래 시스템을 위한 통일적인 유럽 시장 모델과 연계하여, 모든 나라를 넘어서서 거래

---

* 유럽 전체에서 전기에 대한 가격이 동일한 통일적인 전력망.

할 수 있다."⁵³ 또 이것이 전력 거래에 확실히 유리할 것이라고 내다
본다. 그렇다고 이것이 에너지 변화를 위해서도 올바르며 꼭 필요한
단초여야 한다는 것을 의미하지는 않는다. 이처럼 방대한 프로젝트
라면 재생 가능 에너지로의 발전 전체에 직접적이고 실제적인 영향
을 끼칠 것이다. 그러면 대부분 재생 가능 에너지로의 발전을 가급
적 늦추는 데 관심이 있는 유일한 세력인 기존 전력 콘체른의 수중
에 놓이게 될 것이다. 계획된 발전소들은 슈퍼그리드를 실제로 갖추
었을 때 비로소 건설되거나 가동될 수 있을 것이다. 그러나 계획된
사정거리에 전력망을 신축하는 것은 발전소의 건설보다 훨씬 더 오
래 걸린다. 따라서 지연이 얼마나 길어질지 모른다는 것은 미리 예
상했음 직하다.

또한 사막 발전소 및 해상 풍력 발전 단지용 슈퍼그리드는 입지
계획과 동의어나 다름없다. 슈퍼그리드는 입지의 수를 제한하고, 그
결과 생산의 공간적인 집중이 이루어진다. 또 이와 함께 기업의 자
본 축적 집중과 잉여 생산의 공간적 집중도 이루어진다. 이는 평균
이상으로 해가 많이 비추거나 바람이 많이 부는 곳에서만 재생 가
능 에너지의 확대를 장려하려는 구상들에 부합된다. 그래서 포츠
담 기후 연구소가 권고하는 것처럼, 유럽에서 풍력 전기는 주로 대
서양 해안이나 연안에서, 태양 전기는 특히 남유럽과 북아프리카나
근동에서 생산될 것이라고 한다. 그러면 이들 지역에서는 재생 가
능 에너지와 함께, 자연적인 에너지 공급과 지역의 에너지 소비를
직접 연결할 수 있는 가능성이 생긴다. 이런 연결의 장점에는, 단지
발전 비용이 가급적 저렴하다는 이유보다는 경제적 및 사회적인 이
유가 훨씬 많다. 이처럼 직접 연결될 수 있는 가능성이 슈퍼그리드

로 인해 전부 다 무시된다. 또한 그 가능성은 경우에 따라서는 이른
바 '더 높은' 에너지 경제적 합리성을 위해 의도적으로 저지당한다.

2. 사회학이 빠진 과학 기술: 예측 불가능한 데저텍 프로젝트

데저텍 프로젝트에서 새로운 것은 이름과 디자인뿐이다. 사하라에
서 유럽에 태양 에너지를 공급한다는 아이디어는 60년이나 되었고,
프랑스인 마르셀 페로Marcel Perrot와 알제리에 있는 그의 태양 연구소
에 의해 발전되었다. 알제리는 그 당시 프랑스령이었다. 알제리에 태
양열 발전소가 있으면, 해저 전선을 통해 장차 프랑스의 전력 공급
이 보장될 것이었다. 1961년 알제리 해방 전쟁 이후 알제리를 독립시
킬 수밖에 없었을 때, 프랑스는 이 아이디어를 포기하고 핵에너지의
길로 접어들었다.

그런데 이미 1950년대 중반에 독일 교수 에두아르트 유스티Eduard
Justi가 이 구상에 관심을 가졌다. 그는 사하라에 있는 태양 에너지
발전소를 이용하여 유럽의 에너지 공급을 위한 수소를 생산하려 했
다. 1980년대에는 오늘날의 독일 항공 우주 연구소DLR인 독일 항공
및 우주 비행 연구 실험소DFVLR가 이 아이디어에 다시 관심을 두고
계속 발전시켰다. 이 연구소는 1970년대부터 에스파냐의 알메리아
Almeria에서 태양열 발전소 기술 실험을 하고, 데저텍 발의의 근간이
되는 지중해 종단 재생 가능 에너지 조합Transmediterranean Renewable
Energy Cooperation, TREC 제안을 완성한 바 있다.

이 프로젝트가 기술적으로 가능한 것에는 의심의 여지가 없다.

그러나 재생 가능 에너지라는 다른 선택과 비교하여 실제로 비용이 얼마나 많이 들지는 온갖 낙관적인 연구들에도 불구하고 아직 분명치가 않다. 그렇다고 에너지 변화라는 근본적인 의미 때문에 실제 비용이 결정적인 기준이 되어서는 안 된다. 핵/화석 에너지와 비교할 때는 더욱 그렇다. 물론 재생 가능 에너지의 다른 이용 형태들과 비교할 때는 비용 문제도 중요하다. 또한 비용 문제를 결코 따로 떼서 고찰해서는 안 된다. 에너지 공급 전체에서 그것을 넘어서는 경제적 사회적 효율은 문제가 될 수밖에 없기 때문이다. 그리고 특히 어떤 재생 가능 에너지 구상들이 유럽뿐만 아니라 개발 도상국에서도 가장 빨리 실현될 수 있는가 하는 문제가 중요하기 때문이다.

근거 없는 일정표, 급격히 상승하는 비용

사막 전기 프로젝트를 예정된 기간 내에 약정 비용으로 실현하는 것은 정치 사회학적 및 경제 사회학적으로 쉽사리 알 수 있는 이유들 때문에 실제로 불가능하다. 그렇다고 필자가 이들 연구서 저자가 잘못 작업했다고 가정하는 것은 아니다. 다만 이런 연구서들이 기껏 산출한 것은, 어쩌면 모든 참여자가 프로젝트안을 수십 년 이상 완벽하게 따를 때 가능할 법한 것이다. 여러 이유로 이미 현실성은 전혀 보이지 않는다. 우선 참여할 기관들의 수만 해도 헤아릴 수 없이 많다. 각각의 망 시스템을 갖춘 국가의 중앙 정부가 40개 이상인데다, 특히 자기 지역을 통과하는 송전선을 부설해야 하는 지방 정부도 많다. 게다가 이 지역들에는 송전선의 건설 계획을 방해할 수밖에 없는 주민들도 있다.

사전에 계상된 비용으로 실현 가능한 대형 기술 프로젝트란 존재하지 않는다. 흔히 예상 비용의 두 배가 되거나 심지어는 두 배마저 훨씬 넘어서는 경우가 비일비재하다. 사전에 정확하게 계산되었다 해도, 대형 프로젝트는 그 복잡성 때문에 시간적으로도 실상에서도 예측하기가 어렵다. 어떤 연구서도 결정의 과정이 어떻게 진행되는지, 얼마나 많은 저항들이 있을지, 어떤 이해관계의 갈등들이 나타날지, 어떤 불가피한 전환의 오류들이 발생할지 예견할 수 없다. 그래서 대형 프로젝트들은 다음 순간 큰 붕괴로 이어지는 큰 오류를 야기할 수 있다. 사막 전기 프로젝트는 세계 경제사에서 가장 큰 프로젝트가 될 것이라고 한다. 게다가 기간이 오래 걸리면서 계속 바뀌는 관계자들의 수를 도저히 미리 알 수 없을 정도로 그 규모가 엄청나다. 이 프로젝트는 대단히 복잡하다. 다수의 해당 사막 국가들에서 보이는 위태로운 정치적 상황에 대해서는 더 말할 필요조차 없다. 기술적 준비 비용에 대한 컴퓨터 시뮬레이션보다 중요한 것은 정치적 경제적 안목이다.

게다가 지금까지 세계적으로 유례없는 장거리 송전 예정 노선의 비용을 어느 정도 믿을 만하게 산정한다는 것은 거의 불가능하다. 유럽 태양 에너지 학회는 다음과 같은 현재의 경험들을 과학적 평가에 맡겼다. 세계에서 가장 긴 고압 직류 송전High Voltage Direct Current, Hochspannungs-Gleichstrom Übertragung, HGÜ 전선은 중국에 있는데, 길이가 무려 2,000킬로미터가 넘는다. 반면에 데저텍은 전선의 길이를 5,000킬로미터까지 계획한다. 종래의 고압 직류 송전 전선은 점 대 점 연결point-to-point connection이다. 그래서 교차 접속cross connections을 하며 멀리 분기하는 예정된 망을 위해서는 여전히 상당한 개발 비용이 필요하다. 즉 까다로운 사막 전기 프로젝트는 엉

겹결에 내리는 결단이다. 지중해를 횡단해야 하는 깊이 1,000미터 이상의 고압 직류 송전 케이블에 대한 경험이 없기 때문에 더 그렇다. 그래서 2020년이면 예정된 최초의 두 고압 직류 송전용 전선이 이미 부설되어 있으리라는 말은 정말로 믿기 어렵다. 프로젝트의 핵심 요소가 경험 곡선learning curve을 다 지나가기도 전에 그처럼 어마어마한 프로젝트를 평가한다는 것이 대단히 무모하다는 점은 차치하더라도 말이다.

그럼에도 송전선을 계획대로 건설한다는 것은 특히 주민들의 저항이 미리 예상되기 때문에 대단히 믿기가 어렵다. 송전선이 (이탈리아를 지나고 알프스를 거쳐서 독일로, 에스파냐를 지나고 피레네 산맥을 거치거나 지중해를 지나서 프랑스로, 또 그곳에서부터 인수 지점에 이르는 식으로) 길 때에는 개별적인 저항 가능성이 예측 불가능할 정도로 커진다. 이에 대한 전조로서 고작 20킬로미터 또는 50킬로미터에 불과한 수많은 송전선 건설이 종종 수십 년이나 걸리는 실행의 문제들을 예고하는 것을 보아도 알 수 있다.

데저텍에서 문제가 되는 국경을 넘어가는 송전망 확대에 대한 하나의 예가, 카지렐-아라곤에서부터 바이사스-산타 로가야로 불과 75킬로미터를 지나가는 프랑스-에스파냐의 고압선을 둘러싸고 30년 전부터 지속되고 있는 갈등이다. 중재자(몬티Monti 전 유럽 연합 위원)가 개입하고 유럽 연합이 2억 2,500만 유로 이상을 지원하겠다고 약속한 후에야, 송전관을 2014년까지 건설하겠다는 합의가 겨우 이루어졌다. 그것도 지역적 저항들을 극복하기 위해 비용이 많이 드는 지하 전선을 설치하는 형태로 말이다. 전체 비용은 8억 유로에 가깝다. 이는 처음에 산출한 액수의 무려 아홉 배에 이른다!

데저텍의 통과 지역에서 나타나는 시민적 저항의 주된 논거는, 송전선 건립이 자기 지역의 전력 수요를 위한 것이 아니고 또 심지어는 자국의 전력 수요를 위한 것도 아닐 때가 종종 있다는 것이다. 예정 노선을 둘러싼 갈등은 (그것도 길이가 각각 3,000~5,000킬로미터에 걸쳐 80~100개의 예정 노선이 계획될 때) 지속적으로 이어질 것이 뻔하다. 모든 갈등이 노선 건설에 유리하게 풀릴 때조차 상당한 건설 지연은 불가피하고, 극적인 비용 상승이 자동적으로 야기된다. 이는 송전관의 이용 가능성에 의존하는 발전소 건설에도 반드시 영향을 미친다.

데저텍 프로젝트는 집광형 태양열 발전소CSP에 집착한다. 이 발전소만 있어도 기본 이념이 실현될 수 있기 때문이다. 즉 유럽에서 전력 공급 구조의 방향이 기저 부하에 맞추어져 있는 한, 유럽의 전력 수요를 위한 사막 전기는 매력적일 수 있다. 이 프로젝트에서 일차적으로 북아프리카와 근동의 국가들을 위한 태양 전기 및 풍력 전기의 공급이 중요하다면 집광형 태양열 발전소 외에, 지중해를 통과하는 슈퍼그리드의 건설에 얽매이지 않고 비교적 문제없이 폭넓게 도입 가능한 태양광 전지와 풍력도 고려해야 할 것이다. 아랍 및 북아프리카 사막 지역의 대도시들은 저녁 시간대에 전력 수요가 크다. 집광형 태양열 발전소는 이들 대도시에서 특별한 위상을 지니는데, 대서양 해안과 이집트 대부분의 특히 바람이 많은 지역에서 생산되는 풍력 전기에 대한 보완 대비책 역할이다. 태양광 전지의 가치는 공간이 넓은 북아프리카의 수많은 시골 지역들, 서로 송전망 연결이 거의 불가능하고, 또 필요하지도 않은 곳에서 진가가 드러난다.

또한 사막의 나라에서는 물 냉각 대신 공기 냉각으로 가동되는 집광형 태양열 발전소만 관심사가 된다. 물 냉각 방식의 실현은 보통 물 부족으로 실패하거나 (바닷물의 염분 제거 시설과 수도를 통한) 물 공급으로 인해 엄청난 추가 비용을 야기하기 때문이다. 공기 냉각 기술은 현재 건립 중인 최대 집광형 태양열 발전소, 즉 아부다비의 100메가와트 급 샴스 원Shams 1에 투입되고 있다. 그러나 이 프로젝트는 그 괴리가 아직 얼마나 큰지도 보여 준다. 집광형 태양열 발전소가 유럽으로의 송전 비용을 포함하여 킬로와트시당 유로화로 5~6센트라고 약속한 것에 비해, 샴스 원 발전소는 투자액을 회수할 수 있도록 25년 이상 킬로와트시당 유로화 30센트씩 보상하기로 아부다비의 네트워크 회사와 합의가 된 것이다. 이미 계획된 다음의 100메가와트 급 시설에 대해서는 감가상각 비용이 25센트로 줄어든다. 아부다비에서의 수요를 위해 소비자 가까이 설치되는 발전소의 경우에는 물론 토지 비용이 발생하지 않고, 또 언급할 만한 송전 비용도 발생하지 않는다. 비교해 보자면, 아부다비 발전소에 확정된 킬로와트시당 보상은 독일의 노천 평지에 있는 태양광 전지 시설에 대한 보상보다 높다.

지분 갈등

사막 전기 프로젝트는 발전소 소재지를 내놓아야 하는 나라들의 정부와 함께해야만 실현 가능하기 때문에, 그 정부들이 재정적으로도 참여할 수밖에 없다. 참여의 범위는 생산 비용에 들어가는 임차료에서부터, 자국의 국영 전력 회사와 함께 발전소 건설을 직접 실행하지 못할 때를 대비해 연 수익에 한몫 끼기 위한 발전소 지분과 수출 관세에까지 이른다. 생각할 수 있는 또 다른 형태는, 이 나라들이 외국 발전소 운영사가 생산한 전력의 할당량을 무상으로 또는 최저 가격으로 얻는 것이다. 당사국들이 연 수익에 참여하지 않고 입지만 내놓는다는 것은 결코 생각할 수 없다. 그 반대로, 전기를 수령하는 국가들이 전력 공급에 의존하면 할수록 소재지 국가들의 연 수익 기대가 그만큼 높다는 것을 전제로 출발해야 한다. 예전에 대부분 식민지였던 그 지역 산유국들이 이에 대한 본보기를 제공한다. 산유국들은 독립을 달성한 후 서양의 에너지 콘체른으로부터 점차 더 많은 연 수익 지분을 쟁취하더니, 마침내 채굴 회사를 수중에 넣고 가격을 결정할 수 있게 되었다.

사막 국가들의 경제 발전을 위해 연 수익의 지분보다 훨씬 중요하고 특히 마땅한 것은, 국민 경제에 매우 큰 부담이 되는 화석 에너지 수입을 재생 가능 에너지로의 변화를 통해 신속히 줄이는 것이다. 이는 적어도 석유 및 가스 매장량이 없는 대부분의 사막 국가들에 적용된다. 하지만 이런 제안은 태양 전기 및 풍력 전기의 생산이 전적으로 이들 국가의 에너지 수요에 맞춰 집중되어야 한다는 것을 의미한다. 유럽의 수요에 맞추는 것이 아니란 뜻이다. 그럴 때에만 사막 전기의 잠재력에 대한 관심을 유럽에서뿐만 아니라 사막 국가들에서도 건설적인 방향으로 유도할 수 있다.

또한 이 전략은 필자가 5장에서 개괄하는 '데저트 경제Desert Economy'라고 부르는 전혀 다른 구상을 필요로 한다. 개념상으로는 데저텍 프로젝트를 모방하고 있지만, 내용 면에서는 이 프로젝트와 다르다. 필자는 이것을 입지국들이 자기 수요에 맞춰 데저텍의 용도를 근본적으로 변경하게 되는 동기로 이해한다. 이 책에서 설명한 다양한 문제들에 근거하여, 이 프로젝트가 계획된 형태대로 실행될 수 없음을 미리 보여 주고 있기 때문이다. 현재 이미 데저텍의 초기 성공으로 설명되는 것은 모두 다 북아프리카에서 자체 수요를 위해 세운 발전소 계획이다. 그렇지 않아도 진작 생각되고 계획된 프로젝트로서 수년 전부터는 아직 써먹을 만한 유럽 연합의 후원 프로그램도 준비되어 있는 상태이다.

기술적 실행 가능성은 아직 사회적 실현 가능성이 아니다

특별히 조성된 데저텍 재단을 설립하고 컨소시엄을 공개한 지 불과 몇 주 지나지 않아서 그 주창자들은 공포된 목표를 달성할 수 없다고 인정할 수밖에 없었다. 2020년이면 유럽 전력 소비의 3퍼센트를 데저텍으로 공급할 수 있으리라고 큰소리쳤을 때와는 사뭇 달랐다. 이를 위한 투자 수단도 준비되어 있지 않고, 허가 절차를 위한 구체적인 1차 예정 노선 계획도 나와 있지 않았다. 다른 연구들이 더 많이 필요하고 북아프리카의 파트너를 반드시 찾아야 한다는 점이 지적되었다.

지금까지도 이 프로젝트는 일차적으로 대단히 성공적인 홍보에 주안점을 두고 있다. 정부로 하여금 재정적으로 참여하여 특히 송전관 건설에 자금을 대게 하려는 생각이다. 2020년까지 예정된 길이를 거쳐 지나가는 고압 직류 송전HGÜ 도선은 단 하나도 부설되지 않을 것이다. 1차 도선들이 아직은 고압 직류 송전 공급망이 아니기 때문에, 1차 공급은 목표 대상 중 극소수 (어쩌면 단 하나의) 국가만 달성할 것으로 보인다. 그런 다음에 목표 대상 국가들로부터 특별한 참여를 기대할 수밖에 없다. 프로젝트는 시작되겠지만 결코 완성되지는 못할 것이다. 많은 기업들은 함께하려 하다가, 조만간 실제 상황에 직면하면서 다시 발을 뺄 것이다.

데저텍 프로젝트는 모든 사회학적 요인들을 고려하지 않은 채 기술 만능주의적으로 구상되었다. 기술 만능주의적 구상들은 기술적으로 만들 수 있는 모든 것을 실현 가능하다고 선언한다는 특징을 지닌다. 또 경제 및 사회에 가져오는 불쾌할 수 있는 상황들에 대한 온갖 질문과 언급을 탁상공론이라고 치부해 버린다는 특징도 있다. 또한 그 실현이 오직 '정치적 의지'에 달려 있다고 곧잘 지적한다. 그래서 오판과 실패에 대한 책임은 구상의 창시자들이 아니라 항상 남들에게 있다.

이 프로젝트의 목표를 달성하는 데 걸린다는 40년이라는 예정 기간은 거의 지켜지지 않을 것이다. 그래서 시간은 아마도 이 프로젝트와 무관해질 것이다. 그 결과, 어마어마하게 거창한 계획이 엄청난 전략적 실책이 될 수도 있다. 데저텍 구상의 창시자들은 앞으로 더 상세히 다루어질 재생 가능 에너지를 위한 많은 저장 가능성을 간단히 없애 버린다. 전력 콘체른들도 구조 보존적인 행동을 변명하기 위해 동참한다. 재생 가능 에너지로의 전면 공급을 거부하는 태도를 뒷받침하는 유일한 그럴듯한 논거가 슈퍼그리드를 통한 원거리 전기가 없으면 무력할 것이라는 이유이기 때문이다. 마찬가지로 이와 똑같은 것이 '시텍' 프로젝트에도 적용된다.

관련된 전력 콘체른들의 유럽을 위한 사막 전기 프로젝트에서 일차적으로 중요한 것은, 연구서들을 통해 기대하게 된 킬로와트시당 5~6센트의 적은 비용이 아니다. 이 유혹적인 비용은 전력 콘체른들에게, 재생 가능 에너지의 계속적인 분산적 확대를 원칙적으로 비경제적이고 무책임하다고 비방할 수 있는 반가운 보조적 논거일 뿐이다. 심지어 북아프리카에서 유럽으로 이어지는 첫 번째 대형 전력 예정 노선이 세워지고 첫 번째 태양 에너지 발전소가 연결될 수 있기 이미 오래전부터 그래 왔다. 전력 콘체른들이 실제로 전체 데저텍/트랜스그린 프로젝트의 변환을 믿는다는 것은 거의 불가능하다. 게다가 산출된 적은 비용으로 가능할 것이라고는 전혀 생각할 수 없는 일이다. 연구서들의 저자들과 연구서에 영향을 받은 일부 여론과는 반대로 말이다.

전력 콘체른들이 실천적 경험이 부족하리라고 가정하기는 어렵다. 전력 콘체른들은 약속을 함으로써, 오히려 자국에서 기존의 에너지 공급과 재생 가능 에너지로의 에너지 공급 간 시스템 갈등을 자신들에게 유리하게 해결하려고 애쓴다. 이로써 특히 시간을 번다. 그러나 프랑스가 협력하는 이해관계 배후에는 다른 동기도 있을 수 있다. 아레바AREVA가 북아프리카에 세우려는 원자력 발전소에서 생산되는 전기를 공급하기 위해 북아프리카-유럽 슈퍼그리드를 이용할 의도가 있다. 끌로드 투르메스Claude Turmes 유럽 의회 의원은 프랑스가 지중해를 통과하는 사막 전기 프로젝트에 공식적으로 참여하는 것에 대해 '비밀 핵 의제hidden nuclear agenda'가 있다고 말한다.[54]

3. 경솔한 계산: 시텍의 경제적 효과

전력 콘체른에 일차적으로 중요한 것은 재생 가능 에너지에 드는 비용을 줄이는 것이 아니라 구조적인 권력의 유지이다. 이 또한 해상 풍력 발전 확대를 선호하고 있음을 증명한다. 그리고 그런 경우라면

186

비용이 더 많이 들어도 된다! 더 정확히 말하자면, 비용을 이유로 이런 우선순위 결정이 바뀌진 않는다. 해상 풍력은 육상 풍력보다 항상 더 비쌀 것이다.

독일 최초의 해상 프로젝트가 비로소 실현된 것은, 이 프로젝트를 위한 공급 보상의 수준이 재생 가능 에너지 법안에서 두 번이나 분명히 개선된 후였다. 송전선에 공급된 해상 풍력 전기에 대한 보상은 그 사이에 육상 풍력 시설에서보다 킬로와트시당 유로화로 6센트 정도 인상되었다. 해상 풍력 전기가 육상 풍력 전기보다 훨씬 높은 수준의 보장 보상을 요구하는 것이다. 덴마크에서는 육상 설비에 대한 보장 보상이 킬로와트시당 0.50크로네 정도이다. 그것도 전부 다 합쳐 불과 22,000시간 동안 제공된 출력에 한한다. 해상 설비의 경우에 보장 보상은 0.52크로네 내지 0.98크로네 정도이다. 그것도 5만 출력 시간 기준이다. 즉 총액으로는 평균 약 세 배가 높다! 그럼에도 해상 풍력 단지의 확장은, 그곳의 바람 상황이 더 좋기 때문에 더 저렴한 풍력 전기를 얻을 수 있다는 것이 근거가 되었다.

이 논리는 확실히 더 비싼 설치 비용 때문에 결코 오래가지 못했다. 해저 40미터 내지 60미터에 설비 기반을 만드는 비용뿐 아니라, 정비 및 송전망 연결에 더 큰 비용이 들기 때문이다. 그러나 육상 풍력 프로젝트에서는 무의미한 경제성이 기존 에너지 콘체른들에게 단연 중요한 의미가 된다. 해상 시설이 연결된 채 한꺼번에 세워져야 한다는 점이다. 각각의 개별 시설만을 위한 해저 전선은 감당할 수 없을 정도로 비싸기 때문이다. 이로써 이 시설은 대투자자에게 더없이 좋은 투자의 장이 된다.

그럼에도 뮌헨 시영 기업 같은 시영 기업들도 해상 프로젝트에 관여하는데 그 사실이 다음과 같은 평가를 부정하지는 않는다. 2015년까지 뮌헨의 모든 가정집에 재생 가능 에너지로 만든 전기를 공급하겠다는 시영 기업들의 계획은 풍력 전기가 큰 몫을 담당하지 않으면 실현될 수 없다는 것이다. 필요한 풍력 전기를 뮌헨 지역에서 더 저렴하게 생산할 수 있는 가능성이 더 자명한데도 뮌헨 시영 기업들에게는 이것이 정치적으로 여전히 차단되어 있다. 바이에른 주정부가 이를 저지할 계획으로 입지 허가를 거의 내주지 않기 때문이다.

시텍 플랜이 어떤 기이한 착상으로 이어지는가는, 심지어 노르웨이의 저수지에 펌프로 물을 대는 데도 해상 풍력 전기를 쓸 작정을 했다는 데서 드러난다. 바람의 상황이 아주 양호한데다 길이가 상당하고 대부분 인적이 없는 노르웨이 해안을 따라 설치된 풍력 시설에서 만들어지는 전기 대신에 말이다. 유럽 국가들에서 변동이 심한 풍력 발전을 공급하는 계곡에 대한 대비 또는 보완으로서 노르웨이의 수력을 이용하고, 이를 위해 중부 유럽으로 전선 연결을 구축하는 것은 확실히 의미가 있다. 이 경우에 중요한 것은, 기존 송전망의 연결 지점들에서 이미 존재하는 수력 발전소들 간의 송전망 연결뿐이다. 이는 풍력 전기 생산의 중심을 먼 바다로 옮기는 것에 대한 적절한 논거가 아니다.

자주 공을 들이는 또 다른 논거는, 육지에 설치하는 풍력 시설에 대한 지역 주민 집단들의 저항이다. 그런데 모든 여론 조사는 이런 저항들이 지역 주민 다수의 견해를 대표하는 것이 아니라는 점을 확인해 준다. 프란츠 알트와 필자가 편찬한 책 『변화의 바람Wind des Wandels』은 해당되는 사례와 여론 조사에 의거하여 이것을 증명한다. 전력 콘체른이 해상 시설을 우선시하는 근거로 이런 저항을 내세운다는 것은 신빙성이 없다. 또한 반면에 지역적인 풍력 시설 대신 독일에서 90퍼센트 이상의 주민이 거부하는 새로운 화력 발전소가 문제 될 때, 전력 콘체른은 정치적 기관들이 온갖 저항에 맞서 프로젝트를 관철시키기를 기대한다. 새로운 고압선 노선을 구축할 때와 마찬가지로 말이다. 그런데 풍력의 지역적 확대에 대한 포기 또는 거부와 육상 풍력 시설에 대한 입지 거부로 치러야 하는 '대가'는 대 프로젝트를 위한 송전 노선의 신설이다. 육상 풍력 시설을 거부하는 자는 슈퍼그리드 노선을 거둬들이게 될 것이다!

4. 우선순위 갈등: 슈퍼그리드 플랜의 정치적 오용

이미 보았듯이, 슈퍼그리드 구상들은 결국 중앙 집권적 내지 송전망 의존적인 전력 공급과 분산적 내지 독자적인 전력 공급 사이의 구조적 갈등이 새로운 징후 속에서 계속되게 한다. 정치적인 차원에서는 이것이 재생 가능 에너지로 가는 방법에 대한 우선순위 갈등이 된다. 100억 단위의 상당한 비용이 드는 새로운 투자를 의미하는 슈퍼그리드 프로젝트에 있어서, 정치적인 최소 전제 조건은 유럽연합 및/또는 통과 국가들에 의한 공적 자금 지원이다. 이런 출발조건이 충족된다면 그다음에 예상되는 정부들의 행보는, 재융자와 송전 예정 노선의 최대한 활용을 위해 재생 가능 에너지에 대한 투자를 슈퍼그리드와의 연결 가능성이 없는 곳에서는 제한하는 것이다. 이를 위한 도구, 즉 입지 허가의 거부는 각 정부가 마음대로 할 수 있다. 그것은 결과적으로 에너지 변화를 가장 빨리 이루는 요소 (수많은 투자자들을 통한 분산적 투자)에 제동을 걸거나 그 요소를 없애 는 것으로 이어진다. 사막 전기를 위한 생산 기지가 있는 나라들이 나 그 전기를 수령하는 나라들에서, 어쩌면 양쪽 다에서 그럴 수도 있다. 민간 기업이 '슈퍼그리드'를 세울 때에도 똑같은 일을 예상할 수 있다. 투자자들은 자신들의 자금 조달을, 송전망의 최대한 활용 을 보장하겠다는 정부의 확약과 결부시킬 것이다.

이런 발전을 경고하는 하나의 예가 루스벨트 대통령의 뉴딜 프로 그램에 속한 테네시 밸리 프로젝트Tennessee-Valley-Project이다. 이 프 로젝트는 대형 수력 및 화력 발전소의 건설로 이루어졌는데 그 전 까지 송전망 연결이 없었던 미국 중서부 농장 지역에 긴 원거리 송 전선을 설치해야만 최대한 활용이 가능했다. 그곳의 농장들은 거의 예외 없이 그 전에 이미 자체 풍력 전기 시설을 구비하고 있었다. 이 런 종류의 '소형 풍력기' 수백만 대가 가동되고 있었으나 정부가 공 급망과의 연결 의무를 명한 후 이 시설들은 폐쇄되었다.

따라서 데저텍/트랜스그린을 최종적으로 결정하고 공적 투자 수 단을 준비할 때에는 정부와 의회에 가하는 압력이 엄청나게 증가한 다는 점을 고려해야 한다. 자국에서 이루어지는 태양 에너지 발전 및 풍력 발전의 확대를 제한하고, 공급 법안을 중단하거나 거부하 라는 압력이 거세진다. 재생 가능 에너지의 분산적 확대를 제한하 는 것은, 애초에 제시된 데저텍 프로젝트의 목적과 부합하지 않는 다. 데저텍 프로젝트가 겨냥한 것은 사막 전기의 몫을 제한하고 사 막 전기를 분산적 전력 생산과 일치시키는 것뿐이다. 그렇기는 하지 만 이 구상을 기초한 사람들이 기존 전력 콘체른들이 이것을 국부적이고 지역적인 태양 에너지 및 풍력 발전의 확대에 맞서는 정치적 무기로 투입하는 것을 전부 다 막을 수는 없다. 이들은 사막으로부터의 수입 전력을 '단' 15퍼센트로 권고하는 것에서 멈추지 않을 것이다.

데저텍의 주창자들이 지금 벌써 한탄하는 것은, 유럽 연합 국가들의 재생 가능 에너지를 위한 전력 공급 법안이 단지 유럽 연합 국가들에서만 유효하다는 점이다. 즉 그 나라 각국의 '본토의' 전력 생산에만 적용된다. 이 법안을 사막 국가들에서 생산되는 태양 에너지 전기나 풍력 전기로도 확대하라는 요구가 있다. 지금까지 최소한의 송전 설비만 되어 있는데도 막무가내이다. 이런 요구는 바로 유럽 연합 국가들의 공급 법안을 도입 할당량으로 대체하는 결과를 초래한다. 도입 할당량을 채우기 위해 생산 설비를 다른 곳에 마련해도 되는 것이다. 실제적인 전력 공급 없이 배출권 거래 시스템에 기댄 채 말이다. 그러나 이는 재생 가능 에너지의 활성화에 있어서 가장 큰 퇴보일 것이고, 재생 가능 에너지를 전통적인 전력 콘체른의 발전소 계획에 예속시킬 것이다.

슈퍼그리드 구상이 분산적 전력 공급의 신속한 확대를 방해하지 않고 심지어 장려하리라는 논리는 속임수이다. 슈퍼그리드 구상은 재생 가능 에너지를 종래 에너지 공급의 작동 시스템 속으로 무리하게 편입시킨다. 이 구상은 유럽의 전력 계획 경제의 성격을 띠며 태양 에너지 및 풍력 발전이 이 틀에 적응하는 데는 수십 년 이상 걸릴 수밖에 없을 것이라고 주장한다. 북독일에서 풍력이 성공적으로 확대됨으로써, 재생 가능 에너지가 시장에 진입하는 시점은 멀지 않았다. 그런데 이들은 어느 특정 시점부터는 계속적인 확대를 위해 슈퍼그리드를 기다릴 수밖에 없을 것이고 그 결과, 확대 중단이 예측할 수 없을 정도로 오래갈 것이라고 장담하는 것이다. 슈퍼그리드를 포기할 수 없다는 주장을 오늘날 함께 대변하는 사람들은 이런 확대 중단을 다만 충분히 반대할 수 없을 뿐이라고 한다.

슈퍼그리드 단초는 재생 가능 에너지로 에너지 공급을 분산시키는 것으로는 기저 부하 조건을 채울 수 없다는 가정에서 출발한다. 하지만 또한 그 말을 뒤집어 보면, 일반적인 전력 공급이 재생 가능 에너지라는 다른 잠재력을 통해 보장 가능해지자마자 슈퍼그리드는 쓸모없어진다는 뜻이 된다. 슈퍼그리드 구상은 재생 가능 에너지로 에너지를 공급하는 구조에 관해 갈등이 시작되었다는 것을 말해 준다. 이는 송전망 투자의 중점을 어디 두어야 하는지에 대한 갈등에서도 드러날 것이다. 슈퍼그리드에 둘 것인가, 아니면 국부적이고 지역적인 차원에서의 전면 공급을 위해 현 송전망 및 투자의 강화에 집중할 것인가?

기존 에너지 콘체른이 슈퍼그리드 구상을 선호하는 것은 에너지 콘체른의 시각에서는 납득이 간다. 반면에 에너지 변화를 가장 시급하다고 보는 모든 사람들의 시각에서 보면, 그런 선택을 이해하기가 어렵다. 불가피하게도 슈퍼그리드 구상은 재생 가능 에너지의 길을 일방적으로 유도하고 그 과학 기술적 잠재력을 경시하는 데로 나아간다. 그뿐 아니라 재생 가능 에너지를 위한 활동가들의 수도 확실히 감소하게 된다. 많은 사람들이 참여하는 운동에서 에너지 기술 만능주의적인 중도로 바뀌는 것이다. 필자는 이것이 데저텍 프로젝트나 시텍 프로젝트를 성급히 옹호하는 모든 사람들의 의도라고 가정하지는 않는다. 그러나 두 프로젝트의 결과는 끝까지

면밀하게 생각해 봐야 한다. '에너지 세계'가 재생 가능 에너지로의 신속한 변화를 지지하는 옹호자들로만 이루어지지는 않기 때문이다. 또한 그 지지자들 영역에도 아주 다른 야심과 경제적 이해관계들이 존재하기 때문이다.

2부
100퍼센트를 위한
'창조적 파괴'로의 도약

4장
촉진
재생 가능 에너지의 자유로운 발전

....
....

에너지 변화를 위한 기여는 모든 지역에서 행할 수 있다. 그리고 정당성 때문이라도 모두들 나름의 기여를 해야 한다. 정치적 책임이 있는 자들이 이런 연관성을 전달해 줄 수 없다면, 그들은 이 연관성을 스스로 이해하지 못했거나 너무 비겁하여 근시안적이고 이기적인 항변들에 맞설 수 없는 것이다.

'에너지 혁명'이라는 개념은 이제 유행어가 되었다. 에너지 변화가 과학 기술 혁명을 통해서만 이루어질 수 있다는 것은 분명한 사실이다. 역사가 보여 주듯이 이런 혁명은 새로운 기초 과학 기술로 시작된다. 새로운 과학 기술은 충족되지 않은 욕구를 채워 주거나 새로운 욕구를 일깨운다. 그다음에는 신기술이 응용 및 생산의 추진력이 된다. 그러면 생산성이 높아지고, 생산성을 바탕으로 하는 제품과 응용에 대한 창의성이 자유롭게 발산되어 다른 혁신적인 도약을 야기한다. 물론 과학 기술 혁명은 기술 자체에 의해서가 아니라, 새로운 가능성을 포착하는 인간들에 의해 이루어진다. 그다음에는 기술적 혁신에서 사회적 운동이 생겨난다. 그 사회적 운동은 모든 사회적 영역에서 규범적이고 실천적으로 확고히 자리를 잡고, 새로운 문화적 기준을 결정한다. 정치, 경제, 과학 기술, 사회 등에서 이루어지는 모든 변화는 이런 식으로 실행되었다. 이런 발전들은, 드문 경우이긴 하지만 '위로부터' 유발될 수 있다. 그러나 그 전개는 '아래로부터'만, 즉 사회에서만 이루어질 수 있다.

이런 과정이 가능한 것은 굉장한 과학 기술 때문이 아니라, 오직 수많은 행동가들에 의해 투입 가능한 기술들 덕분이다. 이들은 개인적인 활동의 장을 확장하고, 따라서 대량 수요를 창출한다. 가장 최근의 예가 정보 통신 기술이다. 정보 통신 기술은 단기간에 폭과 속도에서 예기치 못한 경제적 구조 변화와 사회 문화적 변화를 불러일으켰다. 이 사회 문화적 변화가 사회의 모든 분야와 노동 및 생활과 관련된 영역에 직간접적으로 파고들고 있다. 이것은 무선으로 작동하는 세 가지 과학 기술, 즉 인공위성과 휴대용 컴퓨터와 휴대 전화가 주도하며, 그 이용 범위 또한 계속 넓어지고 있다. 독점화된 정보 통신 공급자들은 개인적인 자율의 약속이 담긴 정보 통신 기술을 처음에 이해하지 못하고 저지하려 했으며, 인간들을 유선으로 계속 연결시키려 했다.

'위성'인 태양도 자신의 에너지 정보를 계속해서 지구 구석구석에, 그것도 무료로 보낸다. 그러나 그 정보를 받아들이는 독자적인 수신기는 아직까지 전적으로 부족하다. 에너지 교체와 또 이와 동시에 발생하는 변화를 촉진시킬 수 있는 것은 또다시 소수의 새로운 기초 과학 기술뿐이다. 신기초 과학 기술 덕분에, 사실상 서로 제약하는 복잡한 현대에 불가능하다고 여겨지던 것이 가능해진다. 모든 신속한 변화의 전제는, 니클라스 루만Niklas Luhmann, 1927~1999 이 표현한 것처럼 '복잡성의 감소Reduktion von Komplexität'이다. 현 구조를 지탱하는 주체들에게 허락을 구할 필요도 없이, 새로운 사실들을 무수히 나열하는 것이다. 기구들의 광범위한 대량 도입은 전체 에너지 공급의 구조 전환을 야기한다. 그리고 나면 제반 상황의 재구조화가 불가피하다.

안내자들을 거스르다

'혁명 세력'에게 혁명의 시점과 방법과 장소를 정해 주어야 한다면, 즉 혁명 세력이 혁명을 하겠다고 신청하고 지원해야 한다면, 모든 혁명은 웃기는 장난이 된다. 허가 절차가 혁명이 대상으로 삼는 사람들의 수중에 있을 때 모순은 더욱 커진다. 전통적인 에너지 콘체른이 혁명을 그들 자신에 대해 요구할 때 이 개념은 역설적이게 된다. 에너지 콘체른은 자기 자신에 대항해 스스로 혁명을 행한다는 것을 이런 식으로 동원하여 공공연히 암시하려고 한다. 입지 허가 및 투자 허가가 아직은 국제적 계약의 규정과 중앙 행정 당국의 판단에 따라 이루어진다 해도, 이는 "혁명가 여러분, 잔디밭에 들어가지 마시오.Die Herren Revolutionäre werden gebeten, den Rasen nicht zu betreten."*라는 유명한 반어적 문장을 연상시킨다.

에너지 공급에서 전통적인 에너지를 새로 교체하는 데로 나아가는 과학 기술의 혁명화는 많은 곳에서 독자적인 발의를 통해서만 전개될 수 있다. 정치와 경제에 대해 결정을 내리는 엘리트들이 기술 만능주의적으로 실행하는 경제 계획을 통해 이루어지는 것이 아니다. 이 엘리트들은 그 과정을 시공간적으로 단계화한다. 과학 기술의 혁명화는 특히 제품이 교체되는 속도가 증가한 디지털 시대에 유효하다. 사회학자 하르트무트 로자Hartmut Rosa는 책 『가속 Beschleunigung』에서 '근본적인 어려움'을 설명했다. 그것은 "한편으로

---

* 독일 제국 의회 앞 잔디밭에 있는 표지판의 글귀로, 1918년 독일 제국의 붕괴 후 일부 공산주의자들이 제국 의회를 점령하러 갔을 때 이 글귀를 보고 잔디를 밟지 않고 인도를 이용했다는 일화를 레닌이 인용하며 독일에서는 혁명이 불가능하다고 꼬집은 말이다.

변화라는 높은 목표를 인지하는 동시에, 다른 한편으로 피하 경직 subcutaneous stiffness, 즉 특히 시스템적인 작동 논리의 언어적 소통과 면역에서 알아챌 수 있는 경직을 인지하는 데" 있다. 이로부터 "미동 없이 움직인 것", "질주하는 정지 상태"가 생겨난다고 한다. "현재 그대로인 것이 아무것도 없는데도, 본질적인 것이 달라지지 않은 상태" 말이다.[55]

이런 진단에 대해 이 책에서 다루고 있는 사안보다 더 적절한 예는 거의 없을 것이다. 한편에서는 모듈식으로 투입 가능한 재생 가능 에너지 기술의 가속화가 시작되고, 다른 한편에서는 기존 에너지 경제가 반세기 동안 탐사와 기반 시설과 발전소에 투자함으로써 현대 경제에서 구조적으로 가장 보수적인 부문이 되었으니 말이다. 그것도 심지어 시스템 내재적인 이유들만이 유일한 원인이다. 하지만 에너지 변화에 결정적으로 중요한 문제는, 누가 혁명적인 기술의 투입을 결정하고, 어떤 활동의 여지와 생각이 활동가들을 유도하는가이다. 활동가들의 수가 적을수록, 그리고 현실적인 이해관계 상황을 많이 고려하거나 그럴 수밖에 없을수록, 에너지 변화는 그만큼 일방적으로 천천히 진행된다. 반면에 활동가들의 수가 많고 다층적일수록, 에너지 변화는 그만큼 광범위하게 빨리 실현될 수 있다.

과학 기술은 인간들이 태양을 (직접적이거나, 바람과 물과 파도 또는 식물 등 자연적인 우회로를 통해) 온갖 에너지 수요에 대한 어마어마한 에너지 공급원으로 이용할 수 있게 해 준다. 따라서 문명의 미래를 위해서는 생존과 관련된 핵심 기술이 중요하다. 이미 설명된 온갖 문제와 어려움, 핵심 기술을 겨냥하는 에너지 변화의 범위와 예상 시간과 조성 방법에 대한 갈등과 차이는 태양 에너지원의 두 가지 근본적인 속성과 네 가지 특수한 기술적 이용 가능성에서 도출될 수 있다.

재생 가능 에너지의 도구적 특징

재생 가능 에너지 즉 태양 에너지의 두 가지 경제적 속성은 에너지원이 공짜라는 점과, 에너지 수요가 있는 곳 어디에서나 공간적으로 직접 이용할 수 있다는 점이다. 이 속성에 두 가지 다른 근본적인 특질이 더해진다. 에너지원이 고갈되지 않을 정도로 무한정이라는 것과 오염 물질이 없다는 것이다. 그 점에 대해서는 아무도 이의를 제기할 수 없다. 그런데 하필 재생 가능 에너지를 공짜로, 그것도 공간적으로 제한 없이 자연스럽게 이용할 수 있다는 특징이 전통적인 에너지 경제에는 위협적이다. 이런 점을 간과하거나 침묵하는 모든 에너지 논쟁은 겉만 그럴싸한 엉터리이다.

재생 가능 에너지의 완전한 관철은 자연이 미리 결정해 둔 법칙이다. 오직 화석 매장량과 우라늄 덕에 연명하고 있는 1차 에너지 경제는 사라질 것이다. 스스로 받아들이는 것보다 일찍, 아니면 너무 늦게 말이다. 태양 에너지의 두 번째 경제적인 속성을 둘러싼 갈등은 아직 분명한 길이 보이지 않는다. 인간들의 에너지 수요를 자체적이고 공간적이며 자연적인 에너지 공급으로 충족시킬지, 아니면 (전통적인 에너지 공급의 구조와 유사하게) 재생 가능 에너지의 점유를 선택된 공간에 집중하고 그곳에서부터 에너지를 구매자에게 공급할지가 아직 분명하지 않은 것이다. 앞에서 설명했듯이, 이런 구조적 문제에 관해서는 의견이 갈린다. 이 문제는 (대개 입 밖에 내지 않지만) 처음부터 재생 가능 에너지에 관한 논쟁을 형성한다. 이는 재생 가능 에너지용 생산 설비에 대한 수많은 행정적인 장애물들에서 드러난다. 솔

202

직히 말하면 이제 이 문제가 중심에 놓인다. 선택된 공간에 생산 설비를 집중시키면 그 결과, 중앙 집중적인 공급 구조가 확정된다. 이에 반해 재생 가능 에너지용 생산 설비가 공간적으로 폭넓게 분포하는 것은 에너지 경제에 대한 전체적인 폭넓은 이해를 대변한다. 국민 경제적 및 지역 경제적 생산성뿐만 아니라, 공동체의 자급이나 심지어 개인적인 자급의 형태를 대변하는 것이다. 즉 전통적인 에너지 경제에서는 예상하지 못한 것을 대변하게 된다.

일반적으로 환경적인 이유들 때문에 그리고 지속적으로 보장되는 에너지 공급을 위해 에너지원의 변화만을 중요시한다면 이런 구조 문제가 상관없을 수도 있다. 그러나 중앙 집중적으로 조직된 생산자이자 공급자라는 본래의 역할을 고수하려 드는 전통적인 에너지 콘체른은 한편으로 구조 문제와 무관하지 않다. 다른 한편으로는 에너지 변화에 지역적인 생산 및 부가 가치의 이해관계가 있는 모든 이들도 이 구조 문제와 무관할 수 없다. 자신을 구성하는 이해관계든, 오염 물질 배출이 없는 에너지 공급에 대한 직접적인 (즉 전지구적인 것만이 아니라 구조 문제와 직접 관련되는) 이해관계든 상관없다. 급성장하는 재생 가능 에너지 기술 시장을 겨냥하는 산업 역시 공간적으로 제약 없는 발전과 더불어 에너지 공급의 분산적 구조를 옹호해야 할 것이다.

분산적 생산이 더 빠른 길일 뿐 아니라 경제적으로 더 효율적이고 사회적으로 더 매력적인 방법이기도 하다는 것은 재생 가능 에너지 과학 기술의 네 가지 특수한 특징들에서 잘 나타난다.

- 첫 번째 특징은 에너지의 획득 및 변환이 하나의 기술 시스템에서 이루어지

는 공동 작용이다. 하나의 시설로 태양광 및 풍력을 점유하고 전기로 직접 변화시키는 것은 과학 기술의 유례없는 간소화로, 독자적인 다양한 투입 가능성을 열어 준다.

- 두 번째 특징은 에너지의 획득과 저장 및 이용이 이루어지는 공간적인 공동 작용이다. 이로써 넓은 공간에 걸친 기반 시설의 단계적인 포기와 함께 손쉬운 에너지 경제가 가능해진다.

- 세 번째 특징은 태양 전기 시설을 소형뿐만 아니라 대형으로도 투입하는 것이다. 그러나 형태가 비교적 작아도 생산성에서 불리하지는 않다. 과학 기술의 생산성은 과학 기술의 투입에서가 아니라 생산율에서 증가하기 때문이다.

- 네 번째 특징은 에너지 기술을 원래 필요한 제품들에 통합하는 것이다. 그 결과 예컨대 고층 건물의 유리 벽면을 동시에 태양 에너지 모듈로 설치한 경우에서처럼 최소의 추가 비용만 발생한다.

이런 하이브리드Hybrid 가능성은 재생 가능 에너지의 수많은 기술에 들어가 있고, 부분적으로는 오늘날 이미 응용되고 있다. 이 가능성은 보통의 에너지 경제적인 계산을 벗어나므로 그 계산이 불합리함을 논증한다. 에너지 변화를 위한 촉매는 잠재적으로 수없이 많은 자율적인 이용자들, 자치 단체 경제와 지역 경제 및 국민 경제에 유리하게 이용하는 수익자들 그리고 설비 생산업자들이다. 바로 이것이 재생 가능 에너지의 특수성과 관련되는 두 가지 경제적 속성이 암시하는 바이다.

시스템의 경직성을 부수고 직접 실현할 수 있게 하는 모든 것은 속도를 올리는 작용을 한다. 기술이 너무 복잡하지 않고 간단히 설치 및 이용이 가능할 뿐만 아니라 모듈로 투입 가능할 때 가속도는 올라간다. 그런 기술을 위해 상당수의 독자적인 투자자들이 대기하고 있다. 2장 마지막 부분에 소개한 것으로, 소수의 대형 기술 프로젝트 대신 수많은 개별 투자들에서 생겨난 증가폭이 인상적인 증명 사례이다(162쪽 참조). 2000년에 독일에서 재생 가능 에너지 법안 대신 데저텍 프로젝트가 의결되고 시작되었다면, 2010년까지도 재생 가능 에너지는 단 1킬로와트시도 더 독일의 공급망에 들어가지 못했을 가능성이 대단히 높다.

1. 시스템 파괴자: 에너지 주권을 위한 과학 기술 잠재력의 성장

재생 가능 에너지를 위한 과학 기술은 가속의 도구이다. 재생 가능 에너지의 독자적 이용을 위한 과학 기술의 잠재력은 계속 다양해지고 투입 가능해진다. 과학 기술의 본격적인 발전과 높아진 관심은 응용 지향적으로 계속 발전하도록 자극하고, 그 결과 기술의 기능적 지능이 높아지고 그 적용 가능성도 넓어진다. 이는 헬무트 트리부취Helmut Tributsch가 부르는 것처럼 '태양 생체 공학'으로까지 나아간다. 자연 시스템의 기능적 지능과 효율성은 기술적 발전에 본보기가 된다.[56]

부분적으로 이미 생산되기 시작한 태양광 전지 발전發電의 다양한 새로운 가능성을 생각해 보자. 생물학을 토대로 하는 마이크로 및 나노로 구조화된 태양 전지가 있다. 이 태양 전지는 원료를 절약하고, 전지의 성능을 높이며, 플라스틱 전지plastic cell 또는 염료 감응 전지dye-sensitized cell로써 용이하고도 유연하게 설치 가능하다. 집중기concentrator를 갖춘 태양 전지도 있다. 아직 시장에 내놓기 전인데, 벌써 효율이 두 배로 올라 비용을 현저히 낮추고 있다. 앞으로 태양 전기를 만들어 낼 유리를 생각해 보자. 수평이든 수직이든 모든 건축물 표면, 모든 천장과 모든 전면이 장차 전력 생산에 기여할 수 있다.

다양한 태양열 발전發電을 생각해 보자. 연료의 투입 없이 열 병합 발전소를 작동시키는 열전기식 태양 전지의 개발도 가능하다. 또 소형으로도 설치 가능한 태양열 발전소가 있다. 태양열을 포물선 면경에 집중시켜 얻는 분산적인 형태의 액체 소금 저장liquid salt storage방식도 있다. 태양열에 의해 수소가 마그네슘 결합에서 풀리는 마그네슘 하이브리드 시스템도 생각해 보자. 수소는 수소 용기에 중간 저장되고, 스털링 엔진Stirling engine*에서 전력을 생산하기 위해 역류할 때 투입된다. 또 산업의 생산 공정을 위해 고도로 농축된 열 투입도 있다. 모든 온실이 태양열로, 또는 태양 전기에 의해 가동되는 열펌프로 가열될 수 있다는 점도 생각해 보자. 그리고 냉각 시스템을 위한 태양열 획득 기술의 잠재력도 생각해 보자. 또 태양열 집열기와 열 저장기 및 교환기를 위한 유기 플라스틱 물질, 또는 실리카 젤silicate gel**이 들어 있는 장기 열 저장기도 있다.

----

* 1816년 로버트 스털링이 개발한 단일 실린더 형태의 엔진으로, 닫힌 공간 안의 가스를 서로 다른 온도에서 압축·팽창시켜 열에너지를 운동 에너지로 바꾸는 장치.
** 무색이나 흰색의 가루로서 규산을 성분으로 하는 응집성 있는 젤이다. 주로 탈수 건조제, 흡착제 등으로 쓰이며 화학적으로 안전한 성질을 갖는다.

탁 트인 지역에서 더 커지고 성능이 좋아지는 풍력 시설뿐만 아니라, 지금까지 별로 주목을 받지 못한 소형 풍력 시설의 잠재력, 도시 협곡street canyon에서 그리고 고층 건물 사이에서 이루어지는 도시 풍력 발전도 생각해 보자. 이것은 걸프 국가 바레인에서 이미 볼 수 있는 형태이다. 대단히 많은 유수들에 배치할 수 있는 소형 수력 발전소의 상당히 과소평가된 잠재력을 생각해 보자. 그중에는 보트처럼 닻으로 고정시킬 수 있는 시설들이 있다. 또는 파력 발전소 외에, 해류 발전소 및 해수 온도차 발전소 또는 해안 지역에 있는 해상 태양 전지 플랫폼도 가능하다.

농업 잔유물과 도시의 유기 쓰레기에서 나오는 에너지론 측면에서 이용 가능한 바이오매스의 잠재력, 식량 작물에 속하지 않는 무수한 에너지 작물을 생각해 보자. 그중에는 또한 염수saltwater의 수생 식물, 특히 조류algae가 있다. 유기 물질을 이용한 수화hydrogenation 처리, 바이오 에탄올bio-ethanol*의 생산을 위한 효소의 투입도 가능하다. 또 식물 쓰레기에서 등유와 벤진도 생산할 수 있다.

열의 잠재력도 생각해 보자. 심층 지열의 잠재력뿐만 아니라, 어디에나 있는 표면 지열의 잠재력과 대기와 수역의 열 잠재력도 포함하자. 그리고 저온 열로 스털링 엔진을 가동할 수 있다는 점도 기억하자. 또 바이오 합성 연료에 이르기까지 바이오 가스, 식물성 기름, 바이오 에탄올로 전력 및 열을 생산하기 위한 대단히 상이한 엔진들의 투입도 가능하다. 통합된 태양 전지와 마이크로 엔진을 통해

---

* 사탕수수·밀·옥수수·감자·보리 등 주로 녹말 작물을 발효시켜 차량 등의 연료 첨가제로 사용하는 바이오 연료.

전력을 공급받을 수 있는 수많은 기구들도 있다.

또 과학 기술과 열 손실을 막는 유기 건축 자재를 이용하여 탄소 제로 하우스Zero Emission House에 도달할 수 있는 수많은 가능성을 생각해 보자. 제로 하우스는 주변의 자연 에너지만 공급받아서, 난방에서부터 냉방에 이르기까지 필요한 모든 에너지와 심지어는 전기 자동차에 필요한 에너지까지도 충족할 수 있다. 이것만으로도 사회에서 필요한 에너지의 50퍼센트까지 충족된다.

그리고 이미 앞 장에서 거론한 바 있지만, 마지막으로 육지와 섬과 지방 및 지역의 전력망에서 저장 잠재력과 수요 지향적으로 전력망을 관리하는 제어 공학적 가능성을 기억하자. '가상 발전소'를 가동하는 자치 단체 및 지역의 '스마트 그리드'를 생각해 보자. 몇몇 시영 기업들이 대단한 에너지 절약 효과를 내며 이미 성공적으로 실행하고 있는 것처럼, 넓게 분포하는 개별 시설들의 에너지 흐름을 관리하는 형태이다. 전자 전력 계량계가 시간대별 요금과 연결되어 대규모로 도입되면서, 전력 소비자는 소비에 대한 비용 관리를 받고 소비 행동을 더 잘 조절할 수 있다. 캘리포니아 주 새크라멘토의 시영 기업들은 전력 소비자 60만 명 전부를 위해 이것을 시의 적절하게 도입한다. 그리고 콜로라도 소재 로키 마운틴 연구소Rocky Mountains-Institute의 애모리 로빈스Amory B. Lovins가 "작은 것이 유리하다. small is profitable."라며 자기 팀과 함께 정밀하게 조목조목 따져 본 것이 무엇인지를 깨달아야 한다. 즉 에너지 비용을 지금까지와는 다른 방식으로 계산해야 한다는 것이다. 그것도 방지된 연료 비용 및 외부 비용뿐만 아니라, 방지된 에너지 수송 비용도 고려해야 한다.[57]

이 모든 것을 또 이런 것과 비교해 보자. 재생 가능 에너지를 상당히 복잡한 조직으로 넓은 공간에 걸쳐 연결하는 대규모 프로젝트, 이를 위해 필요한 기반 시설, 그것과 결부된 의존성, 일이 진행되는 과정의 불투명성, 기술적인 취약성, 헤아릴 수 없이 많은 익명의 협력자 및 공동 수익자 등과 말이다. 즉 기술 만능주의적 경제 계획의 전략과 비교해 보자는 것이다. 이런 전략은 모든 에너지 투자를 국제화와 철저한 합리화에 맞춰 정밀하게 조정할 것을 요구한다. 그렇게 하다 보면 에너지론 측면에서 사회를 잘못 설계한 셈이 된다. 겉으로 보기에는 에너지 투자의 최대 배당, 가능한 한 최대의 비용 효율성, 가능한 한 최저 가격이라는 단 하나의 기준에 맞춰 실행되지만 이런 계획들은 컴퓨터 시뮬레이션에서만 가능하다. 구성원들마다 동기, 우선순위, 가치, 관심 등이 다른 사회의 실제 현실에서는 그렇지 못하다.

재생 가능 에너지의 과학 기술은 자유롭게 전개될 때 자율적인 다양한 응용 형태 때문에 결정적인 힘을 발휘하는데, 그런 흐름은 막을 수가 없다. 이미 존재하는 과학 기술과 재생 가능 에너지를 얻고 변화시키고 이용하기 위해 (아주 소규모에서 비교적 큰 규모로까지, 자율적인 이용 가능성은 상이하게) 추가되는 과학 기술은 동시에 사회적 분배 상황, 생산 방법, 경제적 구조를 위한 촉매제이다. 이에 비해, 전통적인 대형 발전소는 비효율적이고 유연하지 못한 단종 모델이다. 그리고 새로운 대형 발전소조차 과학 기술의 낙후성을 유지하는 것에 불과하다.

새로운 저장 및 비축 잠재력
앞서 언급한 과학 기술적 선택들은 부분적으로는 이미 에너지 생산과 저장의 결합을 허용한다. 또 그 외에도 상당히 많은 다른 선택들이 존재한다. 지난 수십 년 동안 성능이 더 나은 배터리를 개발하기 위한 노력은 거의 없었다. 그 수요가 그다지 많아 보이지 않았기 때문이다. 이런 사정은 휴대 전화, 휴대용 컴퓨터, 하이브리드 자동차 등을 위한 소형 축전지에 대한 수요가 커짐으로써 비로소 달라졌다. 통신망과 무관하고 성능이 우수한 통신 기기가 시장에서 이룩한 성공은, 상당한 에너지 밀도를 지닌 최대한 가볍고 수명이 긴 전기 화학 축전지가 없었다면 불가능했을 것이다. 임박해 있는 전기 자동차의 대량 생산은 축전지 발전의 추가적 도약을 보장한다. 현재 상당히 주목을 받고 있는 리튬 이온 배터리가 유일하고 새로운 전기 화학 축전지 기술은 아니다. 그 외에도 특히 레독스 흐름 배터리Redox Flow Battery, RFB*와 나트륨-유황 배터리가 이용 가능하다. 100메가와트 급 배터리는 이미 존재한다.

우선 대규모의 축전지 생산 시설이 설치되어 있어야 재생 가능 에너지로 전력을 생산하는 발전發電의 폭넓은 확충이 가능하거나 확실시될 수 있다는 주장은 실천적 관점에서 보면 불합리하다. 축전지 생산 시설에의 모든 투자는 그때그때 전력 생산에 맞추어, 그것도 실제 축전지 수요가 각각 구체화되는 규모로 실행될 수 있다. 그 반대로는 안 된다. 축전지 생산 시설에 대한 구체적인 수요가 있어야 투자도 이루어진다. 모든 과학 기술의 발전은 이런 식으로 진행되었다. 구체적인 수요는 투자를 야기하고, 이를 넘어서서 다른 혁신도 창출한다.

---

* 전해액 내 이온들의 산화·환원 전위차를 이용해 전기 에너지를 만들어 내는 전지.

유럽 태양 에너지 학회와 재생 가능 에너지 세계 협의회가 매년 개최하는 국제 재생 가능 에너지 저장 회의IRES의 기고문들이 보여 주듯이,[58] 새로운 저장 과학 기술은 출시를 앞두고 있다. 공급 서비스가 완벽한 구역에서는 오직 태양 에너지 또는 풍력으로만 중단 없는 전력 공급을 가능하게 해 주는 대형 배터리가 곧 시장에 선보일 예정이다. 고온 열 및 저온 열을 위한 열저장, 토양 저장soil storage, 회전 시간이 비교적 긴 관성 바퀴flywheel*, 전력 수요를 위한 열 병합 발전의 의도적 투입 등도 마찬가지이다. 가장 간단한 축전지 가능성 중 하나는 덴마크에서 이미 실행 중인 온수의 생산이다. 이 온수 덕분에 스털링 엔진으로 다시 전력 생산이 가능해진다. 이를 위해서는 섭씨 70도의 온도만으로도 충분하다.

국제 재생 가능 에너지 저장 회의에서 2009년 처음으로 소개된 과학 기술은 에너지 저장 과학 기술의 발전이 얼마나 창의적으로 이루어지는가를 잘 보여 준다. 그 주인공은 수소와 이산화탄소로 합성 제조된 메탄이다. 순수한 수소와 반대로 메탄은 요컨대 문제없이 기존의 천연가스망에 공급되고, 그 망을 통해 분배될 수 있다. 그 다음에 메탄은 열 병합 발전을 통해 전기와 열로 변화되고, 차량에도 사용될 수 있다. 응용의 폭 외에도 메탄의 흥미로운 장점은 단기간에 이루어지는 천연가스망의 안정화뿐만 아니라, 재생 가능 에너지로만 공급할 때 꼭 보장되어야 하는 계절에 따른 저장에도 적합하다는 점이다. 예비 에너지는 소형 열 병합 발전소로 준비될 수 있다. 폴크스바겐Volkswagen과 생태 전력 기업 리히트블리크Lichtblick의

---

* 회전하는 물체의 회전 속도를 고르게 하기 위하여 회전축에 달아 놓은 바퀴.

프로그램이 이미 이를 겨냥하고 있다. 종합적으로 풍력, 바이오 가스, 태양 전기 등을 만들어 내는 하이브리드 시설에 똑같은 적용이 가능하다. 재생 가능 에너지의 시너지synergy 발전소도 마찬가지이다.

태양 에너지 전기는 노출되어 있는 건물 벽면과 지붕에서 만들어지고, 풍력 전기는 고속도로와 철도선에서 만들어진다. 이 태양 에너지 전기와 풍력 전기로 전기 자동차와 기관차의 축전지를 충전할 수 있다. 이로써 전기 자동차와 함께, 거의 공짜로 전기를 어마어마하게 저장할 수 있는 가능성이 생긴다. 축전지가 이미 자동차의 비용을 구성하는 요소이기 때문이다. 축전지는 전기 자동차를 유휴 시간idle time에도 생산적으로 투입할 수 있게 해 준다. 축전지를 이처럼 두 가지로 이용할 수 있는 가능성은 좋은 본보기가 될 것이다. 또 휴대용 컴퓨터의 변화에 버금가는 문화적 변화를 야기할 것이다. 융자를 받아 설치한 지붕 위 태양 에너지 시설, 자동차 축전지가 그러하다. 이로부터 시작되는 시장의 폭발적인 반응을 누가, 또 어떤 정치적 수단으로 막을 것인가? 그럼에도 새로운 대형 발전소에의 투자가 여전히 그럴 만한 가치가 있을까?

재생 가능 에너지의 과학 기술은 '시스템 파괴자system breaker'이다. 저장 가능성과 관련하여 규모가 작을수록, 기반 시설 수요와 이와 결부된 비용 및 의존성은 그만큼 줄어든다. 에너지 경제의 편협하기만 한 동기와는 다른 목적을 지닌 수많은 사람들에게는 비교적 작은 응용 형태들이 더 매력적이다. 그래서 커다란 밀물 같은 투자가 나타난다. 에너지 경제의 분석은 모든 것이 "각각의 에너지가 고려되는가?"라는 질문으로 환원된다. 마치 모든 인간들이 동일한 계산 기준 및 가치 척도를 두고 있기라도 한 듯이 말이다. 이것이 사회적 현실을 반영하지 못한다는 것은 명백하다. 가령 자동차를 보자. 모든 자동차 운전자에게 오직 사용 가치만 중요하다면, 즉 구입 및 유지 비용과 관련하여 운행 성능만이 중요하다면, 그런 일체형 자동차는 이미 오래전에 관철되었을 것이다. 총경제는 제품 광고를 위한 수십억의 비용을 절약할 수 있을 테고, 제품에 대한 각각의 기술적 자료들을 비용 제시와 함께 발표하는 것으로 대신할 수 있을 것이다. 광고 분야뿐만 아니라 디자이너들도 일자리를 잃게 될 것이다. 따라서 모든 인간들이 에너지를 선택할 때 전통적인 에너지와 재생 가능 에너지의 근본적인 차이에도 불구하고 현실적인 비용의 기준에 따라서만 결정한다는 것은 결코 납득이 가지 않는다. 이런 논증은 많은 에너지 경제학자들이 사고하는 영역이 감옥처럼 얼마나 좁은지를 보여 줄 뿐이다.

수동적 에너지 사회로부터 능동적 에너지 사회로

이에 반해 우리 모두는 안정적인 에너지 공급에 도달하기를 원한다. 개발 도상국들에서는 일단 수십억 명이 전반적으로 에너지(특히 전력)를 사용할 수 있는 것이 중요하다. 이런 접근이 재생 가능 에너지 덕분에 여느 때와 다른 방법으로도 보장된다면, 점점 더 많은 사람들이 그 가능성을 포착할 것이다. 그 비용이 저렴해질수록, 에너지 사용 가능성의 포착은 그만큼 빨라질 것이다. 재생 가능 에너지의 독자적인 이용 가능성 덕분에 에너지는 한갓 경제재 및 소비재에서 문화재가 된다. 이것이 재생 가능 에너지의 사회적 논리이다. '수동적 에너지 사회'에는, 한편에 수적으로 점점 작아지면서 동시에 규모가 점점 커지는 공급자가 있고 다른 한편에는 획일화되고 잘못 계획된 에너지 소비자가 있다. 이 '수동적 에너지 사회'가 에너지 공급이 점점 더 독자적으로 이루어지는 '능동적 에너지 사회'로 바뀐다. 에너지 공급이 추진 주체가 수없이 많은 새로운 형태로 이루어지는 것이다.

이런 발전은 다른 경제적 요인들에 의해 조장된다. 1차 에너지가 영구히 무료로 보장되기 때문에, 재생 가능 에너지는 연료 비용이 상승하는 전통적인 에너지보다 산출이 용이하다. 이런 예측의 장점은 모듈식 기술 제공에도 적용된다. 기술을 분산적으로 투입하면, 필요한 용량을 정확히 산정할 수 있다. 생산 능력이 지나치게 많은 형태의 잘못된 투자가 방지될 수 있다. 필요한 용량이 늘어나면, 모듈이 추가로 신속히 설치된다. 그리고 분산적 설비는 설치 시간이 매우 짧고 즉시 생산에 착수하기 때문에, 자본 회수도 곧바로 시작된다.

이 모든 것에서 재생 가능 에너지의 무수한 과학 기술 잠재력이 왜 장기적으로 구상된 모든 에너지 계획을 가로막는지 그 이유가 분명해진다. 에너지 계획이 전통적인 에너지를 겨냥하든, 아니면 재생 가능 에너지에 초점을 맞추든 무관하게 말이다. 모든 장기적 투자는 불가피하게 위험 부담이 되는데, 이 부담은 이런 발전을 계속 의도적으로 저지함으로써만 제한할 수 있는 것처럼 보인다. 인가 거부, 응용 금지, 주택 소유자 및 사용자의 배전망 의무 가입, 중앙 집중적인 공급자 조직에 대한 직간접적인 국고 지원, 에너지 기술이 나오지 않는 나라들의 새 에너지 기술에 대한 수입 금지에 이르기까지 의도적으로 방해하는 방법은 다양하다. 대형 투자에서 위험 부담을 줄이는 것은 정치적 도움이 있어야만 가능하다. 새로운 과학 기술이 방해받지 않고 개발된다면, 대형 시설에의 투자와 넓은 공간에 걸친 기반 시설은 중기적으로 볼 때 그 추진자들에게 이미 재앙이 될 수 있다. 완전한 활용 가능성이 지속적으로 감소하기 때문이다.

이때 발전소가 채산성이 없어서 폐쇄되어야 한다는 것은 심지어 비교적 더 사소한 문제이다. 발전소 경영자들만 관련되기 때문이다. 지역별 생산을 통해 공급로가 길어야 할 필요성이 점점 줄어든다면, 석유 및 천연가스용 파이프라인에서부터 고압 및 최고압 송전망에 이르기까지 넓은 공간의 기반 시설은 모두에게 일반적인 문제가 된다. 별로 활용되지 않는 송전망에 여전히 의존하는 구매자들이 부담해야 하는 송전 비용은 어쩔 수 없이 올라가게 된다. 이로 인해, 독자적인 공급의 추세가 다시 강화된다. 그 결과 송전망 가동의 비용이 다시 올라간다. 재생 가능 에너지의 과학 기술이 신속하게 전개되면서, 어느 특정한 시점부터는 종래의 에너지 공급 시스템이 전복된다. 이는 에너지 공급 사슬의 끝에서 변화가 나타나면서 야기된다. 전통적인 에너지원의 고갈로 에너지 공급 시스템이 시대에 뒤처지기 전에 말이다.

이것에 실제로 대비하기 위해서는 사회학자 오스카 네크트Oskar Negt, 1934~가 '사회학적 환상과 본보기적인 학습soziologische Fantasie und exemplarisches Lernen'이라고 부르는 것이 필요하다. '좋은 실천'의 사례가 증가하다 보면 폭넓은 사회적 운동이 생겨날 것이다.

2. 주역: 재생 가능 에너지로 나아가는 사회적 경제적 운동

하나의 운동은 광범위한 영향력을 지닌 자극들을 통해 생겨난다. 즉 운동을 위한 자극들이 조직되어야 가능하다. 그러나 광범위한 영향력이 본격화되면 운동은 더 이상 조직될 필요가 없다. 어쨌든 광범위한 주민층을 끌어들일 수 있는 흡인력이 큰 구상이 추진하는 운동들도 마찬가지이다. 이런 구상의 사회적 가치는 그 구상을 실천에 옮겨야 하는 필요성만큼이나 확실하다. 운동의 실현 가능성이 어마어마하다고 입증되면, 적대자들이 운동을 멈추게 하기가 점점 더 어려워진다. 적대자들은 운동을 방해만 할 수 있을 뿐이다. 그것도 점점 더 의심스러워지는 방법으로.

에너지 변화를 추진하는 중요한 요소는 재생 가능 에너지에 대한 더 높은 사회적 공인이다. 이러한 정당화의 힘이 얼마나 큰지는, 재생 가능 에너지를 여전히 저지하려 드는 사람들의 언어적 고백과 위장 환경주의적인 '그린워싱' 방법들이 직접 말해 준다. 그들이 전통적인 에너지 공급의 틀 내에서 재생 가능 에너지에 소정의 몫을 인정하거나 할당하려 한다 해도 마찬가지이다. 독일 연방 정부가 예고한 "에너지 정책의 전체 구상"이 근거로 삼는 것은 "에너지 주체들의 몫"을 새로 정해야 한다는 것이다. 재생 가능 에너지의 정당한 이점(보다 높은 사회적 가치)을 이용하는 대신 이 전체 구상에 관여하는 것은 재생 가능 에너지의 주역들이 범할 수 있는 최대 오류이다.

재생 가능 에너지의 비용을 전통적인 에너지와 맥락 없이 비교하거나, 재생 가능 에너지를 구舊 에너지와 경쟁할 수 있게 만드는 것만이 정치적으로 중요하다고 인정하는 것도 오류이다. 재생 가능 에너지의 투자 비용을 지속적으로 줄이기 위한 압박보다 이런 식의 고찰 방법에 국한하는 것이 더 큰 잘못이다. 재생 가능 에너지의 뛰어난 정당한 이점을 상대화하는 오류는, 정책적인 에너지 계획에서 정해진 재생 가능 에너지의 몫이나 화석 에너지 기업들을 위한 배출권에도 숨겨져 있다. 배출권은 화석 에너지 기업들에게 확정된 시장 점유율을 오염권pollution rights 형태로 인정한다. 세계 기후 회의와 국가 에너지 전략에서는 재생 가능 에너지를 어느 정도의 점유율로 언제까지 도입한다거나, 전통적인 에너지를 어느 정도의 점유율로 언제까지 더 이용할 것인지 확정하겠다는 것을 목표로 '시간과 목표time and targets' 구상을 요구하고 기획한다. 이와 같은 '시간과 목표' 구상은 모두 다 앞서 말한 오류를 담고 있다. 이런 구상은 에너지 변화를 위한 행동의 의무로 여겨지기도 한다. 하지만 전통적인 에너지의 고수를 정당화함으로써 전통적인 에너지의 공적 용인이 지지된다. 재생 가능 에너지의 몫을 책정한다는 것은 불합리한 일이다. 이 운동은 사회에서 이미 너무도 다르게 독립되었고, 또한 의견이 일치하는 하나의 목소리가 아니기에 협상 대상이 될 수 없다. 감속을 강제하는 것은 재생 가능 에너지의 정치적 탈자유화나 다름없을 것이다. 에너지 공급에서 재생 가능 에너지의 합의된 몫을 찬성하는 많은 사람들은 이런 결과를 생각하지 않는 모양이다.

전통적인 에너지 시스템으로부터의 해방

재생 가능 에너지로 나아가는 사회적 운동은 전통적인 에너지 시스템으로부터 실제로 해방되는 수많은 단계를 거쳐 전개된다. 전통적인 에너지 시스템이 결정을 내리는 규준은 기술 만능주의적이며, 그 방법은 위계적이고 또 그럴 수밖에 없다. 재생 가능 에너지로 나아가는 사회 운동은 '하향식top down' 발의 대신 수많은 '상향식bottom up' 발의를 통해 생겨난다. 해방은 결코 주어지지 않고 다수결로 의결될 수 없으며, 오히려 실천되고 체험되어야 한다.

해방은 더 자유로운 행동 패턴을 부추기고 야기하고 장려한다. 에너지론적인 해방은 재생 가능 에너지를 위한 발의의 자유화를 목표로 삼는다. 이 해방은 정부, 즉 사회는 그저 구경만 하는 서커스장 지붕 밑에서 정치적 곡예사들에 의해 '위로부터' 이루어지는 것이 아니다. 모든 정부는 이해관계망에 편입되어 있고, 대체로 긴밀하게 연결되어 있다. 이것이 정치가 재생 가능 에너지에 대해 유연하지 못한 이유 중 하나이다.

오늘날 수많은 나라들이 실천의 본보기로 삼고 있는 혁명적인 독일 재생 가능 에너지 법안은 이런 이해관계망에 맞서 관철되었다. 재생 가능 에너지를 위해 전문적으로 조직되고 정부의 사업에 근거를 두는 경제적인 특수 이익 단체들은 2000년에만 해도 존재하지 않았다. 전통적인 에너지 경제가 힘을 합쳐서 정치적으로 이익을 대변하는 것에 비하면, 재생 가능 에너지를 위한 경제적 이익 단체들은 오늘날까지도 별로 조직화하지 못했다. 따라서 재생 가능 에너지 법안의 관철은 재생 가능 에너지에 대한 사회적 운동이 없었다면 생각할 수 없었을 것이다. 이 운동은 오래전에 널리 유포되어 이미 자치 단체에서 수많은 발의를 야기했고, 주로 사민당에서 그리고 녹색당 및 재생 가능 에너지 법안이 의결되던 시점에 정부의 다수를 차지한 원내 교섭 단체들에서 호응을 얻었다. 즉 재생 가능 에너지 법안은 정부의 주도로 발의된 것이 아니라 원내 교섭 단체들에서 생겨났다. 대체로 원내 교섭 단체들의 지지를 받았고, 이들이 내세운 정부에서도 방해 시도가 있었지만 이겨 내고 통과되었다.

조직화된 에너지 경제의 엄청난 저항에 맞서 관철된 최초의 에너지 법안이었다. 재생 가능 에너지를 위한 사회적 운동이 이미 정치적 시스템에 파고들었다는 것이 이 법안의 성립을 위한 모체였다. 재생 가능 에너지가 지닌 정당성의 힘이 기존 에너지 콘체른의 정치적 영향력을 압도한 사건이었다. 이로써 정당과 정부가 에너지 변화를 위해 용기 있게 정책을 실행할 수 있다는 것이 입증된다. 더불어 정당과 정부에게 점차 이 정책을 기대한다는 것 또한 증명된다. 재생 가능 에너지의 실행 가능성과 이점에 관해 계몽된 개인들이야말로 에너지 변화에 있어서 가장 중요한 정치적 지원 세력이다.

활동가들의 증가

재생 가능 에너지로 나아가는 운동에서는 재생 가능 에너지의 원칙적인 가치에 대한 인식과 자기의 이익이 결부되는 영역들이 점점 더 많이 고려된다. 이는 수많은 강연과 토론에서 얻은 필자의 경험과 일치한다. 일부 주민 집단을 대표하는 청중과 함께한 것이든, 아니면 엔지니어 협회, 건축가 협회, 공업 협회, 상업 협회, 광업자 조합, 수공업자 협회 또는 농민 협회, 금융 관리자 또는 청년 기업가, 환경 단체, 지역 에너지 발의 단체 등 어떤 계층과의 회의에서도 마찬가지였다. 가지각색의 사회적 활동가들이 재생 가능 에너지로의 근본적인 재정립이라는 관점에서 다시 모일 수 있다. 그것은 전통적 에너지 시스템을 고수하는 철두철미한 '에너지 전문가들'에게만 어려운 일이 된다.

　엄청난 공공연한 저항과 반대가 최근에 다시 새 화력 발전소 건설을 제지했다. 예컨대 베를린-쾨페니크, 구벤(메클렌부르크-포어포메른 주), 엠덴(니더작센 주), 마인츠(라인란트-팔츠 주) 등에서 성공했다. 당분간은 이들 발전소를 포기할 수 없다는 주장은 이 도시들에서 더 이상 먹히지 않는다. 이들 도시는 그때그때 재생 가능 에너지의 지역적 공급에 따라 각각 구체적인 대안을 마련하기 위해 진력한다. 따라서 전통적인 대형 발전소의 신설을 성공적으로 저지하는 것은 곧 재생 가능 에너지를 위한 가속 요인이 된다.

이 도시들은 민간 투자에 적합한 입지를 설정하기 위해 과학적 연구를 토대로 태양 에너지 지적도solar cadastre를 만들기 시작했다. 이 도시들은 보통 시내에 설치된 태양 전기 시설만으로도 주민의 전력 수요 중 절반 이상이 충족될 수 있다는 결론에 이른다. 시영 기업들은 투자의 중점을 재생 가능 에너지로 옮기기 시작하고, 전력 생산자로서의 역할을 되찾으려 한다. 헤센 주 북부의 볼프스하겐 같은 소도시로부터 뮌헨 같은 대도시에 이르기까지 이런 노력은 계속된다. 도시들은 예전에 매각한 전력망을 차례차례 되사고, 압도적인 다수(라이프치히에서는 투표수의 86퍼센트)의 시민이 시영 기업들의 예정된 매각에 반대투표를 한다.

특히 기계 제작 및 설비 제작 분야의 기업가들은 본래 있었던 노하우를 기반으로 재생 가능 에너지 기술의 생산자가 될 수 있는 가능성을 발견한다. 재생 가능 에너지 기술의 미래 시장을 독자적으로 개척하기 위함이다. 전기와 난방과 냉방의 수요를 위해 자체 발전소를 가동하는 기업의 수가 늘어나고 있다. 기업은 전력의 자체 생산이 지닌 장점을 인식한다. 자체 생산을 통해 송전망 요금뿐만 아니라 기존 공급자의 수익률도 줄일 수 있기 때문이다. 에너지 주권을 확보하기 위한 이런 조치는 전부 다 재생 가능 에너지를 향하게 된다. 이 조치가 아직 전적으로 재생 가능 에너지만으로는 가능하지 않다 해도 말이다. 독일 텔레콤은 2010년 6월, 지역의 '스마트 그리드'를 전략적인 기업 프로젝트로 만들겠다고 예고했다. '아래로부터 공급망의 균형'을 실현하기 위해서였다. 이는 중앙 집중적인 에너지 공급의 재구조화에 시간이 오래 걸리는 것과 상충된다. 따라서 자기 주도하에 분산적으로 발의하고 이와 함께 재생 가능 에너지의 분산화로 나아가는 추세는 전체적으로 강화될 것이다. 또 이런 추세는 대단히 중앙 집중적이고 따라서 유연하지 못한 에너지 경제로부터 기업들의 해방으로 이어질 것이다.

이 과정은 신용 경제에서도 실행된다. 신용 대부업 및 투자업은 에너지 부문에서 수십 년간 대형 시설에 집중해 있었다. 또한 이는 대형 은행 및 대형 투자 회사의 사업 목표였다. 이제는 재생 가능 에너지로 나아가는 움직임이 있고 그 운동을 실천에 옮길 수 있는 자금의 조달이 가능해짐으로써, 분산적인 프로젝트에의 투자가 얼마나 유리한지 경험하게 되었다. 투자에 큰 위험 부담이 없다는 이로운 경험이었다. 즉 연료 비용이 지속적으로 발생하지 않고, 시설을 설치할 때 시간 낭비도 없다. 또 비용 지출이 전반적으로 계획대로 이루어질 수 있고, 시설의 설치 시간이 짧기 때문에 자본 회수도 비교적 빨리 시작된다. 대부업자들은 에너지 경제학자들이 이해할 수 없거나 이해하려 하지 않는 것이 무엇인지 파악했다.

토머스 딘우디Thomas Dinwoodie는 미국을 예로 한 2008년 현재 재생 가능 에너지와 전통적인 에너지로 발전發電하는 직접적인 비용의 비교 연구에서, 실제로 어떤 차이들이 생기는지 뚜렷하게 보여주었다. 모든 경우에 수명을 똑같이 20년으로 어림잡고, 투자 총액 중 60퍼센트를 이자율 7퍼센트로 신용 대부를 받는다고 가정하고, 수익률과 세율을 똑같이 12퍼센트로 예상했다. 그리고 그 결과로서

크리스털 전지로 된 태양광 전지의 경우 발전 비용이 와트당 미화 128달러, 박막 전지일 때는 96달러, 풍력의 경우 44달러, 화력 전기일 때는 74달러, 원자력의 경우 98달러가 되리라고 예측한다.[59] 이런 비용 관계가 지속적으로 재생 가능 에너지에는 유리하게, 전통적인 에너지에는 부담이 되는 방향으로 바뀐다는 것은 분명한 사실이다. 특히 보험 회사와 연금 기금이 재생 가능 에너지 투자에 관심을 보이게 된다. 보험 회사와 연금 기금의 경우 예상치 못한 위험 부담이 없는 장기적 투자가 단기적인 고수익률보다 중요하기 때문이다.

이 모든 것은 흩어져 있는 태양열 집열기, 태양광 전지 시설, 풍력 시설 등과 함께 시작된 재생 가능 에너지로 나아가는 운동이 자라나고 넓게 퍼지는 추진력이다. 비교적 작은 첫걸음을 위해서라도 규정과 법률을 재생 가능 에너지에 유리하게 자유화하는 과정이 필요하다. 공적인 지침에는 비교적 최근까지도 재생 가능 에너지가 들어 있지 않았다. 그래서 여전히 수많은 행정적인 장애물들이 재생 가능 에너지에 방해가 되고 있다. 그것은 자치 단체의 건축 규정에서부터 토지 사용 제한법, 국토 개발 계획법, 환경법, 세법, 전원 지대 이용법, 광업법, 에너지법에까지 이른다.

재생 가능 에너지의 앞길을 터 주기 위해 달라져야 할 것은 에너지법만이 아니었다. 전통적인 에너지 공급 시설에 대한 인가의 특혜를 담고 있는 연방 토지 사용 제한법은 물론이고, 오염 물질의 배출 여부와 상관없이 에너지 시설들 간에 어떤 차이도 두지 않는 자연 보호법 역시 달라져야 했다. 정치적 자유화가 이루어지는 이 과정에서 재생 가능 에너지가 자유롭게 발전할 수 있는 조성의 공간이 열리고, 에너지 변화가 일반적으로 빨라질 수 있다. 그러나 아직까지 이 과정은 걸음마 단계에 머물러 있다.

전통적인 에너지 주체들에 대한 우대는 많은 법률에 포괄적으로 근거를 두고 있다. 생태학적 경제적 사회적 존재 이유들 때문에, 또 문명 윤리적인 이유들 때문에, 전통적인 에너지에 대한 우대를 재생 가능 에너지에 유리하게 바꾸는 전환이야말로 에너지 변화의 속도를 높이는 데 있어서 정치적인 전략적 실마리가 된다. 과학 기술의 발전과 사회는 똑같은 목표를 향해 나아간다. 가장 중요한 정치적 과제는, 재생 가능 에너지를 위해 사회가 생산적으로 감당할 수 있는 법률 체계를 마련하는 것이다.

3. 우선권: 사회적 용인을 위한 현대의 질서 자유주의 체제

가속에 대한 정책의 기본 노선은 재생 가능 에너지에 일반적으로 정치적 우선권을 인정하고 그 법률 근거를 부여하는 데 있다. 이는 여전히 존재하는 전통적인 에너지의 특혜를 끝내는 것 이상을 의미한다. 그리고 재생 가능 에너지에 대한 법적으로 동등한 대우만이 중요한 것도 아니다. 전통적인 에너지와 재생 가능 에너지 사이의 근본적인 차이는 동등하게 대우한다 해도 충분히 고려되지 못할 것이다. 따라서 재생 가능 에너지의 우선권은 제한된 에너지 입법을 넘어 재생 가능 에너지의 이용과 관련된 입법 전체에서 구체화되어야 한다. 이를 위한 정치적 결정은 원칙적으로 당연한 것이고, 또 사회 문화적 가치 결정에 근거하여 지속적이어야 한다. 정치적 결정은 새로운 일반 법률 체계를 정당화한다. 이 법률 체계가 공적인 활동

권한을 새로 정하고, 공적인 행정 작용을 평가하고 결정하는 기준을 바꾼다. 정치적 결정들은 단지 문제가 되는 부분에서만 개별 조정 나사를 다시 맞추고, 오히려 주어진 틀 내에서의 단편적인 정책을 의미하기도 한다. 반면에 구조적인 체계적 결정들은 이런 정치적 결정들과는 달리, 지침과도 같은 중요한 의미를 지닌다.

그다음의 발전이 모두에게 적용되는 새로운 토대 위에서 이루어질 때, 개별적으로 내리는 많은 정치적 결정들은 쓸모가 없다. 재생 가능 에너지로의 전면적인 전환을 목표로 하는 핵심적인 결정들은, 탄소 배출을 제한하고 막기 위한 수많은 법률과 규정을 일반적으로 불필요하게 만든다. 관리 비용 전체를 포함해서 말이다. 그것은 '파이프의 시작begin of pipe'을 조절하는 것이다. 점유할 때뿐만 아니라 이용할 때에도 오염 물질이 없는 재생 가능 에너지를 전면적으로 투입하면, 가령 전통적인 에너지의 흐름을 따라서 또는 그 끝('파이프의 끝 end of pipe')에 적용되는 오염 방지 규정처럼 위험을 줄이려는 많은 규제를 고려하지 않아도 될 것이다. 에너지 변화는 이로써 관료주의를 제거하여 간소화하는 효과도 지닌다.

근본적인 선로 조정은 처음에는 관철되기 어렵다. 그러나 일단 관철된 후에는 모든 것이 수월해진다. 새로운 발전의 장을 여는 데 어떤 결정들이 핵심적인 역할을 하는지 깨닫는 것이 가장 중요한 강령과도 같은 도전이다. 이것을 관철시키기 위해서는 행동의 용기가 가장 중요한 정치적 자원이다.

우선은 자연법적 근거를 갖는 에너지론적인 명령에도 그리고 사회 윤리적 가치에도 상응하는 규제 정책의 네 가지 원칙이 법적으로 자리를 잡아야 한다.

- 전력 시장에서 재생 가능 에너지의 우선권을 유지할 것.
- 지역 개발 정책과 공공 토지 이용 계획에서 재생 가능 에너지 시설을 우선할 것.
- 에너지세를 오염 물질의 과세로 근본적으로 바꿀 것.
- 자치 단체의 에너지 공급이 중심적인 역할을 하는 에너지 기반 시설을 공동 자산으로 구속력 있게 조성할 것.

이 원칙들은 개별 국가의 차원에서만 관철될 수 있다. 각 나라의 통용 법규들을 직접 건드리기 때문에 변화도 상이한 방법으로만 실현될 수 있다. 그런 이유로 이 발전은 상이한 속도로만 실행된다. 그 외에도 이런 조치들을 넘어 국제적 국가 공동체를 위해 어떤 공통적인 과제가 생겨나는지 근본적인 문제가 제기된다. 세계 기후 회의의 노력들이 2장에서 언급된 이유들 때문에 실패한 것으로 간주될 수밖에 없게 된 이후에 말이다. 이런 문제들은 6장에서 다룰 것이다.

질서 자유주의를 에너지(윤리)적으로 규정하다

재생 가능 에너지의 우선권을 정치적 차원에서 규범으로 만드는 것은 계획 경제나 통제 경제dirigism와 무관하다. 그러나 대형 전력 콘체른의 국유화는 에너지 변화를 위한 진보적 조치와는 완전히 다르다. 국가 소유의 전통적인 에너지 콘체른은 (가령 프랑스, 이탈리아, 그리스 또는 오스트리아 등의 전력 공급이나 석유 경제 및 가스 경제에서 볼 수 있는 국영 에너지 콘체른처럼) 이미 민영 에너지 콘체른과 똑같이 재생 가능 에너지를 방해하는 것으로 입증되었다. 국영 에너지 콘체른은 심지어 각각의 정부에 더 직접적인 영향도 미친다. 정부가 에너지 변화를 신속하게 시작함으로써 에너지 콘체른을 비경제적으로 만드는 것에 관심이 있을 리 없다. 원자력 및 화력 발전소를 보유한 전력 콘체른을 국유화한다는 것은, 좋지 못한 위험 부담을 껴안는 공적인 '배드 뱅크bad bank'* 같은 것이다. 그러니 재생 가능 에너지를 우선시한다고 에너지 콘체른을 국유화하는 것은 에너지 생산에서 '더 많은 이득'을 보장하지 않는다.

재생 가능 에너지의 법적 우위는 특히 시장 경제적 질서 체계를 공고히 한다. 이 질서 체계는 임의적이어서는 안 되며, 공익을 목적으로 정당화되어야 한다. 이는 '질서 자유주의ordoliberalism'**의 기본 사상과 일치한다. 이 사상은 지난 몇 년 동안 사회적인 '오염 물질의 가능성'을 입증한 신자유주의의 기치 아래 생겨난 것과 정반대된다. 질서 자유주의의 경제적 단초는 모든 기업들에게 적용되는 기준을 정한다. 하지만 시스템상 그럴 만한 부득이한 이해관계가 없는 한, 개별 경제적인 정치적 개입은 방지된다. 특히 이 단초는 공공 기반 시설의 포기할 수 없는 가치를 고려한다. 공공 기반 시설은 모든 경제 참여자(생산자 및 소비자)가 차별 없이 똑같은 조건으로 마음대로 사용하고, 이와 함께 경쟁 및 소비자의 평등이라는 시장 경제적 원칙을 보장할 수 있어야 한다. 공공 기반 시설은 1969년에 맨 처음으로 노벨 경제학상을 받은 얀 틴베르헨Jan Tinbergen, 1903~1994이 표현한 것처럼 '사회 간접 자본social overhead capital'이다.

---

* 금융 기관의 부실 채권을 전문적으로 처리해 주는 기관.
** 시장 경제 질서 유지에 관한 정부 역할의 중요성을 강조한 독일의 경제·정치사상.

'신자유주의'가 이 기본 사상을 없애고 공공 기반 시설도 수익률 목표에 내맡기기 전에는, 이 사상이 시장 경제적 이론들의 일반 상식이었다. 경제적 독점의 저지, 경쟁의 평등이라는 원리, 모든 경제 참여자들이 똑같이 지켜야 하는 사회적 의무 등은 고전적인 질서 자유주의에 속한다. 이 기본 사상들은 '사회적 시장 경제soziale Marktwirtschaft'*로 나아간다. 이런 사회적 의무들이 이제는 또한 생태적인 의무가 되어야 한다는 것은, 환경을 해치는 자원들을 투입하는 데 상당한 사회적 비용이 들기 때문에 마땅한 주장이다. 바로 이런 이유로 재생 가능 에너지의 법적 우위는 지속적으로 관철되어야 한다. 오염된 물이 깨끗한 식수와 똑같은 시장 가치를 갖고 있는 경제 질서는 사회적 방임을 말해 주는 표상이다.

재생 가능 에너지의 우위가 일반적이며 법적인 근거가 있다면, 효과 면에서 다른 모든 정책의 단초들보다 설득력이 있을 것이다. 따라서 그 우선적 지위는 엄청난 저항에 맞서 이겨 내야만 관철될 수 있다. 동시에 재생 가능 에너지의 우위는 일관된 행동을 보일 때 더 쉽게 달성할 수 있다. 세상에 더 잘 전달될 수 있기 때문이다. 이 우선적 지위는 더 많은 투명성과 정의를 야기한다. 여기에 결정적으로 중요한 심리학적 이점이 더해진다. 즉 에너지의 덫에서 벗어나는 거창한 해결책과 빠른 방책에 대한 사회적 욕구의 증가에 부응하는 것이다. 이런 정치적 대기획은 기술 집약적인 대형 프로젝트가 남발만 하는 약속을 이행한다. 에너지 변화에 대한 정치적 발의만으로는 커다란 도전에 부응할 수 없다는 것은 누구나 아는 사실이다.

---

* 자유방임과 사회주의의 중간 위치에 있는 경제 체제.

정치적 발의가 사람들을 무기력에서 벗어나게 해 주지는 못하지만, 재생 가능 에너지를 사회적으로 우선시하면 에너지 공급이 새로운 토대 위에 놓인다. 재생 가능 에너지의 사회적 우위는 재생 가능 에너지에의 투자에 대한 수많은 사회적 발의들을 활성화하고 공동 책임을 조장한다.

3-1. 전력 시장에서 재생 가능 에너지의 우위

재생 가능 에너지의 우위를 정치적으로 보장한 사례 중 국제적으로 가장 유명한 것은 독일의 재생 가능 에너지 법안이다. 많은 사람들을 놀라게 한 이 법안의 성공은 법적 근거가 있는 원칙이 효과가 빠르다는 것을 입증한다. 이 법안의 상위 규정은 다음의 세 가지 기본 생각을 근거로 한다.

첫째, 재생 가능 에너지로 생산한 모든 전기가 전력망에의 접근에서 종래의 에너지들보다 우선한다. 즉 재생 가능 에너지를 일반적인 공급망에 공급하는 것을 전통적인 발전소들에 의해 용량이 이미 다 찼다는 논리로 거부할 수 없다는 것이다.

둘째, 투자 비용을 충족시키고 수익의 가능성도 열어 줄 정도로 공급 보상이 확실히 보장된다. 보상의 정도는 여러 재생 가능 에너지들 간에 차이가 난다. 물론 발전 및 비용 수준은 각기 다르지만, 그럼에도 모든 재생 가능 에너지가 개발되어야 하기 때문이다. 재생 가능 에너지들의 혼합이 이루어지는 데까지 나아가야 한다. 사전에 미리 결정된 방법은 전력 공급에서 재생 가능 에너지의 몫을 체계적으로 높이면서 동시에 전통적인 에너지들의 몫을 낮추는 것이다.

정치적으로 확정된 보장 보상은 설비 제조업자가 아니라, 재생 가능 에너지로 전기를 만드는 생산자에게 적용된다. 보장 보상은 때때로 지속적인 비용 절감과 동시에 줄어든다. 하지만 그것도 항상 새로 투자된 설비의 경우에만 해당된다. 새로 투자된 설비에만 설비 생산성 증가에 따른 경비 체감의 이점이 있기 때문이다. 보상 기간은 정해져 있다.

이 두 번째 생각과 함께 재생 가능 에너지에 대한 투자자 주권이 마련되었다. 이 시설의 경영자들은 더 이상 자신의 투자가 에너지 콘체른의 생산 설비 계획에 적합한지의 여부를 기존 에너지 콘체른에게 문의할 필요가 없게 됐다. 보장된 공급 정가 때문에 초과 비용이 발생한다면, 이 초과 비용은 모든 전력 소비자에게 균등하게 분배된다. 알루미늄 산업 등의 전력 소비가 많은 기업들의 경우처럼 물론 몇 가지 예외는 있다. 재생 가능 에너지 법안의 반대자들은 보장 보상의 원칙이 시장 경제를 위반한다고 비방한다. 이 원칙 때문에 실제로 설비 제조업자들 간에 시장 경제적인 혹독한 생산성 경쟁이 야기된다. 그러나 바로 이 보장 보상은 설비의 구매자들에게 커다란 매력이 되어, 가장 성능이 좋고 생산적인 시설을 주문하게 한다. 그래야 비용이 줄고 수익률은 높아지기 때문이다. 재생 가능 에너지 도입에 대한 어떤 정책 구상도 생산성 향상에 이보다 더 많이 그리고 더 빨리 기여하지 못했고, 세계적인 재생 가능 에너지 설비 산업에 더 많은 자극을 주지 못했다.

셋째, 도입의 한계가 없다는 것이다. 설비 생산업자들은 재생 가능 에너지의 제한적인 도입 때문에 시장의 기대감market expectations에 제약이 있어서 선뜻 나서지 않았다. 이처럼 설비 생산업자들에게는 계속 성장하는 시장의 전망이 필요하다. 이런 전망이 열림으로써, 독일 재생 가능 에너지 법안은 재생 가능 에너지 기술의 전 지구적 산업화를 야기하는 자극이 되었다.

공공의 목적에 따르는 시장 질서

재생 가능 에너지 우선법은 시장 규제법이다. 시장 규제법은 명백히 중요한 여러 가지 공공의 목적에 근거한다. 기후 보호 때문만이 아니라 이를 넘어 환경 보호를 위해서도 해내야 하는 이산화탄소 감소, 더 나아가 에너지 수입의 종결을 통한 장기적인 에너지 공급 보장, 분산적인 에너지 공급의 확장과 결부되는 지역 경제 구조의 지원 등이 공공의 목적에 해당된다.

통상적인 에너지 시장 질서 곁에는 유사 에너지 시장 질서가 있다. 제약 없이 계속된다면 재생 가능 에너지 우선법은 전통적인 에너지 공급이 전면적으로 교체될 때까지 유효할 것이고, 그다음에는 스스로 폐지될 것이다. 그리되면 재생 가능 에너지만 있는 에너지 시장으로 넘어갈 것이다. 그 시장 규칙들에 대해서는 현재로서는 알 수가 없다. 시장 규칙은 그다음에 전력 생산이 얼마나 자율적일지, 개인과 지방과 지역의 주체들 간의 관계가 어떻게 형성될지, 상이한 재생 가능 에너지들 간의 비용 차이가 얼마나 클지 등에 상당히 좌우될 것이다. 그러면 우리는 그곳에 이르는 길에 형성되는 다른 '전력 문화'와 관계를 맺게 될 것이다.

새로 대두되는 요구와 가능성에 부응할 수 있으려면, 재생 가능 에너지를 위한 전력 공급 법안들이 지속적으로 개선되어야 한다. 그런데 우선권 원칙이 폐지되어서는 안 된다. 전통적인 에너지와 가격이 같아질 때에도, 전통적인 에너지가 더 염가일 때에도 마찬가지이다. 우선권 원칙의 폐지를 성급하게 제안하거나 인정하는 사람은 재생 가능 에너지 법안을 순전히 가격 조절 기구로 잘못 생각하는 것이다. 재생 가능 에너지의 비용과 가격이 유리하면 어느 특정 시점부터는 보장 보상이 없어질 수 있다. 하지만 재생 가능 에너지의 지속적이고 더 높은 사회적 가치를 전통적인 에너지보다 앞에 놓은 우선적 지위는 그렇지 않다. 재생 가능 에너지 법안과 함께 시작된 에너지 변화를 계속하는 데 있어서 중요한 것은, 이제 어떤 조치들이 따라야 하는지를 묻는 전략적인 질문이다.

현행 전력 공급 시스템에서 재생 가능 에너지로 만드는 전력이 차지하는 몫이 커짐에 따라 재생 가능 에너지와 전통적인 에너지 사이의 시스템 갈등이 첨예화된다. 판로 보장을 통해 전력망에 공급된 전력은 이로써 대체되는 전력과 똑같은 방법으로 조절될 수 없다. 태양 전기 및 풍력 전기가 필요한 것보다 전력망에 많이 흘러드는 일이 더 빈번해지고 그 시간도 더 길어진다. 재생 가능 에너지로 전력 공급이 이루어질 때 생기는 문제는 예비 전력이 충분한가의 여부가 아닐 것이다. 오히려 햇빛과 바람이 많은 시간에 때때로 남는 여분을 어떻게 처리할지가 문제일 것이다. 그 여분이 전기를 생산하는 시점에 쓰이지는 않을 테니 말이다. 그렇다고 풍력 및 태양 에너지 설비를 더 이상 생산하지 못하게 하는 것은 어리석은 일이다. 이런 설비들의 생산이 연료 비용이나 작업 비용을 전혀 야기하지 않기 때문이다. 이런 물음은 결국 축전蓄電을 통해서만 만족스럽게 답변될 수 있다.

재생 가능 에너지 법안의 개선

지금부터는 체계적인 자극들이 중요하다. 이제 관건은 더 이상 재생 가능 에너지를 전통적인 전력 시장에 통합시키는 것이 아니라, 전력 시장을 재생 가능 에너지의 전제 조건에 적응시키는 것이다. 재생 가능 에너지 법안의 개선은 이 목표에 따라야 한다. 재생 가능 에너지 법안이 국제적으로 본보기가 된 것과 마찬가지로, 이 법안의 개선은 시스템상 재생 가능 에너지가 차지하는 몫이 중요한 모든 나라들에서 다시금 본보기의 기능을 할 것이다.

따라서 그다음으로 중요한 첫 번째 조치는 다목적 발전소 가산점Kombi-Kraftwerksbonus의 도입이다. 카셀 프라운호퍼 연구소Kasseler Fraunhofer-Institut의 위르겐 슈미트Jürgen Schmid가 그 기본적 특징들을 구상한 바 있다. 그의 구상에 따르면 공급 보상은 세 가지 시간대로 분류될 것이라고 한다. 그것도 한 번은 최소 보상으로, 나머지 두 번은 더 많은 보상으로 말이다. 이런 보상 덕분에 저장 설비에의 투자가 가능해질 것이다. 전력 생산이 햇빛에 의한 것인가 아니면 바람에 의한 것인가에 따라 두 시간대에 전력 일부가 저장되고, 세 번째 시간대에 전력망으로 보내진다. 그것이 각각 어떤 시간대일지는 24시간 전에 전력망 경영자들과의 조율로 결정될 수 있다. 이 구상이 전력을 더 수요에 맞게 전력망에 보내고, 축전 설비에 수많은 투자를 야기할 것이라고 한다.

두 번째로 취해야 하는 조치는 전력망 경영자들이 확실하게 공급받아야 하는 용량capacity을 공고하는 것이다. 이는 약정된 시간에 약정된 전력량의 공급을 보장한다는 것을 의미한다. 이 또한 전력 공급이 재생 가능 에너지에 적응하는 방식이다. 용량이 전력 수요와 동시에 준비되는 양이어야 하기 때문이다.

세 번째 조치는 국내 규제 기관(독일의 경우 연방 전력망 기구Bundesnetz-agentur)의 이른바 보상형 규제incentive regulation에 대한 기준들을 스마트 그리드 구조smart grids structures를 위한 투자에 유리하게 설명하는 일이 될 것이다. 연방 전력망 기구는 전력망 경영자가 송전과 지역 송전망의 전력 분배에 대해 어떤 가격을 요구하든 인가한다. 그러나 이 기구는 또한 송전망에의 투자 내지 그 감가상각을 저지할 수 있는 권한이 있다. 그런 일이 실제로 이루어지기도 한다. 연방 전력망 기구에서 현재 일차적으로 중요한 관건이 송전 가격 및 분배 가격의 인하이기 때문이다. 그럼으로써, 지금의 송전망을 재생 가능 에너지에 맞추고 그에 상응하게 관리하기 위해 투자를 저지하는 것이다. 대단히 일방적인 기준에 따른 이런 식의 투자 규제는 비생산적이며 구조 보존적이다. 따라서 재생 가능 에너지의 우선권을 보장하려면, 재생 가능 에너지와 관련된 송전망의 모든 투자 비용을 인정하고 가격 책정에 포함시켜도 된다는 것이 법률로 정해져야 한다. 또한 재생 가능 에너지용 생산 시설의 운영자들이 전력망에의 연결 라인을 직접 만드는 기회를 얻을 수 있고, 전력망 경영자들과 똑같이 송전 가격 및 분배 가격을 요구할 수 있다는 점이 법적으로 보장되어야 한다. 이는 전력망 경영자들에 의한 확장의 지연을 저지하는 데 꼭 필요하다.

3-2. 토지 이용 계획과 지대 이용에서의 우선권

가장 중요한 가속 요인은, 입지 허가 때 재생 가능 에너지에 대한 모든 고의적인 방해 정책을 배제하는 것이다. 입지 허가가 어떤 제동 작용을 하는지는 1장에서 뚜렷이 드러났다. 입지 허가를 거부함으로써 재생 가능 에너지를 위한 최선의 시장 질서를 의도적으로 무력화할 수 있다. 이런 저지 전략을 끝낸다는 것은 중요한 의미가 있다. 입지 허가의 문제가 어떻게 해결되느냐에 따라, 결국 재생 가능 에너지일 때 어떤 구조가 형성되는지가 결정된다. 발전이 수많은 사람들의 손에 달릴지 아니면 극소수의 사람들에게 좌우될지, 또 그 가능성이 산업적 혁신과 폭넓은 경제적 부가 가치를 위해 이용될 수 있을지가 결정되는 것이다.

건축 대책에 대한 기준은 지역 개발 계획법 및 국토 계획법에 확정되어 있다. 독일에서는 수년에 걸친 발의 끝에 2008년 12월에 가결된 지역 개발법 개정안에서야 비로소 기후 보호와 재생 가능 에너지가 명시적으로 고려되었다. 이 법안은 기후 보호의 공간 조건을 고려하고, 재생 가능 에너지의 확대를 위한 전제 조건을 마련할 것을 규정한다. 그러나 법률 입안은 독일 헌법에 확정된 연방과 주들 사이의 권한 분배를 근거로 각 주에서 이루어져야 한다. 이는 지금까지 단지 불충분했거나, 여태껏 전혀 없었던 일이다. 국토 계획법에서는 지리적 공간을 필요로 하는 사회적 기능들이 공공의 관심사로 명시된다. 이런 공공 관심사에 부응하는 건축 대책들은 인가에서 우선시된다. 여러 공공 관심사들 간에 목표 갈등이 있을 때는 당국이 신중하게 검토하고, 필요한 경우에는 법원이 종종 오래 끄는 소송 절차를 거쳐 결정을 내려야 한다. 공공 관심사로 여겨지는 것은 도로와 선로 같은 초지역적인 교통로, 에너지 공급망, 공업 단지 추방, 자연 보호, 농업 장려, 지역 개발의 주안점 등이다. 여기에 물 및 환경 법안이 그 예외 기준과 함께 추가된다.

재생 가능 에너지 시설의 입지 허가를 거부하거나 지연하려 할 때 관청은 다양한 해당 규정들에서 거의 언제나 근거를 찾아낸다. 늦어도 입지 허가의 전면 거부 때에는 당국의 전횡이 명백히 드러날 것이다. 전횡이라는 비난을 피하기 위해 당국이 자주 이용하는 방법이 있다. 극소수의 우선권 지역만 명시하고, 다른 농경지는 제외 구역으로 선언하는 것이다. 그 결과, 에너지 변화를 폭넓게 빨리 실행하는 일이 실제로 불가능해진다. 바덴-뷔르템베르크, 바이에른, 헤센 등과 같은 연방주들은 이 과정에서 농경지의 99.8퍼센트가 풍력 시설의 건립 대상 입지에서 제외된다. 이는 특히 풍력에 대한 투자 금지에 견줄 만하고, 소형 수력 잠재력의 완전한 이용을 거의 불가능하게 만든다. 재생 가능 에너지는 종래의 국토 계획법에서 공공 관심사로 인정받지 못했다. 이와 반대로 예컨대 송전망들은 계획의 특권을 법적으로 보장받는다. 따라서 입지 허가는 원칙상 들어주어야 하는 특권이다.

에너지 공급이 재생 가능 에너지를 통해 분산적 구조를 갖게 되면, 여러 입지에 세워진 많은 시설들이 소수의 전통적인 대형 시설을 대신하게 된다. 따라서 그 많은 시설들이 반드시 거치는 수많은 인가 과정에서 이를 방해할 가능성들이 존재한다. 오늘날까지 저지 계획과 질질 끄는 인가 절차로 인해 재생 가능 에너지에 대한 얼마나 많은 투자가 수포로 돌아갔는지는 알 길이 없다. 독일만 보더라도 무려 수만 건에 달할 것이다. 당국은 비용이 많이 드는 감정을 자주 요구하며, 그 비용은 입지 허가 신청자들이 직접 조달해야 한다. 그렇다고 나중에 인가가 날 가능성이 더 커지는 것도 아닌데 말이다.

전력 시장에서의 우선권 외에 공공 토지 이용 계획의 모든 관점과 단계에 관련하여 볼 때, 국토 계획법에서 재생 가능 에너지의 우선권은 결정적으로 중요한 두 번째 조치이다. 재생 가능 에너지는 법적으로 공공 관심사로 성문화되어야 할 뿐만 아니라, 그중에서도 우선시되어야 한다. 이는 이미 언급된 공공 관심사의 여러 기준들을 재생 가능 에너지가 동시에 충족시킨다는 것을 근거로 한다. 재생 가능 에너지는 자연 보호 및 환경 보호에 기여한다. 자연과 환경의 보호는 오직 오염 물질 배출이 없는 에너지 이용으로의 포괄적인 변화를 통해서만 보장될 수 있기 때문이다. 공공 관심사인 전력선의 부설이 공급 안정의 보장에 중요하다면, 재생 가능 에너지의 생산 입지에도 마찬가지로 우선권이 적용되어야 한다. 재생 가능 에너지는 지역적으로 생산되지만, 분명 장소에 대한 관심을 넘어서는 의미가 있다. 재생 가능 에너지는 지역의 중소기업과 경제의 진작뿐만 아니라 농촌의 농업 진흥을 위한 모든 기준들을 충족시킨다. 경우에 따라서는 에너지 작물들의 생산도 능가한다. 농업용 평지가 재배지나 목초지로서 농업적 용도를 벗어나지 않으면서도, 풍력 시설의 입지로 이용될 수 있기 때문이다.

재생 가능 에너지의 공급이 지역 개발 정책과 토지 이용 계획에서 우선적인 공공 관심사로 선언되면, 그 결과 행정 조치와 법적 절차에서의 주안점이 근본적으로 새로 정해진다. 여러 관심사들의 유용성 비교와 함께, 재생 가능 에너지의 우위가 모든 사람들에게 납득될 수 있다. 다른 환경 보호 및 경관 보호 관심사들과 비교할 때, 재생 가능 에너지의 변화를 통한 환경 보호 및 경관 보호 효과는 더 크고 포괄적이다. 재생 가능 에너지 시설은 경관에 개입하는 방해물이지만, 자연적인 생활 기반의 전반적인 보호에, 즉 자연 보호 및 경관 보호에 포기할 수 없을 정도로 중요한 기여를 한다. 입지 허가의 광범위한 거부를 통한 경관 개입 금지는 재생 가능 에너지의 전면화 과정에서 다른 지역들에 개입이 몰리는 것을 의미한다. 에너지 수송망에 의해 자연과 경관의 부담이 늘어나는 것도 포함된다. 에너지 변화를 위한 기여는 모든 지역에서 행해질 수 있다. 그리고 정당성 때문이라도 모두들 나름의 기여를 해야 한다. 정치적 책임이 있는 자들이 사람들에게 이런 연관성을 전달해 줄 수 없다면, 그들은 이 연관성을 스스로 이해하지 못했거나 너무 비겁하여 근시안적이고 이기적인 항변들에 맞설 수 없는 것이다.

공공 평지 이용 계획 및 토지 이용 계획에서 재생 가능 에너지가 실천적 후순위에서 우선순위로 바뀐다는 원칙의 결정은 소극적인 자연 보호에서 적극적인 자연 보호로의 변화를 의미한다. 소극적인 자연 보호는 자연에의 개입을 피하는 데 목표를 둔다. 그 결과 자연에의 개입들이 공간적으로 밀집되고 집중된다. 적극적인 자연 보호는 그에 반해 자연과 문명을 가능한 한 조화시키는 것을 의미한다. 경제 활동과 자연 보호가 어떻게 동시에 이루어질 수 있느냐는 물음은, 이제 공간적인 상호 분리를 통해서가 아니라 지역적 및 국부적인 연관 속에서 답변된다.

토지 이용 계획에 있어서 우선권의 법적 기본 모형

필자가 이런 상위법의 첫 번째 기본 틀을 만든 것은 2008년이었다. 이것이 사민당 헤센 주 의회 원내 교섭 단체의 법안이 되었다. 원내 교섭 단체의 위원장 안드레아 입실란티Andrea Ypsilanti는 당시 주 정부 총리 후보로 입후보한 상태였다.[60] 그녀는 이 구상을 법률로 만들어, "재생 가능 에너지를 위한 새로운 투자의 큰 물결"을 공공연히 야기하려 했다. 소형 열 병합 발전소 10만 개 프로그램만으로도 1,000메가와트 급 대형 발전소 두 개를 대체할 수 있다. 이 프로그램을 보완한다면, 이 법안으로 헤센 주 전력 공급에서 재생 가능 에너지가 차지하는 몫은 5년 내에 5퍼센트에서 60퍼센트로 올라갈 수 있었을 것이다. 그런데 이 구상은 법제화되지 못했다. 그녀가 정부의 수장이 될 수 있는 마지막 순간에 사민당 국회의원 네 명의 저지에 부딪혀 실패했기 때문이다.

이 입법 계획과 함께 고지된 목표는 에너지 변화의 최종적인 도입이었다. 2025년에는 뜻하던 100퍼센트 공급에 이르겠다고 한 이 선언은 길을 개척했다는 의미에서 인정받았고, 상당히 양극화된 갈등을 야기했다. 『프랑크푸르터 알게마이네 차이퉁*Frankfurter Allgemeine Zeitung*』은 이처럼 논평했다. 이 구상이 법률이 된다면, "재생 가능 에너지에의 투자를 저지하려는 사람들에게 더 이상 그럴 기회는 없을 것이다." 이 정치적인 입법 계획에 대항하는 캠페인이 잇따랐으나 밀려드는 대중의 관심을 막을 수는 없었다.

이 구상은 풍력 시설에 대한 우선적 구역을 명시하지만 (자연 보호 구역은 논외로 하고) 더 이상 예외 구역을 허용하지 않는다. 우선적 구역에 있는 풍력 시설들은 일반적으로 인가된다. 우선적 구역 밖의 인가를 결정하는 것은 오직 자기 구역에 풍력 시설을 세워야 하는 각각의 자치 단체뿐이다. 그러나 어떤 자치 단체도 자기 구역을 직접 예외 구역으로 공표해서는 안 된다. 더 이상 풍력 시설들의 높이나 크기의 일괄적인 제한은 없고, 개별적 사안의 결정만 있을 뿐이다. 또한 자치 단체는 법령을 통해 규정하고, 자기 구역에서 또는 지역 일부에서 특정 연료의 사용을 금하며, 특히 건축물과 다른 건축상의 시설과 관련하여 재생 가능 에너지를 적극적으로 이용하는 특정한 형태를 규정할 권리를 얻는다. 이런 틀은 간접적으로 모든 자치 단체로 하여금 에너지 변화를 적극적으로 추진하고 공동 책임을 떠맡을 것을 확약하게 한다. 이와 동시에 에너지 변화에 필요한 독자적인 결정 권한을 자치 단체에 부여한다. 이로써 에너지 변화가 민주화된다. 자치 단체의 결정 주체들은 임의의 투자 발의에 대응할 뿐만 아니라 의무를 이행해야 한다. 책임을 넘겨받은 결정 주체들은 자연히 다음과 같이 움직인다. 평지 이용 계획에서 자치 단체의 우선적 영역을 명시하고, 재생 가능 에너지의 적극적 이용을 자체 발전 계획에 포함시킨다. 지방의 경제 활성화와 자치 단체의 세수입 증가에 대한 가능성이 이와 결부되어 있기 때문이다. 자치 단체는 또한 시영 기업과 함께 에너지 공급의 재공영화를 추진하는 일에서 지지를 받는다. 새로운 시설의 구체적인 인가는 지방 의회가 인가해야 하는 지구 정비 계획을 통해 이루어진다.

이와 함께 재생 가능 에너지를 적극적으로 이용하는 구심점은 대부분의 잠재적 가능성들이 존재하는 차원으로 옮겨질 것이다. 즉 경제적으로 최대 이익을 낼 뿐만 아니라, 지역적인 자원 순환과 다기능적인 이용을 위해 모든 재생 가능 에너지로 구성되는 에너지 혼합energy mix의 가장 효율적인 최고의 가능성에 주목할 것이다. 유기 쓰레기의 에너지론 측면의 활용, 즉 쓰레기 경제와 에너지 공급의 통합을 위해서이다. 그것만으로도 전력 및 열 수요의 20퍼센트까지 충족될 수 있다고 한다. 그리고 농업 잔여물과 에너지 작물을 이용하고 가공하는 것뿐만 아니라, 생물에 근거한 에너지 생산의 잔여물(예컨대 바이오 가스 시설에서 나오는 가스를 제거한 바이오매스, 식물성 기름을 짜고 난 찌꺼기, 바이오 에탄올 생산에서 남은 찌꺼기 등)을 사료 및 화학 비료로써 자치 단체 주변 지역의 농업에 환원하는 것을 고려한다.

재생 가능 에너지를 적극적으로 이용하는 구심점은 또한 세 가지 기능을 하는 전기-열-전기 결합 시설로 전기 에너지, 열에너지, 냉각 에너지를 통합적으로 생산하는 것에 놓일 것이다. 그리고 표면 지열의 에너지 잠재력을 포함하는 것에 주목할 것이다. 그 결과, 건물의 전력 및 열 수요를 온전히 충족시킬 수 있다. 또 시영 기업들이 독자적인 민간 경영자들의 잔여 용량 및 예비 용량을 고려하면서 전기와 열 통합 요금으로 전력망 및 열 공급망을 관리하는 것이 구심점이 될 것이다. 주로 분산적 구조를 통해 가능하고, 시영 기업들에게 자연히 경쟁의 이점을 허용한다. 게다가 이 모든 일은 운송 비용을 전반적으로 방지하면서 이루어진다. 이런 규제 정책이 특히 자치 단체 차원에서 변환될 수 있는 것은 '조리Natur der Sache'* 때문이다. 그럴 때에만 재생 가능 에너지를 효율적으로 획득할 수 있는 모든 가능성을 완전히 이용할 수 있다.

2010년 3월에 가결된 새로운 건축 규정에 대한 유럽 연합 법률도 이를 확인해 준다. 이 법률은 다음과 같이 정한다. 2012년부터 신축되는 모든 공공건물은 탄소 제로 배출 기준에 따르고, 2015년부터는 건물을 수리할 때마다 재생 가능 에너지 투입에 대한 최소

---

* 條理. 많은 사람들이 승인하는 공동생활의 원리인 도리로, 사물의 본질적 법칙을 가리킨다.

의무 기준이 적용되며, 2020년부터는 건립되는 모든 건물에 이 기준이 예외 없이 적용된다. 이는 재생 가능 에너지의 자연적이고 지역적인 공급으로만 실현될 수 있는 기준이다.

창의적으로 이용 가능한 평지의 잠재력

용도를 창의적으로 설정할 때 평지의 잠재력이 얼마나 큰지는 유럽 태양 에너지 학회의 각서에서 본보기로 뚜렷이 부각되었다. 이 각서에는 북에서 남으로 장장 960킬로미터에 걸쳐 독일 전역을 통과하는 가장 긴 고속도로('A7')가 '에너지 가로수 길'로 구상되어 있다.[61] 이 각서는 바람 에너지 이용에 적합한 모든 고속도로 구역(어림잡아 전 구간의 80퍼센트)에 5메가와트 급 풍력 시설을 780미터 내지 900미터 간격으로 설치하라고 제안한다. 그 결과 개별 입지 1,250개에 설비 가능한 출력이 6,250메가와트가 된다. 이것만으로도 투자 금액 75억 유로를 들여 독일 전력 수요의 2.2퍼센트를 충족할 수 있을 것이라고 한다. 입지에 따라 회전자rotor가 100미터 내지 130미터 높이에서 허브hub 주위를 회전하며 게다가 하전荷電된 평지에 설치된다고 한다. 우선권이 선언됨으로써 인가 절차가 통째로 생략되기 때문에, 투자자들이 충분히 있으리라는 점은 확실하다.

A7의 평지 이용률은 다른 고속도로들의 경우와 비교해 보면 분명히 드러난다. A7의 경우와 동일한 기준에 따라 전체 전력 수요의 15퍼센트(즉 데저텍 프로젝트의 공식 목표)에 이르려면, 5메가와트 급 풍력 시설의 현실성 있는 비용 수준 기준으로 500억 유로의 투자 비용이 필요할 것이다. 또 전력망에의 연결을 위한 투자는 많은 송전 예정선이 이미 고속도로를 따라 뻗어 있기 때문에 비교적 적을 것이라고 한다.

무엇보다도 현실화가 즉시 이루어질 수 있을 것이다. 실현에 3년 이상은 걸리지 않을 것이다. 생산된 전기는 장차 주로 고속도로 주유소에서 전기 자동차의 배터리를 충전하는 데 투입될 수 있을 것이다. 바람 에너지 가로수 길은 철도를 따라, 특히 정속 구간 내지 고속 구간을 따라 조성될 수도 있다. 이로써 기관차의 에너지 공급을 위해 풍력 전기를 직접 투입할 수 있다는 이점이 추가로 생긴다. 이와 같은 우선권 구역의 설정은 태양 에너지 발전發電에도 전용될 수 있다. 고속도로의 가장자리 평지·방음벽·열린 차양에 달린 태양 전지 모듈solar module로 말이다. 이는 특히 지역의 고속도로나 도심을 통과하는 4차선 국도에서 도시 계획적인 조성 프로젝트가 된다. 평지의 잠재력을 전답에까지 확대해야 할 이유가 없다.

또한 재생 가능 에너지로의 전력 생산이 우선권 구역 밖에서 확대되고, 풍력이 자치 단체가 수립한 평지 이용 계획의 통합적인 요소가 되고, 태양 에너지 발전發電이 건물 건축 계획의 통합적인 요소가 된다면, 에너지 공급의 분산화는 구조적으로 막을 수가 없다. 통합적이고 소비에 가까운 생산 형태들을 통해 기능적인 시너지 작용이 나타난다. 이 시너지 작용들은 다만 개별적으로 하나씩 산출되는 에너지 경제적 분석들을 전부 다 파기한다. 그런 다음에 에너지 공급은 우선권 구역 밖에서도 더 이상 집중된 공간에서 이루어지지 않는다. 에너지 공급은 오히려 미래의 자연 경관과 도시를 보여 주는 온전한 모습이 된다. 부가 가치의 폭이 넓고 송전의 수요는 작으며 수송 비용이 줄어들기 때문이다. 이 모든 것은 지역 개발 계획 및 토지 이용 계획에서 재생 가능 에너지를 우선시하는 결정이 어떤 광범위한 영향을 미치는지 분명히 말해 준다.

에너지 변화가 의도적인 계획 제한을 통해 지금 얼마나 축소되었는가는, 풍력 시설의 '리파워링repowering'이 가능성과 기대에 훨씬 못 미친다는 데서도 드러난다. 리파워링은 출력이 비교적 적은 기존 풍력 시설을 출력이 더 큰 시설로 대체함을 의미한다. 이는 물론 출력이 더 큰 시설에 대해 인가가 나는 것을 전제로 한다. 그러나 이 인가는 주로 거부되기 때문에, 비용이 더 적게 드는 풍력 발전을 일부러 정치적으로 저지하는 불합리한 결과가 생긴다. 일차적으로 정치적 잠재력을 완전히 이용하는 것이 얼마나 중요한지 잘 보여 주는 사례이다.

입지 우선권이 없으면 분산적인 생산 가능성은 의도적으로 제한되거나, 오래 끌고 비용이 많이 드는 인가 절차라는 관료주의의 미로에 갇혀 정체된다. 정부 당국이, 예나 지금이나 입지 조건의 결정에 관한 한 지역 사회에 대한 통찰과 민주적 책임감을 지닌 결정 주체인 자치 단체보다 권한이 크다고 믿고 있다면, 그것은 관료주의 국가 시절의 잔재이다. 민주주의 이전에 했던 후견인과 같은 노릇으로는 그 역할을 감당할 수 없게 된 지 이미 오래이다.

3-3. 에너지세 대신 오염 물질세

에너지세를 오염 물질세로 바꾸는 것이야말로 재생 가능 에너지 우위 원칙을 관철시킬 수 있는 가장 중요한 단초일 것이다. 이는 전력 시장에서 재생 가능 에너지가 우선한다는 것만큼이나 흔치 않은 생각이다. 25년 전만 해도 완전히 새로운 구상이었다. 일단 모두의 입에 오르내린 후 잠잠해진 '생태세'는 기껏해야 오염 물질 과세에의 접근을 의미한다. 현재 폭넓게 논의되고 몇몇 나라에서 이미 실행되고 있는 탄소세의 경우도 마찬가지이다. 생태세와 탄소세는 현재의 에너지세를 보완하지만, 에너지 과세 전반의 근본적인 전환을 의미하지는 않는다. 오염 물질세의 관건은 생태세를 포함한 모든 에너지세를 오염 물질세로 대체한다는 것이다. 그 수준은 실제적인 오염 물질 배출에 맞춰 정해지고 그에 상응하게 세분화되어야 할 것이다.

이와 함께, 생산 방식뿐만 아니라 소비 방식에 있어서도 장기적으로 구상된 변화가 시작될 것이다. 이는 생태세의 의도이기도 했다. 그런데 생태세는 몇 년 전부터 개선되는 조짐이 없고, 그 단초도 충분히 넓고 깊게 작용하지 않는다. '생태세' 개념의 심리적 문제는, 환경 부담의 축소가 관건인데도 불구하고 모든 세금이 부담으로 인지된다는 데 있다. 이로써 특히 생태세는 공적 영역의 문제가 된다. 또 생태세에서 나오는 수입이 생태적인 투자와 직접 결부되어 있지 않다는 점도 문제이다. 만약 에너지 종류별로 실제적인 피해 발생(이산화탄소 배출, 건강 위험, 핵 잔류물, 하천 오염 등등)에 따라 과세된다면, 오염 물질이 거의 포함되어 있지 않거나 전혀 없는 에너지들의 경우 낮은 과세 또는 비과세가 적용될 것이다. 반면에 오염 물질을 함유하거나 손상을 야기하는 에너지들에 대한 과세는 동시에 사회에서 실제로 지속해 온 지원, 즉 환경 훼손에 대한 비용을 납부하지 않는 특혜가 취소되는 셈이다. 오염 물질의 과세는 생산자뿐만 아니라 소비자들로 하여금 오염 물질이 거의 없거나 전혀 없는 에너지로 바꾸도록 자극한다. 이는 사회적 비용을 방지하기 위한 도구이며, 이와 연관된 과학 기술의 발전을 모든 경제 활동 내내 지원한다. 환경과 자원을 보호하는 경제를 지향하는 명백한 국민 경제적인 유용성은 개별 경제적인 자극으로 변형된다.

오염 물질의 과세를 도입하기 위한 전제는 '오염 물질 공식pollutant formula'을 개발하는 것이다. 화석/핵에너지에 의한 여러 가지 구체적인 환경 부담에 의거하여 오염 물질의 과세를 과학적으로 정당화하고 공공연히 실감할 수 있게 만드는 공식이다. 생태세에 반대하는 캠페인들처럼, 오염 물질 과세 반대 캠페인은 극복하기 어려운 심리적 난관에 봉착한다. 오염 물질세를 낮추라고 요구하는 사람은, 오염 물질로 사회에 계속 부담을 주겠다는 저의를 공개적으로 시인하는 셈이 되기 때문이다. 이런 입장은 더 이상 사회적으로 용인될 수 없다. 오염 물질의 과세는 기후 보호를 위해서도 단지 이산화탄소에 대한 과세보다 효과적인 수단이다. 탄소세는 화석 에너지의 수많은 부정적인 환경 요인들을 고려하는데, 그것이 이산화탄소의 배출과 동시에 발생할 때에만 적용된다. 화석 에너지를 투입하지만 탄소세와는 관계가 없을 것이라던 CCS 발전소도 오염 물질세는 면제받지 못한다. 원자력 발전소도 마찬가지이다.

에너지 과세가 오염 물질 과세로 근본적으로 바뀔 때 당연히 제기되는 질문이 있다. 에너지세에서 상당 부분을 얻는 국가의 수입은 어떻게 되느냐는 물음이다. 오염 물질의 과세가 높게 책정되고 생산자와 소비자의 선택이 오염 물질이 없는 에너지로 많이 바뀔수록, 세수입의 감소는 불가피하다고 한다. 그런데 재정 운영 전체를 살펴볼 때 세수입 고갈은 문제가 되지 않는다. 조세 시스템이 바뀌는 시점에 오염 물질세는 당분간 오늘날의 에너지세 수준이 될 것이다. 세수입의 단계적인 전환을 위한 전제는 오염 물질이 없는 재생 가능 에너지에의 투자이다. 즉 추가적인 경제 활동들이 커다란 역동성을 발휘하고 새로운 일자리를 만들며 기업 매상을 창출해 내면 그 결과, 다른 세수입의 증가분이 오염 물질세의 감소분보다 훨씬 더 많게 된다. 이런 발전의 과정에서 국민 경제의 능률만이 아니라 삶과 환경의 질 역시 향상될 것이다. 그리고 사회적 비용은 감소할 것이다.

이런 구상은 물론 에너지 과세가 이미 시행되고 있는 나라들에서만 가능하다. 개발 도상국에는 거의 적용되지 못한다. 개발 도상국에서는 주민들의 구매력이 충분하지 않아 면세 에너지라도 비용을 지불하기가 힘들기 때문이다. 그래서 심지어 에너지를 소비하도록 국가에서 지원을 하기도 한다. 반면에 석유 및 천연가스 채굴국에서는 전용될 수 있다. 이들 국가는 에너지 수출로 얻는 수익이 상당하기 때문에 지금은 에너지 과세를 포기하고 에너지 가격을 극히 낮게 유지하고 있다. 따라서 이들 나라는 조세 시스템의 변화를 겨냥한 과세가 아니라 오히려 자국의 환경 보호와 에너지 절약에 대한 의식을 일깨울 수 있는 에너지 세금이 필요하다.

4. 공동 재산: 에너지 대비를 위한 자치 단체의 역할

경제적 독점이 다른 (종종 더 생산적이고 더 나은) 경제재들의 시장 진입을 막는 데 오용된다는 것에는 논란의 여지가 없다. 이는 민간 경제에서뿐만 아니라 국가 경제적으로 행해지는 독점에도 똑같이 적용된다. 재생 가능 에너지를 방해하는 과정에서도 민간과 국가의 독점은 모두 똑같은 태도를 취했다. 에너지 공급의 자유화는 석유 경제 분야에서 이미 오래된 일이고, 전력 공급과 가스 공급의 경우 1980년대부터 본격적으로 시작되었다. 따라서 이러한 자유화 때문에 재생 가능 에너지를 위한 여건이 나빠진 것은 아니었다. 부분적으로는 미미하게나마 개선될 수도 있었다. 에너지 공급의 자유화가 생태적인 전력의 공급자들이 시장에 진입할 수 있도록 통로를 열어주었기 때문이다. 그러나 다른 한편으로는 이 자유화가 재생 가능 에너지에 대한 심리적 장벽을 높이기도 했다. (2장의 141쪽 '시장 자폐증'에 관한 절에서 묘사한 것처럼) 처음부터 불공평한 조건하에 시장에서 기반을 다지도록 요구받았기 때문이다. 게다가 자의 반 타의 반으로 실행된 자유화는 제대로 기능하지 못했다. 이는 특히 전력 부문에서 잘 드러난다. 자유화의 핵심 요소는 발전發電, 송전, 배전配電을 기업별로 분리하는 것인데 거대 에너지 콘체른의 경우에는 소유주 분리가 포기되었다.

전력망 소유주이기도 한 전력 생산자는 송전 요금 및 배전 요금에서 특권을 누려서도 남들을 차별해서도 안 된다. 하지만 독점과 관련해서는 모든 사람들이 사용할 수 있는 전력망은 독점이 당연하다. 전력망들의 경쟁은 공간과 기능의 이유에서 가능하지 않다. 지상의 모든 도로망, 철도망, 통신망, 수도망, 가스망의 경우도 마찬가지이다. 따라서 모든 이용자들에 대해 중립적으로 운영되어야 한다. 그러나 이는 이 모든 공급망이 공공의 수중에 있고 수익 지향적으로 경영되지 않을 때에나 보장 가능한 일이다. 공공의 이익general interest에서 보면 채산성이 없는 공급망 부분도 유지되어야 하기 때문이다. 차별 없는 공급망의 이용 요금만이 문제라면, 규제 당국 하나면 충분할 것이다.

그러나 전력망에는 또 다른 두 가지 관점이 있다. 하나는 전력망에 제어 기능control function이 있다는 관점이다. 수송재 및 분배재는 심리적 대상이 아니며, 공급량뿐만 아니라 수요량 역시 시간대에 따라 조절되어야 한다는 것이다. 이와 함께 전력망 경영자는 얼마나 많은 양을 공급하며 어디에서 에너지를 얻을지 결정한다. 다른 하나는 전력망 경영자가 전력망의 설치를 전력 생산 입지에 맞춰야 한다는 관점이다. 이 말은 다음의 사안이 전력망 경영자에게 달려 있음을 의미한다. 재생 가능 에너지와 함께 소수의 대형 발전소에서 많은 분산적인 발전기로 바뀌는 긴급한 구조 변화를 과연 얼마나 빨리 실행할지, 또 분산적 발전기를 전력망에 연결할 용의가 있는지 말이다. 전력망 경영자가 이것을 늦추거나 거부한다면, 이런 구조 변화를 지연시키거나 차단하게 된다.

결론은 명백하다. 신속한 에너지 변화라는 목표를 위해 전력망의 당연한 독점은 공공의 수중에 있어야 하고 민주적으로 관리되어야 한다는 것이다. 이는 특히 저전압 및 중전압 수준인 자치 단체의 전력망에 적용된다. 분산적인 발전기들은 자치 단체의 전력망에 주로 직접 연결되어 있다. 이 전력망 연결에서 경우에 따라 대체로 필수적인 연결선과 전력망 보강이 가장 빨리 실현될 수 있다는 것이다. 대개 짧은 스터브stub*가 문제이기 때문이다. 이는 또한 전력 생산의 분산화를 통한 에너지 변화가 더 빠른 길임을 증명한다. 일목요연한 과정이 중요하고 자치 단체가 전력 생산의 분산화에 중앙의 전력망 경영자나 전력 생산자보다 큰 관심을 보이고 있기 때문에, 모든 상

----

* 송전 선로에 병렬로 접속되는 짧은 분기 선로.

황이 자치 단체의 전력망 소유를 지지한다. 자치 단체에 의한 지역 전력망의 매각은 에너지 변화를 지연시키고, 재공영화는 에너지 변화를 촉진시킨다.

그러나 전력망도 민주적으로 사회화되어야 한다. 공공 소유를 유지하는 것만이 아니라 민주적이고 효율적인 제어도 중요하다. 가령 덴마크나 스웨덴의 경우가 그렇다. 이들 나라에서는 전력망이 전적으로 공공의 수중에 있다. 전력망 운영은 주식시장에 상장되는 주식회사 운영과 같은 방식이어서는 안 된다. 주식회사는 경영을 잘해서 개인 주주들을 위해 수익을 내야 한다. 때문에 규제 당국이 승인한 송전선 요금에 부담이 되는 새로운 투자에는 관심이 없다.

공적으로 운영되는 전력망 및 가스망은 적정 가격 원칙에 따라 작동하기만 하면 된다. 정기적인 회계 감사가 효율적인 경영 관리를 보장할 수 있다. 철도망의 사유화에 반대하는 모든 이유는 또한 전력망을 사회적 소유로 유지하는 것을 지지한다. 전력망 기반 시설의 '자연적인 독점'이라는 공동 재산을 활용하여, 재생 가능 에너지의 공동 재산을 최대한 이용하기 위해서이다. 따라서 독일이 2009년과 2010년에 걸쳐 두 전력 콘체른(E.ON과 Vattenfall)이 매각한 전력망을 사들이지 않고 그 대신 공공 전력망 회사를 설립한 것은 의무를 이행하지 않은 중대한 정치적 오류였다. 에너지 변화에 대한 신념을 강령으로 고백하는 사민당과 녹색당조차 국가의 인수를 위해 전력투구하지 않았다. 두 정당이 철도 시설의 사유화에 대해 주도했던 것 같은 폭넓은 논쟁이 전력망 사안에서는 벌어지지 않았다. 전력망이 공적 관심이 필요 없는 대상이기라도 한 것처럼 말이다.

기반 시설의 시너지 효과

전력망의 사회적 소유를 지지하는 또 다른 이유가 있다. 이는 지금까지 따로따로 만들어져 현재 가동 중인 지상의 모든 기반 시설을 전부 다 미래 지향적으로 조성하는 것과 관련된다. 전력망 외에도 도로망, 철도망, 수로, 물 공급망 등이 해당된다. 이 기반 시설은 모두 경관에 부담이 되는 동시에 경관의 인상을 결정한다. 재생 가능 에너지의 과학 기술적 다양성에 상응하는 에너지 공급은 시너지 작용을 가능하게 하고 사회적으로 생산성을 높인다. 전력 예정선들이 가령 고속도로의 중앙 분리대나 갓길에 지하 전선 형태로 통합되어 있는 연방 정부 직할 도로나, 수력 발전소와 펌프 저수 장치가 통합되어 있는 물 공급망이 그렇다.

이런 시너지 방안은 경제적으로 생산적이며 경관을 보호한다. 이 모든 기반 시설망을 위한 공공 시설망 운영 회사가 있다면 이상적인 형태일 것이다. 공적 소유주로서의 국가 대리인들 외에 자치 단체 연맹, 환경 단체, 소비자 단체, 산업 연맹, 노동조합 등 공공의 관심사를 독자적으로 대변하는 존재들도 함께 감시한다면 더할 나위 없다. 물론 이로부터 유연하지 못한 거대 조직의 문제가 생겨날 수 있을 것이다. 그렇기 때문에 공동 기반 시설망 운영 기구의 설립을 통해 시너지 작용을 실현하는 것은 우선 권할 만하다. 이런 기구가 있으면 매년 공공 기반 시설 보고서를 작성하고, 시너지 작용을 하는 기반 시설 투자를 구체적으로 권고할 테니 말이다.

시민 가치citizen value

거대 조직의 위험은 자치 단체 차원에 존재하지 않는다. 자치 단체 차원에서는 기반 시설의 시너지 작용들의 직접적인 실천이 중요하다. 이는 고전적인 자치 단체 공익사업부의 부흥을 대변한다. 공익사업부는 공급망 경영자의 역할을 맡고, 전력이나 바이오 가스 충전소와 마찬가지로 전력 및 열 저장 능력을 갖춘 자체 발전소를 경영한다. 더 나아가 지역의 도로 건설뿐만 아니라 물 공급, 쓰레기 제거 및 활용에도 책임이 있다. 자치 단체 소유의 시영 기업은 '주주 가치shareholder-value'의 기준을 따라야 할 의무가 없고, '시민 가치'의 기준에 따라 일을 해야 한다. 뮌헨 시장 크리스티안 우데Christian Ude 가 유럽 태양 에너지 학회 회의에서 발표한 연설 「시영 기업들을 위한 재생 가능 에너지」에서 쟁점화한 것처럼 말이다.

시영 기업을 민영화하는 것은 미래를 보지 못하는 것이며, 일반적인 생존 대비의 가능성과 조건을 그 토대부터 허무는 것이다. 예전에 매각된 시영 기업의 재공영화와 기반 시설망의 재구입 또는 새로운 시영 기업들의 설립 등은 신속한 에너지 전환, 기반 시설망의 시너지 작용이 있는 생산적인 에너지 이용 그리고 전체적으로 더 생산적인 공급 구조 등을 위한 근본적인 전제들이다. 이는 자치 단체가 자치 행정을 위한 결정 권한을 재획득하고 자치 단체의 민주주의에 새로운 자극을 주는 데 도움이 된다.

현대적인 에너지 공급은 시영 기업들과 함께 시작되었다. 그런데 에너지 공급이 중앙 집중화됨으로써 시영 기업들은 부차적으로 되고 수차례 포기되었으며 매각되었다. 그러나 시영 기업들은 전통적인 에너지 경제의 일부분이다. 재생 가능 에너지와 함께 에너지 공급의 주된 역할을 떠맡아야 하고, 심지어는 에너지 경제에 있어서 본래의 창시자 역할을 훨씬 넘어서는 의미까지 부여받는다. 기술된 역할로 볼 때 시영 기업은 기반 시설이라는 공동 재산을 지탱하는 가장 중요한 주체이다. 이 공동 재산이 없으면 사회적으로 용인되는 어떤 경제도 존재할 수 없을 것이다. 엘리너 오스트롬Elinor Ostrom, 1933~이 말하는 '공유의 비극'은 이 기반 시설로 극복될 수 있다. 그녀는 공동 재산이라는 구상을 지향하는 이론으로 2009년 노벨 경제학상을 수상했다. 자치 단체들은 다시 '공유 제도'의 주체가 될 수 있다. 재생 가능 에너지라는 공동 재산을 지역적으로 이용 가능하게 하고, 생존과 관련된 사회적 기본 욕구의 무한한 전 지구화에 반대되는 구상을 밝힌다면 말이다.[62]

자치 단체들이 새로운 에너지 생산을 위한 입지의 인가권을 얻는다면, 이와 함께 사회적 보상을 배려할 가능성도 생긴다. 어느 공지에 풍력 시설의 민간사업에 대한 인가가 나면, 토지 소유자에게는 남들이 얻지 못하는 재정적인 특전이 주어질 수 있다. 마찬가지로 건축법에도 그런 사례가 있다. 자신의 토지를 건축 부지로 선언하는 사람들에게 특전을 주는 것이다. 이로 인해 시기와 사회적 불균형이 야기된다. 그리되는 것을 막기 위해서는, 자치 단체들이 입지 허가 때 조합 경영자들에게 우선권을 부여하거나 시영 기업들에게 선매권이나 선임 차권을 인정하는 것으로 입장을 바꿔야 할 것이다. 이는 에너지 공급의 공유재 특성에 부합된다.

법학자 파비오 롱고Fabio Longo는 박사 학위 논문 「자치 단체 과제로서의 새로운 지역적 에너지 공급」에서, 재생 가능 에너지에 대한 발의들이 자치 단체 정책의 고전적인 과제라는 점을 설득력 있게 부각했다. 이는 헌법과 여타의 현행 법률들에서 이미 도출될 수 있다. 독일의 헌법에서는 지역 공동체의 모든 사안에 대한 자치 권한이 자치 단체들에 있다고 인정한다(28조 2항). 이 권한에는 지역의 대기 오염 방지, 지역의 기후 보호, 지역의 자연적인 에너지 순환의 건축 관련 이용 등과 같은 주거지의 생태적인 관심사도 포함된다. 자치 단체들은 도시 건설 계획과 관련되는 목표 설정에 있어 자신의 관할권에 속하는 건축법(1조 6항)에서도 정치적 책임을 도출할 수 있다. 또 "주민들이 소비자 지향적인 공급에 관심을 두고 있는 중형 구조"를 위해 노력하는 것도 마찬가지로 건축법에서 도출된다. 이는 에너지 공급에 관한 한, 재생 가능 에너지의 지역적이고 따라서 분산적인 공급을 통해서만 보장될 수 있다.[63]

게다가 자치 단체들은 직접 투자자로 활동할 필요가 없다. 그보다는 민간 추진업자들과 시영 기업들의 투자를 위한 여지를 마련하는 것으로 충분한 역할을 할 수 있다. 설치 작업 및 정비 작업을 위한 지역 조합의 일을 포함하여, 민간 추진업자들의 잉여 생산은 어쨌든 분산적으로 일어나며 주요 에너지 공급자들의 몇몇 소재지에 국한되지 않는다.

이런 의미에서의 분산화는 사회에서 생활 환경의 균등화로 이어진다. 주민이 100만 명인 지역이 현재 에너지 수요의 100퍼센트를 주요 공급자들로부터 얻고 있다고 상상해 보자. 1인당 (설비 투자 없는) 에너지 비용은 독일에서 연간 평균 2,500유로 정도이다. 직접적이고 간접적인 에너지 비용이 전부 다 포함된다. 즉 전력, 열, 연료, 모든 제품뿐만 아니라 제공받은 서비스의 에너지 비용도 들어 있다. 총액으로 볼 때 이 지역의 에너지 비용은 연간 25억 유로 상당으로 지역의 경제 순환과 무관한 금액이다. 에너지 공급을 지역에 근거하는 재생 가능 에너지로 완전히 바꾼다면, 이 25억 유로는 지역의 경제 순환 속에 그대로 남아 있을 것이다. 이 금액의 의미는 이 정도 규모의 경제 촉진 프로그램을 구동한 것과 같다. 그것도 매년 관료주의적인 비용을 들이지 않고 모두에게 골고루 분배되는 프로그램 말이다! 어떤 정부도 이런 프로그램의 비용을 댈 수 없을 것이다. 에너지 경제학자들은 (에너지의 출처와 무관하게) 그저 킬로와트시 가격만 응시하다가 이런 연관을 놓친다. 그러면 그들 자신에게 불이익이 될 것이다.

5장
생산적인 판타지
경제 명령으로서의 에너지 변화

선택의 순간이다. 전통적인 에너지 공급을 인위적으로 연장할 것인가? 아니면 에너지 공급을 합리적이고 분산적이며 대단히 유연하게 할 수 있는 확실한 길을 함께 조성할 것인가? 기존 에너지 경제의 주역들이라 해도, 재생 가능 에너지로의 신속한 변화가 꼭 필요한 이유를 계속 못 들은 체할 수는 없을 것이다.

에너지 공급이 전통적인 에너지에 맞춰 실행되면서 전체 기업 경제에서 이루어지는 에너지 문제의 고찰 또한 전통적인 관점을 따랐다. 전통적인 에너지 경제에서 효과적이고 경제적이고 실행 가능한 것이 곧 효율, 경제성, 실행 가능성을 가늠하는 일반적인 이해가 되었다. 비단 에너지 경제에서만 그런 것이 아니다.

종래 에너지 경제의 체계적인 경제 개념은 국민 경제적 경제 개념이 되었다. 기존 에너지 경제의 전권 요구는 자기 이해의 부분이다. 핵/화석 에너지의 공급이 1970년대에 생태 운동의 영향으로 처음으로 사회적 쟁점이 되었을 때, 기존 에너지 경제는 그 반응으로 '에너지 합의로의 귀환'을 요구하며 에너지 문제의 탈정치화를 말했다. '에너지 합의'를 정치적 개입 금지와 모든 비판의 금기로 이해한 것이다. 정치 제도들과 '경제' 역시 에너지 경제 스스로 권한을 부여함으로써 생겨난 우위성을 수십 년 동안 존중하고 용인했다. 이로부터 오늘날까지 존속하는 에너지 공급자와 소비자 간에 사회적 역할 분배가 발전했고, 한편으로는 에너지 공급자들 간에, 다른 한편으로는 재화와 서비스의 생산자들 간에 경제적 분업이 발전했다.

이로써 많은 경제 기업은 에너지 변화가 어떤 전망을 열어 주는지 이해하기가 어려워진다. 그러니 줄곧 올라가는 에너지 가격을 그저 바라보는 대신, 장차 해야 할 생산자이자 사용자로서의 역할을 꼼꼼히 따져 보아야 한다. 재생 가능 에너지를 통한 에너지 공급은 일차적으로 새로운 과학 기술로써 진행된다. 점차 에너지 공급은 아무 문제가 안 되며, 부분적으로는 더 이상 문제 될 일이 전혀 없다. 이런 인식이 있고서야 비로소 모든 경제 부문에서 재생 가능 에너지가 갖는 실물 경제적 의미가 드러난다. 또한 특히 과학 기술계 기업가들이 맡을 수 있고 또 맡아야 하는 주된 역할도 보인다. 재생 가능 에너지 과학 기술의 개발 및 형성은 새로운 경제 비약을 야기할 것이다.

이전의 호경기들과는 달리, 에너지 변화가 가져오는 호경기는 근본적으로 질적인 변화를 이룩한다. 그러고 나면 실물 경제는 전통적 에너지 성장의 한계 및 결과와 더 이상 씨름하지 않아도 될 것이다. 분산화로써 지역적인 자원 순환이 당연시되면, 누구도 기초 경제재인 에너지를 얻지 못하는 일은 더 이상 없을 것이다.

재생 가능 에너지로 인해 성장 논쟁이 세분화된다. 경제적 성장은 환경 보존 및 자연 성장과 결부되어 있다. 또한 지구에서 실제로 이루어지는 유일한 성장 과정, 즉 태양이 야기한 성장 과정과도 결부되어 있다. 엔트로피entropy*—에너지 가치 저하의 법칙—

---

* 열의 이동과 더불어 유효하게 이용할 수 있는 에너지의 감소 정도나 무효無效 에너지의 증가 정도를 나타내는 양을 뜻한다.

가 생합성biosynthesis*을 통해, 즉 식물의 생장을 통해 네그엔트로피 negentropy**가 된다. 해로운 성장이 (다른 산업 원료들을 가공하는 경우에 아직은 반드시 이롭게 되는 것은 아니지만 적어도 에너지 공급에서는) 이로운 성장이 되는 것이다. 자연의 착취를 바탕으로 하여 개별적으로 산출된 경제적 성장의 이익은 사실상 피해 증가와 자원 파괴를 의미한다.

이 성장 이익은 실제로 경제적 및 사회적 부가 가치가 된다. 특히 경제학은 고작 생태학의 하위 범주일 수 있기 때문에 생태학과 경제학의 대립은 지양된다. 개념은 우리가 마음대로 사용해도 되는 생활권을 설명해 준다. 제대로 이해한 경제학은 생활권의 효율적이고 알뜰한 이용을 말해 준다. 따라서 우리와 관련 있는 실제적인 대립은 비생태적이고 파멸의 근원이 되는 경제학과 생태적이고 자연 및 사회에 적합한 경제학 사이의 대립이다.

1. 시너지: 다기능적인 활용을 위한 신제품

기업들이 에너지 변화에 공격적인 입장을 취하며 생산 방식도 그것에 상응하게 맞추고 조정할수록, 에너지 변화와 함께 활동의 새로운 장들이 열리는 생산 경제productive economy 역시 갈림길 앞에 서게 된다. 에너지 변화는 몇몇 고전적인 산업 부문에 새로운 성장 가능성

---

* 생물체의 몸 안에서 세포의 작용으로 유기 물질을 합성하는 물질대사.
** 엔트로피의 반대 개념.

을 열어 준다. 예컨대 전기 공학 산업은 재생 가능 에너지와 함께 중추적인 역할을 유지할 것이다. 금속 가공 산업도 마찬가지이다. 다른 대규모 부문에서도 재생 가능 에너지로 가능한 시너지를 이용한다면 새로운 개발 및 다양화 가능성이 열릴 것이다. 그러나 몇몇 산업 부문은 방해자라는 역할에서 벗어나려면, 활동의 중심을 부득이 전반적으로 바꾸어야 할 필요가 따른다.

자동차를 위한 엔진 및 에너지 변화

그 한 예가 자동차 산업이다. 석유 경제와의 동맹이 자동차 산업에 오히려 불길하게 작용한 지 오래이다. 이 동맹에서 가능한 한 빨리 벗어나는 것이 자동차 산업에겐 이익이다. 또한 내연 기관이 있는 차량을 위한 기존 제품 계열product line로는 더 이상 장기적인 시장성이 없다. 그래서 화석 연료에 의존하지 않는 구동 기술을 갖춘 차량을 내놓아야 한다. 이런 발전이 등한시되거나 지연된다면, 자동차 산업은 이미 시장의 위축을 예상해야 할 것이다. 화석 에너지원이 머지 않아 고갈됨으로써 연료 가격이 어쩔 수 없이 올라가고, 이로써 자동차의 유지 비용이 많은 사람들에게 문제가 되기 때문이다. 따라서 에너지 효율은 최고인데 유지 비용은 최저인 전기 자동차로 나아가는 전반적인 추세가 이미 예정되어 있다. 5리터 엔진 자동차일지라도 연료 가격이 1리터당 약 1.40유로일 때 유지 비용은 100킬로미터당 7유로가 된다. 전기 자동차라면 현재의 기술 수준에 따르더라도 이 비용의 3분의 1에 불과할 것이다. 이 때문에도 전기 자동차의 대량 수요는 비약적으로 증가할 전망이다.

이제 자동차 산업은 재생 가능 에너지 전기로 전기 자동차를 구동할 수 있어야 하고 또 그렇게 되리라는 점을 인정했다. 전기 자동차가 도입된다고 해도 아직까지는 반드시 재생 가능 에너지 전기로만 가동된다고 단정할 필요는 없다. 재생 가능 에너지로 완전히 전환된 다음에야 비로소 전기 자동차를 폭넓게 도입하려 한다면, 한편으로는 그 속도를 따라갈 수가 없고, 다른 한편으로는 발전이 제지될 것이다. 이는 전기 자동차에 있어서 도입 금지와 다름없는 전제이기 때문에 더욱이 정치적으로도 관철되기가 힘들 것이다. 전기 구동 장치를 갖춘데다 1회 연료 공급당 주행 거리가 200~300킬로미터인 소형 및 중형 자동차가 가령 비교 가능한 수준의 기존 차량의 가격으로 시장에 나올 날이 다가오고 있다.

따라서 전기 자동차로의 변화를 정치적으로 촉진하는 것이 중요하다. 전기 자동차가 대량 생산되면, 축전지의 성능이 점점 더 좋아지고 가격도 저렴해질 것이기 때문이다. 이로써 전기 자동차는 에너지 변화를 추진하는 주축이 된다. 이 과정을 정치적으로 촉진시키기 위해, 전기 자동차 도입을 위한 지원 프로그램이 예컨대 저금리 신용 대부의 형태로 제시된다. 또한 재생 가능 에너지 전기의 생산을 촉진하기 위해서는 이런 지원 프로그램과 더불어, 자동차 제조업자들이 재생 가능 에너지의 추가 전력 생산에 투자해야 할 것이다. 그들이 생산하는 전기 자동차의 평균 전력 소비만큼 말이다.

자동차 제조업자들은 이로써 자동차 생산자라는 역할과 병행하여 전력 생산자가 될 것이다. 또 전기 자동차의 도입과 재생 가능 에너지로의 변화를 직접 연결시키는 것은 비관료적인 방식으로만 가능하다. 이것이 다기능적인 효과이다. 이 구상을 필자는 2010년 4월 출판한 비망록 『전기 이동성을 위한 속도를 높여라*Mehr Tempo für* *die Elektromobilität*』에서 제안한 바 있다.[64]

전기 이동성으로 나아가는 발전은 자동차 산업이 축전지 생산에 진입하는 것을 의미한다. 그 수요는 자동차의 수요를 넘어설 것이다. 이로써 다시 에너지 변화가 계속 촉진된다. 이는 여타의 가능한 저장 기술들에도 적용된다. 예컨대 배터리와 달리 임의의 충전 주기가 있고 작동 때 잔유물이 전혀 없는 압축 공기 탱크처럼, 차량이나 다른 곳에도 투입될 수 있는 저장 기술이라면 얼마든지 가능하다. 압축 공기는 배터리를 대체할 수 있을 것이다. 자동차에의 투입외에도 수요와 다기능적인 활용이 다시 보장될 것이다. 내연 기관의 고전적인 영역에서도 자동차 산업은 제품의 품목을 차별화할 수 있다. 자동차 산업이 소형 열 병합 발전소 생산에 진입함으로써, 즉 자동차(바퀴들 위에 소형 발전소를 갖춘)의 생산을 상설 소형 발전소의 생산으로써 보완한다. 제품의 계열 효과를 통해 비용은 신속히 낮아질 것이다. 이로써 경영자들은 전통적인 에너지 공급보다 값을 싸게 부를 수 있다. 연소 기술은 소형 열 병합 발전소를 넘어서서 오히려 중량 화물 차량을 위한 응용 영역이 된다. 예컨대 장차 바이오 연료를 투입할 비행기 엔진에 응용되는 영역이다.

태양 에너지원으로서의 건축 자재

시너지 작용은 건축 자재 경제에서도 발생한다. 건축 자재 경제는 중요한 경제 부문이고 앞으로도 그럴 것이다. 지붕, 전면, 창문 등이 전부 다 태양 발전solar generation과 열 획득 및 단열을 위해 이용되고 전통적인 에너지 비용을 불필요하게 만든다면, 건축 자재 산업에 새로운 발전 가능성이 열린다. 전통적인 에너지에 드는 비용은 건축 자재의 값을 올리며, 집 안에 숨어 있는 '그레이 에너지gray energy'*라고 표현된다. 이 비용이 올라갈수록, 태양이 생산하는 건축 자재인 목재는 계속해서 더욱 유리해진다. 건축 자재의 부흥은 이미 시작되었다. 어떤 길도 전 지구적인 기후 안정화를 위하여 (다음 장에서 다시 살펴볼) 광범위한 조림 프로그램을 지나치지 못하기 때문에 목재 생산이 증가한다면, 이런 추세는 더욱 강화될 것이다.

목재업은 특히 종이 생산에도 도움이 된다. 셀룰로오스 양이 많아짐에 따라 목재 가공 산업은 점차 바이오 에탄올 생산자의 역할에 익숙해진다. 자가 수요를 위해서뿐만 아니라, 주로 유기 쓰레기의 활용에 의지해야 하는 바이오 연료 시장을 위해 활약한다. 바이오 에탄올 생산의 잔유물에서는 기타 에너지론적인 활용 가능성들이 생겨난다. 예를 들면 화주를 증류한 찌꺼기를 비료로 투입하거나 열 병합 시설을 위해 사용할 수 있다. 이런 연쇄 작용은 지역적인 자원 순환에서 많이 일어날수록 그만큼 잘 이용된다.

화학 산업의 다양화

화학 산업의 경우도 이와 유사하다. 화학 산업의 가장 중요한 원료는 석유petroleum이다. 전 지구적인 석유 채굴의 15퍼센트는 화학 산업에 의해 가공되는데, 연간 6억 톤에 이른다. 석유가 바닥날수록, 오염된 탄화수소 즉 석유에 대한 원료 비용은 올라간다. 식물성이고 따라서 깨끗한 탄화수소가 이것을 대체할 수 있다. 바이오매스는 원료로 투입하는 것이 에너지원으로 연소시키는 것보다 중요하다. 화학

---

* 당장 눈에 보이지 않고 직접 느껴지지 않지만 누적된 에너지 비용으로 표시되는 에너지의 양.

산업의 새로운 (그리고 재생 가능한) 원료로서 바이오매스를 대체할 대안이 없기 때문이다.

이런 원료 변화는 다시 화학제품을 위한 공장의 분산화를 쉽게 해 준다. 그다음에는 석유 유도체를 가공하는 대형 정유 공장이 소형 바이오 정유 공장으로 교체된다. 소형 바이오 정유 공장들 덕분에, 시간이 오래 걸리는 바이오매스 수송은 피할 수 있게 된다. 몇몇 화학 회사들은 (식물 화학자이자 천연염료 생산업자인 헤르만 피셔Hermann Fischer의 개념인) '물질대사Stoffwechsel'를 이미 시작했다.

식물 화학 제품은 더 적은 에너지 비용으로 더 쉽게 재활용될 수 있을 뿐만 아니라 생물 쓰레기로서 에너지론적으로도 이용될 수 있어서, 다시 생산자의 자가 수요에 사용될 수 있다. 포장 재료와 플라스틱 재료가 전부 다 이런 식으로 재생 가능 에너지원이 될 수 있다. 시행이 결정되는 날부터 생물에서 유래한 포장 재료biogenic packing material만 허용하는 것이 정책적인 도구로 제안되면 그 결과 다방향 폐기물 관리multiway waste management가 더 수월해지고 간단해진다. 다방향 폐기물 관리는 두 가지 폐기물 범주로만 이루어질 것이다. 하나는 유기 폐기물, 다른 하나는 특수 폐기물이다. 그리되면 유기 폐기물은 에너지 활용에 공급되고, 자치 단체 에너지 공급의 필수적인 부분이 된다. 이 폐기물을 경제적으로 활용하는 사람은 에너지 원료의 값을 지불하는 대신 도리어 쓰레기 처리 수수료까지 챙기게 된다.

재생 가능 에너지와 함께하는 농업의 1차 경제
농업에서는 시너지와 다기능성에 대한 가능성이 특히 다양하다. 한편으로는 식량, 에너지 원료 및 산업 원료의 생산을 서로 결합할 수 있는 가능성에서 생겨난다. 물론 바이오 에너지가 재생 가능 에너지들의 가장 복합적인 선택이라는 점을 명심해야 한다. 농업과 임업에서 에너지 작물과 원료 작물이 생산되지 않으면 생태계의 파국을 가져올 수 있다. 새로운 재배 없이 식물재를 순전히 에너지 필요를 충족하기 위해 이용하는 것은 (예컨대 특히 주민들이 비용 때문에 다른 에너지들에 접근할 수 없는 개발 도상국들에서 숲을 개간할 때 흔히 있는 일처럼) 생태적으로 보면 심지어 화석 에너지의 연소보다 더한 황폐화를 야기한다. 넓은 공간에 걸쳐 토질이 악화되고 지역적인 수원이 고갈되기 때문이다. 따라서 이런 식의 바이오 에너지 이용은 재생 가능 에너지로 볼 수 없다. 빨리 토양의 피로를 야기하는, 즉 부식토와 지하수의 극심한 유실 및 오염을 초래하는 농업 생산 방식의 경우도 마찬가지이다.

식량 생산은 농업에서 우선시되어야 한다. 그런데 여기에서 발생하는 쓰레기만 해도 에너지 잠재력이 엄청나다. 유효 에너지useful energy를 가공할 때 다시 쓰레기가 발생하고, 이 쓰레기는 비료나 가축 사료로 쓰이거나, 다시 한 번 에너지 활용을 위해 투입될 수 있다. 이와 같은 일련의 응용은 순환 경제로의 발전을 조장한다. 수송 비용이 적을수록, 재활용 가능 물질의 잠재력을 완전히 이용하는 것이 그만큼 극대화될 수 있기 때문이다.

이처럼 연쇄적인 응용을 통해 농업은 전통적인 일련의 응용 때보다 더 생태적일 뿐만 아니라 또한 더 경제적이게 된다. 자연적인 1차 에너지들과 함께 농업은 고전적인 '1차 경제'로서 역할을 되찾는다. 그리고 이 역할은 지속적으로 실행 가능하고 (또 일반적으로 지원금과 무관하며) 점점 커진다.

　전제는 에너지 생산이 농업 생산 경지 근처에서, 가령 인근 영농 기업들의 협동조합식 생산 형태로 이루어진다는 것이다. 그러나 식량 생산을 우선시할 때에도 생산 경지의 다기능적인 이용은 가능하다. 2차 파종을 통해서나, 식량 수확 후에 에너지 작물 및 원료 작물을 위해 꺾꽂이용 가지를 거둬들여 활용하는 것이다. 이 작물들에서는 대부분 성숙을 기다릴 필요가 없다. 그리되면 식량 작물도 더 이상 문제될 이유가 없다. 이런 윤작은 '다경작multiculture' 농업 생산을 가능하게 한다. 그리고 농업 생산물을 산업 원료로 응용하는 데는 협동조합식으로 운영되는 바이오 정유 공장이 적합하다. 농민은 이 과정에서 필요한 에너지와 비료를 직접 만들어 낼 수 있고, 또 마케팅에서 1차 가공 단계를 함께 떠맡을 수 있다. 이로써 비용을 줄이고 수익을 높일 수 있다.

　농업 생산에서의 이런 변화는 이들 기준에 따라 실행되는 농업 정책을 요구한다. 가령 옥수수의 경우처럼, 물이 엄청나게 많이 필요한 에너지 작물 및 원료 작물의 생산 제한에 놀라 물러서면 안 된다. 또 에너지 작물 및 원료 작물의 생산을 위해 밭의 윤작과 다목적 이용을 의무화하는 것에 놀라 주춤하면 안 된다. 농업의 모든 쓰레기는 농업으로 되돌아가거나 에너지 생산을 위해 이용될 수 있다. 이때 바이오 가스의 생산은 '만능 해결사allrounder'이다. 모든 바이오매스가 혐기성anaerobic* 발효 과정을 거칠 수 있고, '가스가 제거된' 쓰레기는 다시 다른 곳에서 이용될 수 있기 때문이다.

---

* 산소가 없는 조건에서 생육하는 성질.

2. 변환: 비생산적인 경제 부문의 용도 변경

경제 부문의 변환이라는 개념은 군수 산업에 관한 토론에서 기인한다. 이 토론을 둘러싸고 부유한 공업국에서는 악명 높은 '군수 산업 복합체'가 형성된다. 군수 산업은 거의 국가에서 수주를 받아 먹고 산다. 군수 산업은 고도로 기계화되어 있고, 수많은 전문 인력뿐만 아니라 국가 예산안에서 상당한 몫을 요구한다. 많은 군수재는 일차적으로 안전을 위해 생산되는 것이 아니다. 그보다는 일단 생겨난 군수 산업에 도움이 되기 위한 조치이다. 관계 유지를 언급하면서 정부와 의회는 계속해서 새 주문을 한다. 이때 점점 더 갈고 다듬은 과학 기술로 생산되는 군수재는 지속적으로 비싸진다.

그 특징을 잘 보여 주는 것이 1980년대에 대단히 논쟁적인 전투기, 이른바 MRCA 토네이도Multi Role Combat Aircraft-Tornado*의 반어적 해석이었다. MRCA는 내막을 알고 있는 사람들에 의해 "군사적 필요는 그다음에Military Requirements Come Afterwards"로 해석이 바뀐다. 군사적 중요성은 기껏해야 두 번째였다. 특히 미국, 러시아, 프랑스, 영국에서 대단히 두드러지는 이 군수 산업 복합체는 독일에서도 자리를 잡아 경제의 새로운 방향 설정에 대해 낚싯줄의 납추처럼 작용한다. 즉 정치적인 군비 축소 노력을 체계적으로 저지하고, 과학 기술적 군비 경쟁을 독려한다. 이로써 '안정' 대신 줄곧 새로운 불안을 야기한다. 중국과 인도 같은 새로운 강대국들에서는 '군수 산업 복합체'가 바로 지금 생성 중에 있다.

---

* 독일, 영국, 이탈리아 3개국이 공동으로 개발한 가변익 다목적 전술기.

군수 산업이 강세인 나라들에서 군수 산업의 변환을 위한 전략은 매우 시급하다. 상당한 과학 기술 수준이 필요한데다, 수요가 분명히 있건만 지금까지 등한시된 제품들이 있다. 변환은 이런 제품들을 겨냥할 때에만 성공할 수 있다. 즉 지금까지 어떤 산업도 실제로 취급하지 않은 제품이 필요하다. 군비 경제의 중심은 해운 및 항공 기술의 영역에 있기 때문에, 그 변환은 대단히 중요한 두 가지 미래 과제와 결부될 수 있다. 즉 선박 교통과 항공 교통에서의 에너지 변화와 연결된다.

해운 산업 제품을 위한 재생 가능 에너지

대양에서의 에너지 투입이 기후뿐만 아니라 해양 생태에 파국적인 영향을 미치는데도 에너지 대안 논쟁에서 항해는 지금까지 거의 '미지의 바다mare incognitum'나 다름없었다. 항해용 연료는 전반적으로 가장 오염된 연료인 중유이다. 중유는 정유 제품의 찌꺼기에서 생겨나기에 유황을 대단히 많이 함유하고 있다. 이에 대해 북해 행동 회의AKN는 이처럼 비난한다. "육지에서라면 배들은 특수 폐기물 연소 시설일 것이다."

상선들의 선단은 하루에 평균 100만 톤의 중유를 소비하고, 10억 톤 이상의 이산화탄소를 대기로 배출한다. 먼 바다에서의 누출이나 탱크 청소가 해양 생태에 미치는 영향은 먹이사슬에까지 이른다. 그 폐해는 규모를 어림잡아 추정하기도 힘들며, '경제적으로' 그 무엇으로도 보상될 수 없다. 따라서 재생 가능 에너지로 가동되고 오염 물질의 배출이 없는 선박을 개발하기 위한 정치적 프로그램은 나와도 진작 나왔어야 했다. 이 프로그램을 또한 군수 장비의 변환 프로젝트로 만들기 위해서는, 오늘날 전함 건조에 종사하는 기업들에게 그 일을 위임하고 개발을 위한 추진 자금은 군비 예산 일부를 용도 변경하여 지원해야 한다.

선박을 재생 가능 에너지로 가동할 수 있는 가능성은 에너지 자율 선박에까지 이른다. 이는 심지어 대형 컨테이너 수송선과 여객선에도 적용된다. 대형 컨테이너 수송선의 경우, 최근에야 비로소 '스카이 세일skysail'*이 작동되었다. 대형 스턴트 카이트stunt kite에 연결되어 바람에 의해 움직이는 화물선인 셈이다. 이때 총등록 톤수BRT가 12만 톤인 선박에서는 풍력이 구동력driving power을 대신할 수 있다. 바람 에너지를 직접 배 안에서 이용하는 것은 또 다른 변형이다. 측벽 외부에서의 태양 발전도 마찬가지이다.

이 전력이 전기 분해 수소 생산을 위해 배에 투입되면, 수소로 선박 엔진을 구동할 수 있을 것이다. 전기 분해를 통해 수소를 만드는 항구 지역 풍력 시설의 도움으로, 수소 운반에서 에너지 손실을 피할 수도 있다. 수년 전부터 잠수함에서 행해지는 것처럼, 연료 전지 fuel cell**로도 선박 구동은 가능하다. 이에 대한 실천적인 응용 본보기들이 있다. 상당수의 승객을 태우는 여객선은 바이오 가스 시설이 있으면, 유기 잔유물의 발생을 선박 구동과 선박 안의 에너지 소비에 이용할 수 있다고 한다. 선박이 독자적인 발전소가 되는 것이다! 다른 단초들은 식물성 기름을 투입하는 구동 기술에서 생겨난다. 선박의 갑작스런 연료 누출에도 바다가 오염되지 않는다. 물고

---

* 화물선에 이용될 수 있는 풍력 동력원 시스템.
** 연료의 산화에 의해서 생기는 화학 에너지를 직접 전기 에너지로 변환시키는 전지.

기와 다른 해양 생물들에게 더 많은 먹이가 생길 뿐이다!

바다의 해운 산업에 (전함 건조의 변환에 대한 이런 단초들을 넘어) 타당한 것은 내륙의 수로를 다니는 보트와 선박의 건조에도 적용된다. 여객선 및 유람선은 이미 오래전에 전기 엔진으로 가동할 수 있었을 것이다. 갑판에 설치된 태양 전지에서 전기를 얻는 전기 엔진으로, 유람선 '졸론Solon'이 베를린의 슈프레 운하들에서 보여 주고 있는 것처럼 말이다. 이제는 차량 도선과 엔진 보트가 식물성 기름 엔진으로 운행될 수 있다고 한다. 기후 보호와 물 보호가 목적이다. 이때는 공적 연구 및 개발 프로그램이 아니라 오직 정치적 용기가 필요할 뿐이다. 여전히 화석 연료를 사용하는 선박의 건조에 더 이상 신규 허가를 내주지 않을 용기만 있으면 된다.

이렇게 하면, 항해는 원래의 에너지로 다시 돌아간다. 본래 수천 년 동안 태양 에너지가 쓰였지 않았는가. 고대의 범선 항해부터 현대의 태양 에너지 항해에 이르기까지 말이다.

항공 교통에서의 에너지 변화와 구조 변화

대단히 소홀히 여겨진 두 번째 단초는 항공 교통에서의 에너지 변화이다. 비행 연료인 등유 케로신kerosene은 오염 물질 배출 순위에서 중유보다 앞에, 디젤 및 벤진 연료보다 뒤에 위치한다. 그런데 특히 고도 8,000미터 이상에서의 오염 물질 배출은 지상의 차량보다 확실히 기후에 더 해롭게 작용한다. 이 배출은 분해가 느리게만 이루어져 대기 중에 얼음 결정 형성을 초래하고, 지구에 닿는 태양 복사solar radiation뿐만 아니라 지구로부터의 열 반사도 방해한다. 재생 가능 에너지를 토대로 한 항공기는 엄청난 과학 기술적 도전이며, 비행의 근본적인 시스템 변화를 야기한다. 항공 교통에서 화석 연료를 대신할 수 있는 타당한 대안은 바이오 연료이다. 그러나 발전이 여기에서 멈출 필요는 없다. 특히 국제적인 화물기 및 전세기 비행이 많아지고 있는 상황에서는 말이다.

따라서 항공 및 우주 비행 산업과 정부가 비행선 기술에 주목하지 않는 행태를 납득할 수 없다. 독일은 큰 기대를 할 수 있는 기회를 헛되이 날려 버렸다. 심지어 소위 카고 리프터Cargo-Lifter*가 쟁점이었던 사민당-녹색당 연정 때 말이다. 그것은 수익의 전망이 불분명한데도 주식시장에 모인 지분으로 자금 지원을 받은 사적 발의였다. 카고 리프터 사의 구상은 생산지에 있는 운송 화물을 공중에 멈춰 있는 비행선에 싣고 직접 목적지로 가 다시 내리는 것이다. 비행선은 느린 속도에도 불구하고, 화물의 수송에서는 육상이나 철도를 통하는 것보다 언제나 훨씬 빠르다. 전통적인 화물기에 비해 비행선의 비행 시간이 좀 더 길지만, 이런 단점은 수송의 출발에서 도착까지 우회로 없는 직항로로 해소된다. 베를린 남쪽의 브란덴부르크 주 브란트에 있는 세계 최대 생산지는 이미 완공이 되었다. 이처럼 비행선 프로젝트는 브란덴부르크 주정부의 지원을 받았으나 주정부의 보조금과 주식시장에 모인 금액 약 3억 유로로는 충분치가 않았다. 기존 새 비행기 모델 개발에 쏟는 수십억과 비교할 때 이 금액은 분명히 너무 작았다.

비행선의 장점은 에너지 소비가 극히 낮다는 것뿐만이 아니다. 에너지 소비가 낮은 덕분에 심지어 전기 구동 장치로도 작동 가능하

---

* 독일의 비행선 제조업체.

다. 결정적으로 중요한 비행선 시스템의 이점은, 비행선이 건설 관련 기반 시설에 전반적으로 의존하지 않는다는 것이다. 화물 수송을 위한 투입 외에도 비행선은 전세기 교통으로 관광 산업에 매력적인 대안을 제공한다. 비행선은 특히 항공 산업의 변환 프로젝트로서 전적으로 정치적인 주목과 지원을 받아 마땅하다.

산업적 필요를 위한 석탄 제품

변환 전략은 석탄 경제에도 필요하다. 전력 생산을 위해 전체 석탄층을 다 써 버리겠다는 생각은 위험천만한 모험과도 같다. 전력과 열의 생산에서는 석탄을 포기할 수 있지만, 제강 산업과 탄소 섬유 원료의 다양한 응용 부문에서는 석탄을 포기할 수 없다. 그래서 세계 기후 논쟁에서 종종 사용되는 '탄소 없는 경제Free-Carbon-Economy'라는 개념이 혼동을 자아내기도 한다. 선철pig iron을 만들기 위해서는 코크스cokes*가 필요하다. 석탄은 코크스 공장에서 공기가 차단된 상태로 섭씨 1,000도 이상으로 가열된다. 이때 수소, 메탄, 암모니아, 코크스화coking의 소위 '화이트 사이드white side'를 말하는 여타의 것 등, 휘발성 성분은 사라진다. 이런 가스 형태의 성분은 코크스 제조장 가스나 도시 가스보다 일찍 투입되었다.

아직 남아 있는 석탄층은 미래에도 중요한 역할을 할 강철 생산을 위해 지속되어야 한다. 강철은 콘크리트에 비해 더 안정적이고 더 유연한 건축 재료로 판명되었고, 덜 에너지 집약적이기도 하며 특히 재활용이 가능하다. 철교는 콘크리트 교량에 비해 더 견고하

---

* 탄소가 주성분인 물질을 가열하여 휘발 성분을 없애고 만든 고체 탄소 연료.

며 후속 비용이 더 적게 든다. 석탄에서 얻는 코크스는 강철 생산에 필요하다. 그렇기 때문에, 2000년 독일에서 가장 크고 가장 현대적인 도르트문트 코크스 공장을 폐쇄하고 2003년 해체 후 중국으로 이전한 것은 어리석은 짓이었다.

석탄 경제를 위한 두 번째 변환의 장을 형성하는 것은 이미 말한 바와 같이, 여러 가지로 응용되는 탄소 섬유로 된 재료들이다. 탄소 섬유로 된 복합 재료는 금속 재료만큼 안정적이지만, 현저히 가벼운데다 생산할 때 에너지를 덜 소모한다. 탄소 섬유는 선박 건조 및 자동차 제작에 점점 더 많이 투입되며, 그때그때 에너지 수요를 줄이는 데 중요한 기여를 한다. 따라서 석탄 경제의 역할은 제강 산업과 석탄 재료 생산을 위한 기여에 집중되어야 한다. 아마도 에너지 변화에 대한 석탄 경제의 저항을 줄이는 데도 도움이 될 것이다. 향후 석탄 경제의 역할은, 제강 산업과 함께 재생 가능 에너지로 전환하는 데 기여할 것이다. 재생 가능 에너지의 전력으로 생산되는 수소를 강철 생산에 투입하는 것도 가능하기 때문이다.

그러나 수소 공급의 전제는 비용이 많이 들고 손실이 많은 기반 시설과 수송을 피하는 것이다. 따라서 수소 생산은 항구에서 이루어져야 한다. 선박에 직접 급유도 가능하게 말이다. 이를 위해 공급되는 수소는 재생 가능 에너지에 대한 미래의 저장 수요를 일부 떠맡을 수도 있다. 이런 발전에 진입함으로써, 재생 가능 에너지로 전력을 생산하거나 재생 가능 에너지용 열 병합 시설 내지 예비 발전소에 코크스로 가스coke oven gas*를 투입하는 것이 시작된다. 이를

---

* 석탄을 코크스로爐에서 건류하여 얻는 가스.

위해 소홀히 할 수 없는 요소가 가동을 멈춘 광산의 갱내 가스이다. 갱내 가스도 투입이 가능하다. 그런 까닭에, 갱내 가스는 재생 가능 에너지가 아님에도 불구하고 심지어 재생 가능 에너지 법안에까지 수렴되었다.

전력 콘체른의 변환

변환은 전통적인 전력 경제에서도 생각할 수 있다. 전력 경제는 다음과 같은 결정을 눈앞에 두고 있다. 종래의 에너지 공급을 인위적으로 연장할 것인가? 아니면 에너지 공급을 합리적이고 분산적이며 대단히 유연하게 할 수 있는 확실한 길을 함께 조성할 것인가? 후자를 선택하는 결정은 공급자 독점에 대한 자발적 포기는 물론이고 당연히 매출 손실도 의미한다. 하지만 전면적인 시장 배제나 근본적인 승인 박탈을 뜻하지는 않는다. 전통적인 에너지 경제의 주역들이라 해도, 재생 가능 에너지로의 신속한 변화가 꼭 필요한 이유들을 못 들은 체할 수 없을 것이다.

구조 보존적이고 기업 이기적인 입장을 버릴 방책은 스스로 분산화를 추진하는 것이다. 이런 분산화를 통해 전력 콘체른은 국부적 지역적 차원에서 독자적으로 행동하는 개별 기업들의 지주 회사holding company로 변화한다. 이에 대한 예는 물론 아직까지 존재하지 않는다. 다른 방책은 전력 경제에서 점차 하차하고 다른 활동의 장들로 진입하는 것이다. 채광, 석탄, 철강 등의 국영 기업으로 시작하여 TUI라는 이름으로 관광업에 자리 잡은 예전의 프로이사크 PREUSSAG 콘체른이 이런 변신에 대한 본보기를 제공한다.

3. 해방: 개발 도상국의 기회와 '데저트 경제Desert-Economy'

개발 도상국의 파국적 상황은 전통적인 에너지 공급 시스템 없이는 설명이 안 된다. 개발 도상국은 전통적인 에너지 공급 시스템의 첫 번째 큰 희생물이다. 산업 사회들에서 점차 형성된 에너지 공급의 중앙 집중적인 구조가 마찬가지로 개발 도상국에 이식됨으로써 에너지 비극은 시작되었다. 이 에너지 사회학적인 원죄의 후유증은 오늘날까지 이어지고 있다. 그 결과, 대형 발전소에서 생산되는 전력이 비교적 큰 도시들에는 공급되지만 시골 지역에는 들어가지 않는다. 한때 인구의 90퍼센트 이상이 살았거나 현재 살고 있는 시골에 말이다. 전 국토를 망라하는 공급망을 조성하기에는 경제력이 충분치 않았다. 한쪽에는 발전된 공업국의 본보기를 따르는 대도시가 있고, 다른 한쪽에는 전통적인 농업 구조가 있다. 대도시와 농촌은 점점 더 커지는 사회적 불균형으로 빠져들었고, 빈민가가 만연하는 도시들이 역사에 유례없는 빠른 속도로 팽창하는 결과로 이어졌다.

개발 도상국은 수입 에너지를 위해 부유한 공업국과 똑같은 값을 지불해야 하지만 인구당 국민 총생산이 10분의 1 내지 20분의 1 정도로 낮기 때문에 악순환에 빠져 있다. 개발 도상국은 국민 대부분이 그 혜택을 보지 못하는데도 현대적인 발전소 기술을 수입해야 한다. 또 구매력이 없는데도 에너지를 대부분 수입해야 한다. 사실 많은 개발 도상국에서 이미 에너지의 수입 비용이 외화 수입 총액을 넘어서고 있다. 그럼에도 다수의 사람들은 여전히 에너지 공급에서 배제된 채 생활한다.

비상 상태를 벗어나기 위해 추가로 벌이는 모든 경제적 활동에는 에너지의 투입은 물론이고 수입도 더 많이 요구된다. 그 결과, 잠재적인 수익마저 에너지 비용에 다 들어간다. 2007년에 유가가 천정부지로 치솟았을 때, 개발 도상국들의 석유 수입 금액은 1년 사이 미화로 약 1,000억 달러나 상승했다. 즉 공업국들이 매년 지불하는 개발 지원 자금 총액인 미화 약 700억 달러보다 많았다. 이처럼 개발 도상국들이 수입 에너지가 너무 비싸서 값을 지불할 수 없게 된 지 이미 오래인데도, 에너지 경제학자들은 정부를 설득하여 여전히 믿게 한다. 수입 에너지를 자국의 재생 가능 에너지로 바꾸는 변화는 곧 경제적인 부담을 의미한다고 말이다.

또한 전통적인 에너지에의 의존은 개발 도상국들이 가장 확실한 발전의 길로 접어들지 못하게 방해한다. 농작물과 광물을 원료로 공급하는 역할에서 원료 가공으로 전환하여 반제품 및 완제품을 수출할 수 있는 길을 막는 것이다. 이를 위해서는 한편으로 농업이 더 생산적이어야 한다. 그것도 사회학적으로 적합한 방법, 즉 농업의 대형 구조를 통해서가 아니라, 협동조합식으로 조직된 소농 형태를 통해서 더 생산적으로 바뀌어야 한다. 이는 시골 지역에서 신속히 사용 가능한 전력 공급을 전제로 한다. 다른 한편으로는 원료 가공을 위한 에너지가 충분해야 한다. 비싸게 수입할 필요가 없는 에너지 말이다. 요컨대 자력의 재생 가능 에너지를 동원하는 것이 중요하다.

개발 도상국들의 에너지 함정을 보여 주는 한 가지 예가 있다. 알루미늄 생산에 가장 중요한 원료는 보크사이트인데 전 세계 매장량의 50퍼센트가 아프리카 국가 기니에 묻혀 있다. 그러나 정작 기니에서는 에너지가 부족해 연간 보크사이트 채굴의 겨우 2퍼센트만 가공하고 있다. 이로써 개발 도상국들은 고민해 볼 만한 딜레마에 빠진다. 재생 가능 에너지로 에너지 공급을 구축하기에는 전통적인 에너지 시스템도 아직 전반적으로 자리를 잡지 못한 상황이라면서, 많은 경영 엘리트들이 여전히 중앙 집중적인 에너지 공급이라는 그릇된 본보기에 골몰하고 있는 것이다. 화석 에너지의 비용이 올라갈수록, 개발 도상국들은 중앙 집중적인 에너지 공급에 점점 더 도달할 수 없는데도 말이다.

대부분의 개발 도상국들이 전통적인 에너지와 마찬가지로 재생 가능 에너지의 투입에 필요한 과학 기술을 우선은 수입한다 할지라도, 여전히 두 가지 결정적인 장점이 있을 것이다. 먼저 에너지 수입을 점점 더 피할 수 있고, 독자적인 원료 가공을 통해 경제력을 강화할 수 있을 것이다. 또한 재생 가능 에너지에 자체적으로 투자할 수 있어서, 개발 지원 자금에 의존하지 않고도 에너지 수입을 대체할 수 있을 것이다. 개발 도상국들은 에너지 수입을 대체하는 이런 투자에 필요한 신용 대부를 국영 은행을 통해 마련함으로써 운신의 폭을 넓힐 수 있다. 즉 외화의 지불을 방지하는 데서 독자적인 투자의 자금 조달이 가능해질 것이다. 또한 개발 도상국들은 삼자의 개발 자금 지원을 재생 가능 에너지 쪽으로 유도하고, 방글라데시의 그라민 샤크티 은행의 본보기에 따라 협동조합 은행을 통해 폭넓은 소액 융자를 구축할 근거를 갖고 있다.

'데저트 경제'
사막 지역들의 태양 복사 잠재력을 국제적 전력 공급을 위해 투입하려는 데저텍 프로젝트나 그 비슷한 시도들에 대한 대안은, 사막 국가들 스스로 그 잠재력을 이용하는 것이다. 이들 나라에서의 전력 수요 증가 역시 태양 전기 및 풍력 전기로 충족될 수 있고, 경제 발전도 촉진될 수 있다. 이들 나라에서 에너지에 접근하는 전형적인 통로는 국민 경제적인 가치를 지닌다. 이는 멀리 있는 소비국들에게 아마도 전력을 수출할 수 있으리라는 가능성의 의미를 훨씬 넘어서는 것이다. 3장에서 언급된 이유들 때문에 그렇지 않아도 대단히 불확실한 전망을 넘어서는 가치인 것이다.

석유 및 천연가스 자원이 있는 (이라크, 쿠웨이트, 사우디아라비아, 아부다비, 리비아, 카타르, 알제리 같은) 사막 국가들에서 에너지 수요를 위한 재생 가능 에너지의 생산은 경제적으로 아직 별로 관심을 끌지 못하고 있다. 반면에 모로코, 튀니지, 이집트, 사헬 지방*의 나라들에서 재생 가능 에너지의 이용은 이미 경제적인 생존 문제이다. 사하라 국가들은 많은 광물 원료를 갖고 있지만 현재 거의 직접 가공하지는 못한다.

사하라의 광물 자원은 매우 다양하다. 예컨대 규소와 유리와 세라믹을 생산하기 위한 모래와 고령토 카올린, 진공관과 점화전과 합성수지를 생산하기 위한 바륨, 축전지나 방사선 보호 칸막이 재료용 납, 합금과 시멘트 또는 희토류 원소(바나듐, 토륨, 지르코늄, 이트륨)용 환원제를 위한 칼슘, 알루미늄 생산과 전기 분해 시설과 표면 처리 및 염료와 라크 또는 치약 제조를 위한 불소, 마그네트와 강철 합금용이자 의료 공학의 방사선학용 또는 색소로서의 코발트,

---

* 사하라 사막의 남쪽 지역.

경금속이자 의료 공학용 마그네슘, 강철 합금용 망간과 선박 공학 및 의료 공학용 티타늄, 화학 비료 및 세제용 인산염 등등이 산재해 있다.

이 원료들은 대부분 아틀라스 산맥 같은 산악 지역의 사하라 지대, 호가르(남알제리)와 티베스티와 에네디(차드) 같은 그 지류들 또는 사막의 모래 속에 매장되어 있다. 이 광물 자원은 대개 국제적인 광산 회사에 의해 채굴되고, 유럽과 북아메리카 또는 아시아로 수송되어 가공된다. 사막 국가가 이 원료를 그들 나라에서 가공하지 못하는 것은 대개 에너지가 부족하기 때문이고, 물 부족도 마찬가지로 장애가 된다. 에너지와 물의 부족은 태양 에너지와 풍력을 이용하여 극복할 수 있다. 태양 에너지와 풍력은 또한 바닷물의 염분 제거를 위한 가능성도 제공하고, 이로써 동시에 식수와 농업의 확대를 위한 물의 공급을 확실히 보장할 수 있다.

사막 국가들에서 재생 가능 에너지를 통한 전력 생산은 비용 면에서 비교적 유리하다. 덕분에 공업국에 계속 자원을 공급하는 대신 원료 가공에 직접 나서기가 점점 더 쉬워진다. 공업국들에의 자원 공급은 식민지 시대 이후 해 오던 고전적인 역할이었고, 오늘날까지도 그대로 유지되었다. 이와 같은 자체적인 에너지 공급에 이들 사막 국가의 국민 경제적 가능성이 있다.

예컨대 모로코는 북아프리카에서 가장 안정적인 나라이고 비교적 개발도 잘되어 있다. 국민의 수는 3,400만 명이고, 인구가 빠르게 늘어나고 있다. 그러나 모로코는 현재 에너지 수요(석유, 천연가스, 석탄)의 96퍼센트를 수입하고, 이를 위해 연간 외화 수입의 3분의 1 이상을 써야 한다. 모로코와 사막 전력 생산 국가들이 전반적인 에너지 변화를 이룰 때 유럽 연합이 지원을 한다면, 이들 나라의 안정화와 발전에 크게 기여할 것이다. 또한 이것만으로도 난민의 행렬이 늘어나는 것을 막게 된다.

4. 예방: 에너지 수출국의 미래 가능성

전통적인 에너지 시스템을 무너뜨리려는 온갖 노력을 국제적 차원에서 차단한 것은 오랫동안 특히 석유 수출국 기구OPEC로 연합한 석유 수출국들이었다. 이는 이미 1992년 리우 회의에서 명백히 드러났다. '의제 21'에서 세계 기후 보호와 지속적인 경제 발전을 위해 재생 가능 에너지의 특별한 의미를 부각시키자는 제안을 석유 수출국들이 거부했던 것이다. 석유 수출국 기구 회원국들은 공업국들이 재생 가능 에너지로 방향을 전환하면 자신들의 수출 이해관계가 침해될 것을 우려했다. 그래서 재생 가능 에너지로 방향을 바꾸려거든 석유 수출국들에 재정적인 보상을 하라고 요구하는 데까지 나아갔다. 1990년대 중반에 시작된 세계 기후 회의들에서는, 초국가적인 석유 회사들과 석유 수출국 기구 회원국들로부터 보수를 받는 변호사들이 회의가 진행되는 동안 몇몇 정부 대표자들에게 조항별 메모를 건네는 광경을 목격할 수 있었다. 기후 보호 협정을 제지하라는 뜻이 담긴 신호였다.

최근에야 비로소 그중 몇몇 나라에서, 에너지 매장량이 고갈될 '시점 이후'를 미리 대비해야 한다는 인식이 널리 퍼지고 있다. 그래서 이들은 노르웨이의 본보기를 따를 요량이다. 노르웨이는 수년 전부터 북해의 석유와 가스를 수출하여 얻는 수익의 대부분을 미래를 대비하기 위해 비축하고 있다. 대다수 에너지 수출국에서는 전체 국민 경제가 이처럼 에너지 수출의 수익에 기댄다. 아라비아의 석유 및 가스 수출업자뿐만 아니라, 러시아와 베네수엘라, 멕시코 같은 나라나 석탄을 수출하는 오스트레일리아 같은 나라도 마찬가지이다. 경제를 적시에 다른 토대 위에 세우지 못한다면, 이 나라들 모두 에너지 자원의 산지가 고갈될수록 추락의 위험에 빠지게 될 것이다.

그런데 에너지 수출국들의 이해관계는 극도로 상반된다. 수출국들은 현실적인 이해관계 때문에 에너지 변화를 가능한 한 오래 유보하게 된다. 이는 에너지 콘체른과 공유하는 목표이다. 몇몇 나라에서는 정부와 에너지 콘체른이 외형상으로 전혀 구별되지 않는다. 석유와 천연가스 채굴을 국영 회사가 맡았기 때문이다. 반면에 다른 한편으로는 바로 이 나라들에 재생 가능 에너지에의 투자를 위한 재정적인 여지가 더 많다. 데저텍 같은 구상의 영향을 받아 몇몇 나라는 에너지 수출업자로서의 역할을 재생 가능 에너지로써 계속하겠다고 생각한다. 즉 중앙 집중적인 구조를 전제한다. 그런데 이런 구상과 실현 가능성은 이미 보았듯이 무척 의심스럽고, 재생 가능 에너지의 특별한 속성과 과학 기술에 위배된다.

화석 에너지의 현 채굴국들이 과연 재생 가능 에너지로의 변화를 함께 실행할까? 한다면 어떤 형태로 실행할까? 이는 이미 대단히 중요한 질문이다. 현 수익 상황을 볼 때, 이들 나라가 자가 수요의 충족을 지향하는 것에 만족하기란 어렵기 때문이다. 이들 국가는 에너지 수출을 통해 경제의 국제화에 이르렀다. 국제화된 경제의 중요한 역할은 이미 오래전에 설비 투자로 구체화되었다. 지난 몇 년 동안 에너지 수출국들은 수출 수익금으로 수입국들의 기업에 대규모로 출자하여 주주가 되었다. 아랍 에미리트 연합국은 물론이고 바레인, 카타르, 사우디아라비아 같은 나라들 역시 재생 가능 에너지에 미래의 이익이 있음을 깨달은 것이다. 아랍 에미리트에서는 아부다비가 가장 강력한 주축을 이루는데, 에너지 매장량의 대부분을 차지하고 있기 때문이다. 아제르바이잔도 마찬가지이다. 석유 수출국 기구 회원국은 아니지만 캅카스 지역의 석유와 가스를 채굴한다. 에너지 수출국이 새로 방향을 정립하는 신호로서, 아부다비는 2008년부터 이 목적에 기여하는 세계 미래 에너지 정상 회의World Future Energy Summit를 개최하고 있다.

20세기의 역사에서 또 하나의 아이러니는, 다시 에너지 수출국과 수입국 간의 역할이 근본적으로 달라지기 시작했다는 점이다. 앞서 언급한 나라는 주로 식민지 지역이었다. 식민지 보유국이 이들 지역에서 자국의 자원 이익을 챙겼다. 정치적으로 독립한 후에도 국제적 에너지 콘체른과 구매국에 대한 경제적 종속은 당분간 이어졌다. 그러나 이제 역할이 바뀌었다.

채굴국의 자의식이 커지고 석유 수출국 기구의 창설을 통해 협력이 이루어지고 특히 수입국의 에너지 수요가 커지면서, 수입국은 점점 더 수출국에 의존하게 되었다. 수출 수익으로 나라의 살림을 꾸리는 한, 수출국은 이제 재정적으로 지불 능력이 있는 소수의 국가에 속한다. 그리고 옛 식민지 보유국의 정부는 구조 활동이나 자국 기업을 위한 대형 수주가 있을 때 이들 수출국을 정기적으로 예방禮訪한다. 에너지 수출국이 세계 경제에서 새로운 역할을 유지하려면, 이제 이 기회를 이용해야 한다. 그런데 전제 조건이 있다. 에너지 수출국이 전통적 에너지 시스템의 하강 국면 때문에 생긴 어마어마한 투자 가능성을 이용하여, 재생 가능 에너지 기술의 생산을 목표로 미래 경제 전략을 실행하는 것이다. 화석 에너지가 전부 고갈될 때까지 기다릴 이유가 없다.

6장
'의제 21'의 재장전
에너지 변화를 위한 세계 연방제적 발의

20년에 가까운 노력이 실패한 것은 운이 나빠서가 아니다. 이제는 '의제 21'을 새로운 활력으로 가득 채우고 다시 참여적인 방법들을 모색할 때가 되었다. 사회를 포함해서 생각하고 따라서 성공할 가망이 있는 방법들을 찾아야 한다. 지속 가능성을 위한 근본적인 전제는 재생 가능 에너지로의 변화이다.

세계 기후 회의를 연속으로 실패한 경험을 통해, 전 지구적인 기후 보호라는 종래의 시도를 멈추고 근본적으로 새로 시작해야 한다는 결론이 일반화되어야 한다. 세계 기후 회의들의 공통된 두 개의 단초, 즉 한편으로는 최소 의무, 다른 한편으로는 이산화탄소 배출권의 계산 및 거래가 세계 에너지 논쟁을 주도하는 주제가 되었다. 너무 일방적으로 이산화탄소 문제에만 집착하는데다, 이산화탄소 문제를 넘어서는 에너지 공급의 본질적인 물음들이 극히 제한적으로만 정당하게 평가될 수 있는데도 말이다. 각국의 국민 경제에 결정적으로 중요한 에너지 공급 문제를 세계적인 협상 차원으로 옮기는 동시에 논의가 제한되면서, 중요한 자극들을 알아보지 못하는 결과가 초래되었다. 리우데자네이루에서 열린 환경 및 개발에 관한 희망에 찬 세계 회의와 '의제 21'에서 나온 자극들을 간과하게 된 것이다.

'의제 21'은 모든 문제적 영역들을 거론한다. 조만간 많든 적든 모든 사람과 관련되고, 따라서 새로운 행동 원칙을 요구하며, 직접적 또는 간접적으로 전부 다 에너지 공급과 관계가 있다. 기후 변화로부터 오존층 파괴에 이르기까지, 사막의 확대로부터 지면 침식에 이르기까지, 삼림의 고사에서부터 물의 오염에 이르기까지, 환경 파괴로 인한 건강의 위험에서부터 종 다양성의 상실에 이르기까지, 생명 공학biotechnology의 위험에서부터 쓰레기 부담에 이르기까지, 유독성 화학 물질에서부터 해양 생물학marine biology의 파괴에 이르기까지 모두 관계된다. '의제 21'은 또한 인간의 생활 조건에서 생겨나고 마찬가지로 에너지 공급의 방식과 분리될 수 없는 결론들도 거론한다. 만연하는 빈곤, 식품의 안정성 상실, 환경 및 삶의 질 등을 포함한다. 리우 회의는 정부들뿐만 아니라 '글로벌 포럼Global Forum'*의 비정부 기구들에게도 가장 떠들썩한 최초의 정상 회의였다. 이 회의에서는 기후 보호를 위한 기본 협약도 의결하고, 새로운 정치적 경제적 행동의 기본 원칙을 공식화했다.

이로부터 계약상 구속력이 있는 구체적인 행동 의무를 도출하고 공동의 행동 프로그램을 시행하려던 시도는 물론 성공하지 못했다. 그러나 이 정상 회의로 명백히 각인된 것이 있다. 바로 리우 선언 1조이다. "지속 가능한 발전을 위한 노력의 중심에 인간이 있다. 인간은 자연과 조화를 이룬 건강하고 생산적인 삶을 누릴 권리가 있다." 이러한 지속 가능한 발전은 "개발과 환경에 대한 현세대와 차세대의 요구를 공평하게 충족할 수 있도록 실현되어야" 한다.

이제 지속 가능성은 책임 윤리Verantwortungsethik**의 중심 개념이 되었다. 그래서 새로운 법안이나 국제적 협정을 마냥 기다리려 하지

---

* 민간단체 중심의 지구 환경회의.
** 막스 베버의 개념으로, 행위의 결과를 기준으로 인간의 행동을 평가하는 윤리관.

않는 많은 사람들이 이 개념에 자극을 받아 주도적인 발의들이 잇따랐다. "전 지구적 관점에서 생각하고 지역적 관점에서 행동하라 thinking global, acting local", 이 슬로건이 그들의 행동 원칙이 되었다. 행위의 수많은 동기들이 하나의 폭넓은 발전의 물결을 이루어야, 종국에 모두를 사로잡는다는 뜻이었다.[65]

'리우의 정신'이 실천적 효력이 있기 위해서는 이런 참여적이고 해방적인 단초가 본보기가 된다. 성공적인 환경 프로젝트들 대부분은 이런 식의 발의에서 기원한다. 몇 년 전부터 효과가 없는 다른 단초는 전 지구적인 정치적 중앙 집권주의 조짐이다. 그 결과, 정부 차원의 세계 회의들이 줄지어 열리게 되었다. 말은 거창하지만 행동은 보잘것없었다. 이들 세계 회의에서 특히 분명해진 것은, 발전을 늦추는 이해관계들의 권력 구조에 정부가 얼마나 철저히 개입되어 있는가 하는 점이었다. 지속 가능성이라는 중심 개념은 여러 해가 지나는 동안 계속 빛이 바랬고, 그 내용도 웃음거리가 되었다. 이와 연관된 정책의 단초들은 관료 체제화되었다. 그런 점을 잘 알면서도 많은 비정부 기구가 이과정에 함께했다. 지속 가능성은 시장 자유화라는 의제 뒤로 물러날 수밖에 없었고 우선순위에서 밀려났다. 세계 문명에서 가장 지속 가능성이 없는 요소가 핵/화석 에너지이다. 따라서 지속 가능성을 위한 근본적인 전제는 재생 가능 에너지로의 변화일 수밖에 없다.

20년에 가까운 노력이 실패한 것은 운이 나빠서가 아니다. 이제는 '의제 21'을 새로운 활력으로 가득 채우고 다시 참여적인 방법들을 모색할 때가 되었다. 사회를 포함해서 생각하고 따라서 성공할 가망이 있는 방법들을 찾아야 한다. 즉 가능한 한 자기 주도적 발의를 많이 하면서 단지 꼭 필요한 만큼만 중앙 집중적인 발의를 하라는 뜻이다. 국제 정치에서도 마찬가지이다. 국가들 고유의 발의는 가능한 한 많아야 하고, 전 지구적인 발의는 개별 국가가 혼자 감당할 수 없을 때, 예컨대 에너지 변화를 둘러싼 정치적 경쟁이 촉발되어 국제적으로 합의된 조처들과 양립할 수 없게 될 때에만 있으면 된다. 자연 법적으로 정해진 목표만이 "조화를 이룰 수 있다." 그 목표는 인류의 에너지 공급을 재생 가능 에너지로 전환하겠다는 것이다. 하지만 이를 위한 능력과 구체적인 초기 여건은 조화를 이룰 수가 없다. 정치적인 세계 질서는 연방주의 구조를 갖추어야만 가능한 것이다.

모두와 관련되는 세계의 문제들을 조약상 합의 가능한 단일한 정치적 단초로만 극복할 수 있다고 하는 중심 사상은 피상적으로는 이해가 되지만, 정치적으로는 세상과 동떨어지고 민주주의에 위배된다. 획일화된 경제 형성 개념이 어떤 재앙 같은 결과를 낳는지는 옛 동구 블록*의 몰락한 계획 경제에서 이미 드러났고, 현재에도 신자유주의 도그마에 따라 획일화된 세계 경제가 황폐화의 길에 접어들면서 잘 보여 주고 있다.

철학자 오트프리트 회페Otfried Höffe가 책 『세계화 시대의 민주주의Demokratie im Zeitalter der Globalisierung』에서 말하고 있는 "연방주의적 세계 질서"[66]는 더 민주적이고 인간에게 가까울 뿐만 아니라, 그때그때 극복해야 하는 구체적인 문제에도 더 가깝다. 이 세계 질서는, 성공하는 경우 다른 사람에게 본보기가 되는 새로운 구상에 대해 더 유연하고 개방적이다. 자기 주도적인 발의가 있는데도 남들이 함께 갈 준비가 될 때까지 마냥 기다리는 사람은 없을 것이다. 사태

---

* 동유럽 및 아시아의 공산주의 동맹국 그룹.

가 급박한 문제에서 그리하는 것은 도리어 무책임하기까지 하다. 따라서 다자국 간 구상에 따른 결정은 정도를 벗어난 것이다. 리우 정상 회의의 뒤를 이어 잇달아 열린 세계 회의들은 다수 국가 간의 합의 구상에 집착하여, 일방적인 노력의 효과를 과소평가하거나 아예 부인했다. 이에 반해 일방의 구상들은 성공하는 경우에 국제적인 파장을 불러일으킨다. 또한 이로써 다수 국가 간 정치적 조화에 관한 협상은 지루하기 짝이 없어진다.

2009년 기후 정상 회의의 폐막 선언을 일컫는 일명 코펜하겐 합의Copenhagen Accord는 원칙적으로 정당한 조항을 마련했다. 오바마 미국 대통령이 제기한 것으로, '서약 및 검토pledge and review'* 제도이다. 개별 국가들에서 이산화탄소 배출의 감소를 위해 양적인 목표를 설정하기는 하지만, 그것을 표적target mark으로 규정한다는 뜻이다. 이 목표를 이행하지 못하는 경우, 각각의 정부는 국제적인 도의상 해명을 해야 한다. 이로써 국제적 조약 차원의 책임이 다시 개별 국가적 차원으로 옮겨진다. 지금까지 추구된 세계 기후 정책의 소급 검토가 요청된 지는 이미 오래되었다. '서약 및 검토'의 기본 사상은 이런 필요에 부응한 것으로 이해되며, 건설적으로 조성되어야 할 것이다. 게다가 오바마의 제안은 (전적으로 본보기가 되게) 미국 상원에 대해 그가 사실상 할 수 있는 활동의 한계를 보여 준다. 오바마는 더 이상 아무 약속도 할 수 없었다. 그의 온갖 경험에 비추어 볼 때, 더 구속력 있는 조약상의 의무에 대해 상원의 동의를 예상할 수 없었기 때문이다. 이 경험은 모든 세계 기후 회의들에서도 확인된다.

---

* 기후 변화 협약 12조.

해결의 단초가 중앙 집중적일수록, 전통적인 에너지 공급의 권력 구조는 개별 국가들에서 그만큼 더 방해가 되는 것으로 드러난다. 그 결과, 목표를 찾는 일은 처음부터 빛이 바래게 된다. 따라서 미국에서는 에너지 변화가 연방 차원에서 시작되는 것이 아니라, 도시와 개별 주의 발의가 수적으로 많아지는 과정을 통해 이루어질 것이다.

일방적인 발의들의 다자국 참여 효과

에너지 변화를 위해서는 구조 보존적인 영향들을 차단하는 것이 절대적으로 필요하다. 결정하는 것이 합의에 좌우될수록, 구조 보존적인 영향들은 그만큼 더 돌파력을 지닌다. 그러고 나면 속도와 목표가 정해진다. 이에 반해 독자적이고 따라서 일방적으로 진척될수록, 전위적인 세력들은 그만큼 더 주도적으로 속도를 정하고 새로운 기준을 설정한다. 일방적으로 개시된 독일 재생 가능 에너지 법안이 이를 증명한다. 이 법안은 세계 기후 회의들과 무관하게 생겨났다. 결코 이들 회의의 의제에 오른 항목이 아니었다. 재생 가능 에너지 법안은 후속 법안들과 함께 많은 나라에서 이산화탄소 배출을 줄였는데, 세계 기후 회의들이 발의한 교토 의정서가 배출권 거래 구상과 함께 이산화탄소 배출을 줄인 것보다 많았다. 엘리너 오스트롬은 공인된 목표를 이루기 위한 국제적 경쟁의 탁월한 예로 재생 가능 에너지 법안을 언급한다. 그녀는 기후 정책에서도 전 지구적 차원에 집착하는 것을 잘못된 단초로 간주한다. '글로벌 거버넌스Global Governance'*는

---

* 세계적 규모의 문제에 국가가 충분히 대응하지 않을 때, 국제 사회가 그 해결 활동을 전개하는 세계적 규모의 협동 관리.

전반적으로 실패했다. 많은 이들이 확신했고, 현존하지 않는 세계 정부를 대신할 것이라고 했지만 결과는 달랐다. 글로벌 거버넌스에 대해 토마스 피셔만Thomas Fischermann과 페트라 핀츨러Petra Pinzler는 주간지 『디 차이트』에 기고한 「하나의 세계에 대한 망상Die Illusion von der einen Welt」에서 이렇게 묘사한다.[67] "나라들의 정부와 행정 기구가 전 지구적으로 활동하는 콘체른, 비정부 기구, 전 세계에 분포하는 학자 및 기타 전문가 집단의 지지를 받아 점점 더 긴밀하게 담합한다. 그리되면 결국에는 자기 책임, 조약, 적합한 공공 기관, 많은 회의 등이 섞인 혼합체가 세계를 통치할 것이다." 그런데 이것을 시도한 결과, 오히려 실제로는 정치가 크게 마비된다.

코펜하겐의 결과가 실망스러운데다, 이산화탄소 배출권의 국제 시장이라는 실제로는 유연하지 못한 '유연한 도구'의 결과들은 서로 모순되는 것 못지않게 보잘것없었다. 그제야 비로소 세계 기후 회의의 다수 국가 간 책임 구상 및 전환 구상에 너무 오래 관여했던 많은 이들이 곰곰이 생각을 돌아보게 되었다. 2010년 초에 유럽 연합 기후 정책 관할 위원회 위원 코니 헤데가르드Connie Hedegaard, 1960~는 유럽 연합 배출권 거래 시스템이 나름의 성과를 달성하지 못하고,. 기후를 보호하는 투자를 위한 혁신적인 자극도 야기하지 못했다고 공식적으로 시인했다.[68] 그러나 그녀는 거의 신성불가침한 것이 되어 버린 지 오래인 배출권 거래 구상과 결별하라는 권고는 감히 하지 못했다.

포츠담 기후 연구소PIK 소장 한스-요아힘 셸른후버Hans-Joachim Schellnhuber가 의장으로 있는 전 지구적 환경 변화에 관한 독일 연방 정부 과학 자문 위원회WBGU 또한 이와 유사한 태도 변화를 보인다.

이 위원회는 이제 "코펜하겐 기후 변화 협약에 따른 기후 정책"에 관한 "정책안"에서 "결정을 방해하는 합의 원칙"을 비판한다. 그리고 "재생 가능 에너지에 대한 유럽 전역에 걸친 공급 보상"과 "2050년까지 유럽의 재생 가능 에너지 완전 공급"이라는 목표, 즉 "하이테크 전략의 전환"에 기대를 건다. 또한 "기후 행동 연합에서 도시와 지방의 주도적 발의, 기업과 시민, 사회적 활동가들의 참여, 특권을 지닌 협력 관계가 있는 기후 선구자들의 서브글로벌 연합subglobal alliance" 등에도 기대를 건다. 이 협력 관계가 "새로운 기후 정책적 다자주의 multilateralism의 자신감 있는 동력"으로 작동하여, "다중심적인" 발의들을 통해 "녹색 혁신 경쟁"으로 나아갈 수 있기 때문이다.

그럼에도 이 위원회는 상한선을 합의해야 하는 "총량 제한 거래제" 구상을 고수할 뿐만 아니라, 이 구상의 확대까지 권한다. 그리되면 "기존 배출권 거래의 복잡성이 심화될" 것을 시인하면서도 말이다. 이는 심지어 "모든 기업들"로 확대되어, "삼림 구역의 탄소 배출 측정을 위한 감시 및 보고 시스템의 준비"로까지 나아갈 것이라고 한다.[69] 이로써 이 위원회는 거의 신성불가침한 것이 되어 버린 탄소 배출권 거래를 없애야 한다는 통찰을 외면하고, 구상의 모순마저 감수한다.

확정된 할당량을 합당치 않게 깎는 것은 내용상으로 이치에 어긋난다. 늦어도, 이론의 여지가 없을 니컬러스 스턴이 산출한 계산 이후로는 말이다. 그의 계산에 따르면, 기후 보호의 중단으로 발생하는 경제적 비용은 이산화탄소 방지를 위한 비용보다 월등히 높다. 동원된 정치적 비용을 고려할 때, 이러한 구상은 성공하지 못할 뿐더러 혹시 성공한다 해도 시간이 오래 걸리는데다 효과도 미미할 것이 명백하다. 국제적인 배출권 거래는 그 사체로 목적이 되고 말았다. 그런데도 정부들이 무조건 배출권 거래 구상을 고수하려 든다면, 자국의 경제권에서나 가능한 일일 것이다. 자국에서는 배출권 거래 구상을 어느 정도 투명하게 오용 없이 현실에 옮길 수 있을 테니 말이다. 그 밖에 전혀 아무 일도 일어나지 않을 때에만, 배출권 거래는 국제적인 구상으로서 현 상태를 미미하게나마 개선하게 될 것이다. 그러나 '투닉스Tunix'* 행태는 더는 안 된다. 현재 전 지구적 에너지 변화를 위한 월등히 많은 활동에는 기후 보호를 넘어서는 과제 목록이 있다. 이 목록은 '의제 21'의 '재장전reloading'에서 생겨나, 1992년 이래 이 목표를 외면한 구상들에 종지부를 찍는다.

지속 가능한 개발과 기후 보호를 위한 세계 회의

세계 기후 회의에서 선호되는 구상들에서 보이듯이 이산화탄소의 배출 방지가 반드시 지속 가능한 발전 및 재생 가능 에너지로의 변화와 같은 의미는 아니다. 그러나 재생 가능 에너지에의 모든 투자는 곧 이산화탄소 배출 방지와 같은 뜻이 된다. 이때 바이오 에너지는 예외이다. 바이오 에너지는 특정한 전제하에서만 적용된다. 지속 가능한 경제는 곧 재생 가능 에너지로의 변화 없이는 생각할 수 없기 때문에, 결과적으로 세계 기후 회의는 지속 가능한 에너지 공급과 기후 보호를 위한 세계 회의로 바뀌어야 한다. 기술적 및 자연적인 기후 보호의 요구들과 재생 가능 에너지에 구상과 정책을 집중한다는

---

* 1977년 적군파의 테러를 계기로 교조주의적 좌파에 대한 반성이 이루어진 회의로, 녹색당의 구상을 포함하여 조직적인 대안운동의 물꼬를 튼 1970년대의 새로운 사회운동을 가리키는 용어.

것과 같은 의미일 것이다. 매해 열리는 국제 연합 특별 총회 형태로 회의를 개최하는 것이 가장 유용할 것이다. 이 회의는 더 이상 국제적 조약들의 번거롭고 지루한 협상에 매달릴 필요가 없을 것이다. 대표적인 세계 포럼으로서, 마침내 적절한 틀 내에서 지속 가능한 에너지 공급으로 나아가는 길을 논의할 수 있을 것이다. 전체 정책의 주제로서 말이다. 이 회의는 또한 국제 연합 특별 기구를 직접 부추겨, 지속 가능한 에너지 공급의 목표를 마침내 더 많이 고려하도록 할 수 있을 것이다. 이런 역할을 하고 있는 것은 지금까지 국제 연합의 환경 사무국인 국제 연합 환경 계획UNEP뿐이다.

'목표와 시간target and time'의 결의는 포기할 수 있다. 다시 말해 기한을 약속한 탄소 배출 감소와 재생 가능 에너지 도입을 위한 의무적인 몫을 포기할 수 있다는 뜻이다. 국제적 의무들은 한 국가의 국민 경제적 구조에 전체적으로 관련되고, 이것에 내재하는 구조 보존적인 영향력을 위태롭게 한다. 이 국제적 의무가 문제 되자마자, 합의를 둘러싸고 속수무책으로 흥정이 계속되는 것은 피할 수 없다. 양적인 '목표'보다 결정적으로 중요한 것은 에너지 변화의 발의를 독자적으로 전개하는 데로 나아가는 정치적 도구들이다.

국제적 의무에서는 달성할 수 있는 최대치가 어차피 최소한일 뿐이다. 이 의무를 포기함으로써 잃는 만큼, 모두를 위한 새로운 행동의 문제 지향성 및 견인력에서는 득이 된다. 세계 기후 회의의 가장 중요한 구조는, 이를테면 기후 변화에 관한 정부 간 전문가 패널IPCC이 있는 세계 기후 사무국처럼 유지될 수 있을 것이다. 이 사무국은 보고들을 통해 기후 위험에 대한 세계의식을 일깨우고 생생하게 유지하는 일을 한다. 안간힘을 다해 타결한 몫보다 중요한 것은,

목표 의식으로 이어지는 솔직한 문제 분석이다. 그리고 경험을 숨김 없이 나누고 윤리적 척도를 마련하는 것이 중요하다. 국제적 제한 조건을 마련하여 모두를 위한 에너지 변화를 쉽게 해 주고, 대단히 많은 광범위한 국제적 조약에 담겨 있는 장애물을 제거하는 것도 마찬가지로 중요하다. 또한 지속 가능한 에너지 공급이라는 목표에 대해 전 지구적인 정부 기구가 책임을 지는 것이 중요하다. 관료적이지 않고 폭넓은 투자 발의를 창출하는 것도 마찬가지로 중요하다. 그 주도 동기는 모두를 위한 전 지구적인 하나의 정부 대신 직접적이고 수평적인 더 많은 국제 협력이다. 그리고 자립과 자기 책임을 이루도록 돕는 것이다. 또한 직접적인 자기의 이익에서 그리고 공익에 대한 통찰에서 지루한 협상 대신에 신속한 행동을 우위에 놓는 것이다.

1. 350피피엠: 확대되는 농업 및 임업을 위한 이산화탄소 감축 행동

지구 온난화는 아직은 견딜 만하다. 지구 온난화의 '2도 방지벽'은 대기 중의 이산화탄소량이 현재 385피피엠에서 445피피엠까지 계속 증가하는 것을 용인한다. 논란이 많은 이 기준은 부분 항복을 뜻한다. 목표는 다시 기후 안정적인 수치인 350피피엠에 도달하는 것이어야 한다. 유한한 화석 에너지 시대가 시작되기 이전의 이산화탄소 측정치를 목표로 해야 한다. 미국 환경 운동가 빌 맥키벤Bill McKibben, 1960~은 2009년 '350피피엠' 계획을 수립하고, 이것을 "지구에서 가장 중요한 숫자", 즉 "대기에서 아직 안전한 이산화탄소 상한선"이라고 칭한다. 이 계획은 미국 항공 우주국NASA 기후학자

제임스 핸슨James Hansen, 1941~의 연구와 관련이 있다. 제임스 핸슨
은 다음과 같은 결론에 도달한다. "우리의 문명은 행성에서 진화했
고, 우리 행성의 생명 전체는 그 행성에 최대한 적응했다. 이 행성과
흡사한 행성을 인류가 보존하고 싶다면, 현재 385피피엠인 대기 중
이산화탄소량을 350피피엠으로 줄여야 한다."[70]

350피피엠 목표에 도달하기 위해서는 세계 에너지 공급을 재생
가능 에너지로 전환하는 것만으로는 충분치 못하다. 이것으로는 대
기에 이산화탄소량이 계속 증가하는 것을 막을 수 있을 뿐이다. 이
산화탄소량을 다시 350피피엠으로 낮추기 위해서는, 특히 삼림을
늘리고 토양을 탄소 저장소로 재평가함으로써 자연력을 대규모로
동원해야 한다. 세계 기후 회의에서 이것은 지금까지 REDD* 구상
으로만 시도되었다. 그런데 이 구상은 삼림과 그 밖의 식물계가 계
속 사라지는 것을 막는 것에 국한된다. REDD는 '삼림 전용 및 산
림 황폐화 방지를 통한 온실가스 방출량 감축Reducing Emissions from
Deforestation and Forest Degradation'의 약자이다. 즉 삼림 벌채와 지면 침
식의 감축을 의미한다. 삼림이 화전으로 사라지는 것이 매년 13만
제곱킬로미터 정도이고, 연간 이산화탄소 배출도 약 20퍼센트를 차
지한다. 세계 자연 보호 기금은 이런 손실을 절반만이라도 줄이기
위한 비용을 매년 미화 200억 달러 내지 330억 달러로 예상한다.[71]
그렇다 해도 이 프로젝트는 이산화탄소 배출을 줄이는 데 가장 비
용이 적게 드는 대책이 될 것이다. 그럼에도 자금 조달의 문제는 해

---

* 개발 도상국이 삼림 파괴와 삼림 전용 등을 막고 숲을 조성함으로써 온실가스의 배출을 감축하는 대
신에 선진국이 그에 맞는 투자 혹은 지원을 해 주는 방법.

결되지 않고 있다. REDD의 제안은 적절한 조림이나 화전의 방지를 탄소 배출권 거래 시스템에 포함시키는 것에서부터 공업국들에 의해 채워지는 자금 지원 펀드에까지 이른다. 코펜하겐 합의에서는 이를 위해 어쨌든 2010년부터 2012년까지 미화 300억 달러의 금액을 조성하겠다고 약속했다.

그러나 식물계 보호를 촉진함으로써 이산화탄소 배출의 증가를 제한하는 것만을 중시해서는 안 된다. 대기의 이산화탄소 과잉은 전 지구적인 이산화탄소 감축 행동을 통해 없어져야 한다. 다음의 이유들을 보더라도 REDD의 제안은 무의미하다. 해당국의 정부가 왜 식물이 성장할 수 있는 녹지대(특히 열대 우림)의 황폐화를 막으면서 비용을 받아야 하는가? 녹지대의 보존과 지속적인 경제적 이용이 자국의 이익에 해당되는데도 말이다. 이런 방식의 자금 지원은 해당국의 정부가 계속적인 삼림 파괴를 공공연히 예고하고는 대가를 받고서 삼림 파괴를 포기하는 데까지 나아가게 할 수 있지 않을까? 그리고 코펜하겐에서 이를 위해 어렵사리 모금한 전체 금액만큼 매년 (어쩌면 더 장기간에 걸쳐) 비용이 드는 구상이 얼마나 현실적일까? 파괴적인 구조에서 지속 가능한 구조로의 방향 전환이 새로운 경제적 기회를 나타낸다는 전제와 협조적이고 참여적인 구상이 중요하다는 '리우의 정신'에서 출발하면, 전 지구적인 대규모 조림 발의는 더 적절한 방법이 된다.

조림은 (사막 지대를 제외하고) 거의 어디에서나 할 수 있다. 심지어 사막 국가에서도 바닷물의 염분 제거와 관개 시설을 연결하면, 적어도 연해 주변에서 조림이 가능하다. 이런 식의 논증 단초들은 조림 때 토류의 결합과 자연적인 수분 대사의 회복을 목표로 삼는다. 이는 농업 생산 방법의 재구축에 있어서도 나름의 가치를 지닌다. 이와 달리 (또한 단기적으로 이용되는 에너지 작물의 재배와도 달리) 조림을 통한 이산화탄소 감축 행동은 장기적으로 이산화탄소를 묶어 둔다는 목표에 도움이 된다. 조림된 삼림 1헥타르는 연간 300톤의 이산화탄소를 흡수할 수 있다. 1회 조림 비용으로 헥타르당 약 400 유로를 들여서 말이다. 조림된 삼림은 몇 년 안 되는 식물 생장 기간 후, 재배 비용에 맞먹는 연간 임업 수익을 올린다.

이산화탄소를 토양에 묶어 두는 적절한 방법은 여러 가지이다. 그중 하나가 신속한 부식토 생산을 위한 열수 탄화 반응hydrothermal carbonization 방법이다. 이 방법은 포츠담 막스플랑크 콜로이드 및 계면 연구소 소장 마르쿠스 안토니에티Markus Antonietti에 의해 개발되었다.[72] 이로써 자연에서 수십만 년에 걸쳐 생성되는 탄소가 급속 처리 방법으로 생산될 수 있다. 식물 재료는 이를 위해 개발된 시설에서 (압력솥에서처럼) 높은 압력과 열을 받아 탄소로 변화된다. 이 탄소는 영양소로서 지면으로 옮겨져 그곳에서 부식토를 형성한다. 이로써 이산화탄소가 토양에 교착된다. 농업 면적 1헥타르당 투입된 평균 20톤의 탄소는 토지 수익을 두 배 또는 세 배까지 실현한다. 시설 하나의 값은 현재 약 10만 유로로 비교적 큰 농기계의 가격과 맞먹는다. 대량 생산일 때는 비용 감소가 예정되어 있다. 수익이 오르고 화학 비료가 절약된 것과 비교하면 이 시설은 대단히 생산적이다. 특히 여전히 사용 가능한 열을 생산하기 때문이다. 이산화탄소를 토양에 교착시킬 수 있는 또 하나의 가능성은 '테라페트라Terrapetra' 방법, 즉 숯과 식물 잔여물과 똥오줌으로 부식토를 생산하는 것이다.

이 두 가지 단초는 지역적 맥락에서만 실현될 수 있다. 한스-요제 프 펠은 전 지구적 조림 행동이 (전 세계에 퍼져 있는 800만 개의 시설로) 안토니에티의 열수 탄소 생산 방법과 결합되는 경우, 전 지구적 이산화탄소량이 2030년까지 330피피엠으로 줄어든다고 계산했다. 당장 재생 가능 에너지를 투입하기만 한다면 말이다.[73] 신속한 에너지 변화에도 불구하고 330피피엠은 도달하기 힘들지만 전 지구적 평균을 볼 때 확실히 25년 내에 실현 가능할 것이기 때문에, 350피피엠이라는 목표는 멀리 있는 유토피아가 아니다.

조림뿐만 아니라 부식토의 대규모 생산 또한 단식 재배와 결부될 필요가 없다. 조림과 더불어 부식토 생산도 기후 보호는 물론 수분 대사의 안정화에 도움이 된다. 이 두 가지는 어디에서나 실행에 옮겨질 수 있고, 많은 활동가를 필요로 한다. 조림과 부식토 생산은 보조금 같은 지원이 없어도 농업 및 목재업을 위한 시장에 새로운 전망이 생겨나게 한다. 특히 이 두 가지는 이산화탄소가 장기간 묶여 있는 건축 자재인 목재를 보호한다. 이 목재가 건축 자재인 시멘트를 광범위하게 대체할 수 있을 것이다. 그 결과 이산화탄소는 계속 감소한다. 그러나 이 두 가지 발의에는 활성화를 위한 정치적 자극이 필요하다. 교육 프로그램 및 이와 관련된 신용 대부 프로그램이 지원하는 농업, 지역에 적합한 나무 종류와 혼합림 식목을 조건으로 평지의 공급을 지원받는 조림 계획 등이 정치적 자극에 속한다.

비용 문제 때문에 식목을 못 할 이유는 없다는 것은 시민 자원 보존단Civilian Conservation Corps, CCC의 역사적 사례가 입증한다. 시민 자원 보존단은 루스벨트 미국 대통령이 1930년대에 창설한 정책 기구이다. 루스벨트는 조지 마셜George C. Marshall에게 전권을 위임했다. 마셜은 전후 시기에 미국이 자금을 댄 유럽 부흥 계획(European Recovery Program, '마셜 플랜')의 책임자였다. 시민 자원 보존단은 1936년부터 1941년까지 젊은 사람들을 자발적인 조림 작업에 동원했다.(이 기간 동안에 전체적으로 80만 명이 참여했다.) 이 작업을 통해 미국의 삼림 면적은 뚜렷이 증가했다. 시민 자원 보존단은 케네디 대통령이 1961년 창설한 평화 봉사단Peace Corps의 본보기가 되었다. 공동의 조림에 대한 현실성 있는 예는 중국에도 있다. 중국에서는 주말에 시장과 정부 각료가 수많은 시민과 함께 조림 활동을 한다.

이런 집단행동은 자치 단체와 학교에서도 얼마든지 가능하다. 학생들이 주도하는 발의 '나무 심기 캠페인plant for the planet'은 본보기가 된다. 이 발의는 국제 연합 환경 계획UNEP의 지원을 받고, 지구의 모든 나라에 100만 그루의 나무를 심는 것을 목표로 삼는다. 이발의의 모토는 다음과 같다. "떠드는 것으로는 빙하가 녹는 것을 막지 못한다. 말은 그만. 심기를 시작하라.Stop talking. Start planting."[74]

조림은 또한 군부대의 건설적인 평화 임무가 될 수도 있다. 특히 개발 도상국에서, 주택지에서 멀리 떨어진 지역에 비교적 대규모 조림 사업을 일으킬 때 해당된다. 이에 대한 초기 본보기는 나폴레옹 프랑스 황제의 공병대였다. 이 공병대가 투입된 곳은 물론 조림 사업이 아니라 선박용 운하와 관개 시설의 건설 현장이었지만 말이다.

지속 가능한 정치적 한정 조건

자연 보호의 자연적인 수단이 문제일 때, 지속 가능성을 보장하는 정치적 범위 설정은 필수 불가결하다. 가령 바이오 에너지의 이용과 동시에 식목이 같은 규모로 이루어지지 않고 이산화탄소 대차 대조표가 균형을 이루지 않는다면, 지속 가능성이란 당치도 않다. 제배 조건이 부식토 유실과 지하수 오염으로 이어지는 경우에도 마찬가지로 지속 가능성을 거론할 수 없다. 자연법칙적인 기준으로서의 지속 가능성은 어떤 시장 질서보다 우선하고, 어떤 국제적 조약보다도 상위여야 한다. 개별 국가들은 지속 가능성을 주된 원칙으로 자국의 법적 공간 안에 옮겨 놓아야 한다.

지속 가능성 원칙의 효력은 무역 계약의 틀에서도 정당화될 수 있다. 그 전제는 쌍방 원칙의 준수이다. 즉 이런 규정이 수입에 대해서만 관철되는 것이 아니라 자국의 제품에도 적용되어야 한다는 것이다. 그렇다면 이제 국제 연합의 농업 및 식량 특별 기구인 환경 계획UNEP과 식량 농업 기구FAO에 바이오매스의 지속적 이용에 대한 규정을 위임하고, 그 대신 '행동 강령Code of Conduct'을 마련하는 시도가 이루어져야 할 것이다. 이런 행동의 권고는 아직 국제적 조약이 아니다. 그래서 더 빨리 마련되어야 한다. 그래야 이 권고가 개별 국가들에서 입법 실천의 토대가 될 수 있다. 비교적 부유한 나라나 유럽 연합이 이런 행동 규약을 넘겨받는다면 즉시 국제적으로 광범위한 효과를 발휘할 것이다.

2. 제로 배출에는 '무이자': 재생 가능 에너지에 대한 개발 신용 대부

재생 가능 에너지에 대한 국제적 투자 공세에 가장 효과가 뚜렷한 방법은 공공 금융 기관을 통해 받는 '무이자 신용 대부Nullzinskredit' 일 것이다. 이로써 투자에 방해가 되는 두 가지 장애물이 극복될 수 있다. 하나는 전통적 에너지에 부여되는 특전으로, 경제적 윤리적으로 참기 힘든 가격 특혜이다. 전통적 에너지의 사회적 비용을 공급자가 지불하는 것이 아니라 사회가 짊어지게 되니 말이다. 또 다른 장애물은 많은 투자자들이 망설이는 이유인 초기 비용에 대한 부담이다. 그런데 투자자들은 재생 가능 에너지에의 투자로 연료 비용이 지속적으로 방지된다는 점을 대체로 감안하지 않는다. 탄소 제로 배출에 대한 무이자는 이런 의미에서 지원이 아니라, 사회적 피해 예방에 대한 특별 수당이다. 따라서 이런 신용 대부는 정치적 결정을 통해 명령받는 국영 은행이 충당하거나, 보통의 은행 대출일 경우에는 무이자와 보통 이자 간 차액을 국고에서 조달하는 것을 통해 가능하다.

이런 도구가 (사실상 무이자 형태로, 즉 미미한 취급 수수료의 변이 형태이거나 최저 이자 신용 대부 형태로) 어떤 효과를 낼 수 있는지는 2차 세계 대전 이후 유럽 국가들을 위해 마련되었던 미국 마셜 플랜의 저이율 프로그램이 증명한다. 이 프로그램을 위해 수십억 달러에 달하는 신용 대부 목록이 준비된 바 있었다. 독일에서는 국가 소유 금융 기관의 재건을 위해 마련된 신용 대부 프로그램이 이를 입증한다. 독일의 국영 금융 기관은 1980년대의 전환기에 미래 기반 시설 프로그램으로 환경 보호 투자의 물결을 일으켰다. 이로써 환경 기술 산업을 위한 초석이 놓였다. 환경 기술 산업은 국제적으로 부각되면서 100만 개 이상의 새로운 일자리를 창출했다. 1999년 독일의 태양 전력 시설을 위한 '10만 개 지붕 프로그램'은 태양광 전지 기술을 위한 세계 최초의 대중 프로그램이 되었다. 이 프로그램은 이른바 중간 단계가 있는 무이자 신용 대부로 시작되었다. 신용 대부 후 3년이 지나고서야 비로소 1차 상환금을 부과한 것이다. 신용 대부 만료 기간이 비교적 길다는 것 또한 이 신용 대부의 특징이다.

이자 경제는 무이자 신용 대부 때문에 적어도 일시적으로 효력을 잃는다. 실제 신용 대출금만 상환된다. 이로써 재생 가능 에너지에 대한 투자가 훨씬 수월해진다. 절약한 연료 비용으로 신용 대출금을 상환할 수 있게 되어 투자가 가능해진 덕분이다. 이런 신용 대부는 국가 예산에 부담을 주지 않고도 가능하다. 직접 국영 발권 은행(독일에서는 독일 연방 은행, 유로존에서는 유럽 중앙은행EZB)으로부터 받을 수 있다. 이와 유사하게 유럽 중앙은행은 2008년/2009년 금융 위기 때 파산 위험에 처한 은행들에게 0.5퍼센트에서 1.25퍼센트에 이르는 이율로 돈을 빌려 주었다. 그 대신, 은행 건전화를 위한 '시스템상의 이유들'이 관철되었다. 이는 비상한 도전에 대한 답변으로서 비상한 대책이었다. 에너지 변화의 촉진은 극적인 상황에 대한 해답이다. 시스템상의 이유들도 마찬가지로 상당히 중요하다. 은행 구제 조치 때 발표된 한 문장이 이것을 쟁점화한다. "기후가 은행이라면 이미 구제되었을 것이다."

무이자 신용 대부로 재생 가능 에너지에 투자하는 개발 도상국들을 위해 국제적 발의를 시작하려면, 국제적인 개발은행들에게 우선 편의를 봐주는 정치적 규정이 필요할 것이다. 국제적인 개발은행에는 세계은행, 유럽 투자 은행EIB, 유럽 부흥 개발은행EBRD 및 아프리카·아시아·아메리카 개발은행 등이 있다. 대규모 여신 포트폴리오의 제공이 중요하다면, 국제 통화 기금IMF이 발의를 함께 추진할 수 있을 것이다. 또한 여신 포트폴리오는 국가의 저개발국 원조 예산에 의해 늘어날 수 있다. 이를 위해 국제적인 조약이 필요하지는 않을 것이다. 'G8' 또는 'G20' 정상 회의에서의 공동 협정이나 은행 총재 위원회의 의결로도 충분할 것이다. 이 신용 대부에서는 항상 구체적으로 평가되는 새로운 투자가 중요하기 때문에 탄소 배출권 거래에서 나타나는 재정상의 오용을 막을 수 있다. 개발 도상국의 시골 지역들에서는 특히 소액 신용 대부가 중요하다. 소액 신용 대부는 어쩌면 20억 명의 사람들을 구제하고 있는지도 모른다. 개발 도상국에서 국제적인 개발은행들은 지역 채권자 조직과의 협력에 의존하고 있다. 그렇기 때문에 다양한 참여 가능성이 열린다.

3. 인간의 잠재력: 국제적 교육 공세와 IRENA의 역할

에너지 변화를 위한 가장 중요하고도 큰 잠재력은 사람이다. 폭넓은 사회적 운동이 에너지 변화 쪽으로 몰려들고 있지만, 이를 실천에 옮기기 위해서는 전문 인력들의 동원이 필요하다. 만일 재생 가능 에너지에 대한 모든 저항이 예기치 않게 멈추고 극복되어, 정치적으로 확실히 우선시되고 투자 자본도 충분히 공급받게 되었다고 하자. 그렇다 해도, 지금까지 육성된 재생 가능 에너지 전문가가 비교적 소수에 불과하다는 문제에 봉착할 것이다.

수십 년 동안 재생 가능 에너지를 대수롭지 않게 생각한 것은 모든 분야에서, 그리고 중등 교육과 직업 교육과 대학 교육의 모든 전문 영역에서 재생 가능 에너지를 경시한 풍토와도 결부되어 있었다. 교육의 적극적인 공세는 이런 균열을 막는 데 도움이 된다. 국제적인 교육 확대 없이, 신속한 에너지 변화는 실현될 수 없다. 교육에는 시간이 필요한 법이다. 하지만 전반적인 에너지 변화를, 새로운 세대가 관련 교육을 모두 받을 때까지 마냥 기다릴 수도 없고 또 기다려서도 안 된다. 지금 당장 써먹을 수 있는 교육이 병행되어야 한다. 재생 가능 에너지에 대한 젊은 세대의 관심은 이미 오늘날 어떤 다른 지식 또는 전문 영역에 대한 것보다 크다. 특히 기술 또는 자연 과학 관련 직업을 추구하고 그 직업에서 근본적인 사회적 문제를 해결하기 위해 나름대로 기여하려는 사람들이 큰 관심을 보이고 있다. 더욱이 많은 사람들이 짧은 시간 내에 새로운 과학 기술에 숙달될 수 있다는 것은, 최근에 세계적으로 정보 통신 기술IT이 압도하면서 입증된 바 있다.

재생 가능 에너지의 영역에서는 수공업자, 엔지니어, 농민, 산림 소유자, 물리학자, 화학자, 생물학자, 건축가 등은 물론이고, 생태적 관련성과 사회적 비용 범주 속에서 사고할 수 있는 경제학자도 필요하다. 독일에서는 학술 운영자들보다는 학생들의 연구 욕구로부터 시작된 충격이 (약 10년의 준비 기간 후) 대학들을 휩쓸었다. 이제는 독일의 어느 대학에나 재생 가능 에너지 석사 과정이 실제로 존재한다. 많은 수공업 회의소는 회원들이 연수 교육 과정을 통해 재생 가능 에너지에 적응하도록 방법을 마련하기 시작했고 새로운 교육 센터들이 생겨났다. 이 모든 일은 저절로 일어난 것이 아니다. 홍보 및 계몽 행사를 수천 번 개최하며 집중적인 캠페인 활동을 벌인 결과이다.

시간과 경쟁하고 있는 에너지 변화에서 결정적으로 중요한 문제는, 시급히 필요한 전문 인력 수요와 새로운 세대의 전문 인력을 교육하는 데 필요한 비교적 긴 시간 사이의 간극을 어떻게 메울 수 있느냐 하는 것이다. 지식은 지금 필요한 것이지, 10년 후나 20년 후에 필요한 것이 아니다. 자명한 실천적 해결책은 폭넓은 직업 연수 및 재교육이다. 이미 직업에 종사하고 있어서 다른 직업 교육을 위해 그만둘 수 없는 사람들에게도 기회는 열려 있어야 한다. 지역 차원의 수공업 분야 직업 단체에서는 조직하기가 비교적 쉬울 수 있다.

재생 가능 에너지 국제 학사 후 과정

교육은 국제적으로도 조직되어야 한다. 전문 인력의 대학 교육을 위해 실행 가능한 유일한 단초는 '가상 대학'의 설립이다. 전자 공학 수업을 제공하는 학사 후 과정으로, 누구나 직장을 그만두지 않고도 자기 거주지에서 재생 가능 에너지에 대한 공부를 추가 대학 과정으로 마칠 수 있다. 오늘날 30세부터 50세까지 많은 수의 엔지니어와 건축가 또는 화학자 등이 에너지 변화에 관심을 보인다. 하지만 그들이 대학을 다녔을 때는 에너지 관련 과학 기술이 거의 다뤄지지 않았다. 국제적으로, 그것도 모든 언어로 제공되는 학사 후 과정은 국제 대학인 '재생 가능 에너지를 위한 열린 대학OPURE' 형태로 이러닝e-learning*이 가능하다. 유럽 태양 에너지 학회EUROSOLAR 와 세계 재생 가능 에너지 자문 위원회는 수년 전부터 이런 학사 후 과정을 권장하고 있다. 이 국제 대학은 이미 한 번 실현될 뻔했음에도, 지금까지 결실을 보지 못했다.

필자는 1993년 6월 파리에서 개최된 유네스코 '세계 태양 에너지 정상 회담World Solar Summit' 연설에서 국제 재생 가능 에너지 대학의 설립을 제안했다. 이 제안은 유럽 태양 에너지 학회와 2001년 창

---

* 정보 통신 기술을 이용하여 시간과 장소에 구애됨이 없이 수준별 교수 및 학습이 가능한 교육 활동.

설된 세계 재생 가능 에너지 자문 위원회가 2004년에 제출한 '세계 재생 가능 에너지 의제World Renewable Energy Agenda'의 주안점이 되었다.[75] 당시 독일 연방 교육 과학부 장관이었던 에델가르트 불만Edelgard Bulmahn은 이 제안을 다시 끄집어내어, 연방 교육 과학부가 개최한 '재생 가능 에너지에 관한 국제 과학 포럼'의 중심 주제로 삼았다. 이 포럼은 독일 연방 정부가 2004년 6월 국제 연합 기구의 정부들을 초청한 '재생 가능 에너지 자원 2004Renewables 2004' 회의의 한 프로그램이었다.

2004년 12월 독일 연방 의회는 결의안에서 이 제안을 환영하면서, 연방 정부에 '재생 가능 에너지 열린 대학Open University for Renewable Energy, OPURE'의 설립을 촉진하고 이를 위해 국제적인 파트너를 찾을 것을 요청했다. 2005년 초에는 재생 가능 에너지 열린 대학을 위해 유네스코, 유럽 태양 에너지 학회, 태양 전지 전문 기업 ISETInternational Solar Electric Technology 연구소 간에 '양해 각서'가 체결되었다. 그런데 2005년 9월 독일 연방 의회 선거 결과 연방 교육 과학부 장관이 교체된 후, 이 발의는 흐지부지되어 버렸다.

이 발의는 오늘날 그 어느 때보다도 절박하다. 그 사이에 많은 나라에서 재생 가능 에너지에 대한 발의가 늘어남으로써, 자격을 갖춘 전문가들의 인력 부족 문제가 점점 더 뚜렷이 드러나고 있기 때문이다. 기술 및 자연 과학 기초 교육을 받은데다 이미 직업적 경험이 있는 사람들을 추가로 교육하면, 단기간에 재생 가능 에너지의 과학 기술적, 경제적 특징과 그 응용 가능성에 숙달 가능한 사람은 많을 것으로 보인다. 이런 식으로 하다 보면, 국제적인 교육 기준이 생겨날 수 있을 것이다.

재생 가능 에너지 열린 대학의 구상은 현실성이 있고, 고무적인 다양한 효과가 있으며, 개발 도상국들에서도 재생 가능 에너지 기술 생산을 추진하기 위한 기본 전제를 형성한다. 국제적으로 그리고 국가적 차원에서 탄소 배출권 거래의 실행을 위해 설치된 것이 관리 및 자격증 교부를 담당하는 기구이다. 재생 가능 에너지 열린 대학의 구상은 이런 기구의 운영보다 비용이 훨씬 적게 들고 효과도 확실히 더 크다. 이 구상은 정치적 관심의 중점을 마침내 국제적으로도 실용성에 두고 목표를 명확히 할 것을 요구한다. 그러면 결정도 더 빨라질 수 있다. '의지의 동맹coalition of the willing'*이라 해도 말이다. 이 동맹조차 이런 발의의 주도권을 잡고 사리에 맞게 유네스코에 그 일을 맡기고 전권을 줄 수 있을 것이다. 또한 이로써 규모가 큰 국제 연합 특별 기구 중 하나에 미래의 새로운 과제가 부여된다. 즉 국제 연합의 개혁에 대한 기여라는 과제가 주어진다.

Quo vadis IRENA? (국제 재생 가능 에너지 기구여, 어디로 가시나이까?)

국제적인 조직으로 나아가는 길은 멀다. 국제 재생 가능 에너지 기구IRENA도 사정은 마찬가지였다. 이 기구가 활동을 개시한 것은, 다년간 노력을 기울여 2009년 1월에 창설되고 2009년 6월에 소재지와 지도부가 결정된 다음이었다. 1990년에 발표된 양해 각서를 근거로 유럽 태양 에너지 학회가 주창한 발의에 기원한다. 에너지 문제를 위한 국제적인 정부 조직들이 있기는 하다. 가령 1957년부터 존재하고 있는 국제 원자력 기구IAEA와 유럽 원자력 공동체EURATOM

---

* 2003년 3차 걸프전 때 미국의 이라크 공격을 정치적, 군사적으로 지지한 국가들의 동맹.

그리고 1974년에 창설된 국제 에너지 기구IEA 등이 이에 해당된다. 하지만 이들 기구는 전적으로 핵에너지의 국제적인 장려를 겨냥하거나, 모든 에너지를 겨냥하고 있다. 재생 가능 에너지를 계획적으로 폄하했던 국제 에너지 기구처럼 말이다. 그렇기 때문에 재생 가능 에너지를 위한 독자적인 국제 기구를 만들 필요가 있었다.

국제 재생 가능 에너지 기구의 설립은 필자의 참여와 밀접한 관계가 있다. 필자의 참여가 없었다면 이 기구는 생겨나지 않았을 것이다. 따라서 지금까지의 성과에 대한 필자의 평가를 편파적이라고 비평해도 틀렸다고 하지 않을 것이다. 그럼에도 필자는 이런 조직의 필요성과 이에 반대하는 저항들 및 이와 결부된 문제들에 대한 예로서, '국제 재생 가능 에너지 기구'의 생성 과정과 그 실제적 발전을 다시 한 번 개괄하고 싶다.

국제 재생 가능 에너지 기구로 나아가는 길은 길고도 평탄치 않았다. 처음에는 거의 아무도 그 아이디어를 현실적이거나 실현 가능하다고 여기지 않았다.[76] 이 발의의 시작은 큰 기대를 모았다. 필자가 1990년 초에 국제 연합 본부에서 소개한 바 있는 이 아이디어를 국제 연합 본부가 다시 끄집어내었다. 그리고 처음부터 당시 에너지 문제를 위임받은 국제 연합 주요 인사인 전 모리타니 외무장관 아흐메드 울드 압달라Ahmedou Ould Abdallah, 1940~의 지지를 받았다. 당시 국제 연합 사무총장 페레스 데 케야르Perez de Cuellar, 1920~ 또한 이 발의에 찬성하고, 이어서 국제 연합 환경 개발 회의 태양 에너지팀United Nations Solar Energy Group on Environment and Development, UNSEGED을 꾸렸다. 이 그룹은 리우 회의(1992)를 주시하며 재생 가능 에너지의 국제적 지원에 대한 제안들을 마련하고, 국제 재생 가능 에너지 기구의 창설을 제안했다. 그런데 이 제안은 리우 회의 준비 위원회에서 거부되었다. 대부분의 서구 공업국들뿐만 아니라 석유 수출국 기구 회원국들도 거부하고 나섰다.

이 아이디어는 처음에는 사장된 것 같았다. 합의에 따르는 국제 연합 기구 밖에서만 실현될 수 있다는 것이 명백해졌다. 국제적인 조직이 반드시 국제 연합의 조직이어야 한다는 규정은 어디에도 없다. 그렇기 때문에 이제부터는 그런 구상을 끄집어내고 일군의 다른 국가들이 협력하도록 동기를 부여하기 위해 정부를 끌어들이는 것이 중요했다. 여러 가지를 시도하며 10년 이상 집중적으로 노력한 결과, 이를 위한 첫 번째 정치적 결정을 관철시킬 수 있었다. 독일에서 2002년 사민당과 녹색당이 만든 연방 정부의 연정 강령에서였다. 독일 연방 정부가 국제적 발의의 주도권을 잡아야 한다는 데 합의가 이루어진 것이다. 그러나 독일 연방 정부는 처음에는 이 결정을 실제로 실행에 옮길 준비가 되어 있지 않았다.

오히려 그 반대였다. 독일 연방 정부가 조직한 '재생 가능 에너지 자원 2004'에서 이 아이디어는 의도적으로 논의에서 배제되었다. 이는 원래 국제 재생 가능 에너지 기구를 위한 동기 유발 회의로 고려된 조직이었다. 국제 재생 가능 에너지 기구가 주제가 되지 못한다면 많은 나라들이 '재생 가능 에너지 자원 2004'에 아예 처음부터 참여하지 않을 것이라는 우려가 있었다. 그래서 국제 재생 가능 에너지 기구의 창립을 요구하는 것은, 동시에 열리는 국제 재생 가능 에너지 국회 의원 포럼에서 하기로 되어 있었다.[77] 그린피스나 세계 자연 보호 기금 같은 국제 환경 단체들조차 이유를 밝히지 않은 채 이 발의에 반대의 뜻을 내비쳤다. 필자가 다음 독일 연방 정부

(2005년 가을에 형성된 기민련/기사련과 사민당의 대연정)의 정치 강령은 국제 재생 가능 에너지 기구를 수용해야 한다는 발의를 추진하고 서야 비로소 이 과정이 사실상 실현되기 시작했다. 이를 위해 임명된 세 명의 특사와 필자는 2007년/2008년 50개국 이상의 정부와 공식 대화를 이끌었다. 이들 정부의 협력을 얻어 내기 위해서였다.

2009년 1월 마침내 창립총회가 열렸을 때 75개 회원국이 가입 선언서에 서명했다. 2009년 6월 이집트의 샤름 엘 셰이크에서 국제 재생 가능 에너지 기구 소재지의 결정과 총재의 선출이 이루어졌다. 회원국 정부들이 제안한 도시들(아부다비, 본, 빈) 중에서 아랍 에미리트 연방의 수도 아부다비에 유리한 결정이 내려졌다. 이 시점에 국제 재생 가능 에너지 기구는 이미 회원국이 135개국이었다. 프랑스 정부가 추천한 엘렌 펠로스Hélène Pelosse가 총재로 선출되었다. 필자 본인은 선거에 나서지 않았다. 많은 이들이 필자가 출마하기를 기대했고 국제 재생 가능 에너지 기구를 다년간 이끈 선구자로서 이 임무에 유리하다고 여겼지만 출마하지 않기로 결정했다. 로버트 케네디 주니어에서부터 애모리 로빈스, 비앙카 재거, 데이비드 스즈키David Suzuki, 야콥 폰 웩스퀼Jakob von Uexkuell, 에른스트-울리히 폰 바이츠제커에 이르기까지 재생 가능 에너지의 유명 국제 주역들 상당수가 지지를 보내며 전력을 기울였으나 독일 정부는 (필자의 동의를 얻어) 필자를 후보자로 지명하지 않았다. 국제 재생 가능 에너지 기구의 본부를 본Bonn에 유치하려는 독일 정부의 노력에 방해되지 않도록 말이다.

그 이후 국제 재생 가능 에너지 기구가 활동을 시작한 지 1년이 넘어서면서 147개국이 회원국임을 선언했고, 25개국 이상의 국회가

310

2010년 7월에 이미 조약을 비준했다. 그래서 국제 재생 가능 에너지 기구는 이제 국제법상으로도 성립되었다. 다만 샤름 엘 셰이크에서 열린 회원국들의 정부 회의가 내린 결정에 지금 벌써 휘둘리고 있다는 것은 유쾌하지 않은 일이다. 이는 특히 회원국들의 분담금으로 자금을 조달하는 문제에 해당된다. 이른바 국제 연합 기준인 개별 회원국들의 경제력 및 인구 비례로 정해진 금액 대신, 초기 예산은 불과 미화 2,500만 달러로 확정되었다. 이로써 각 회원국의 분담금은 회원 수가 증가할수록 몫이 줄어든다. 그러나 회원국의 증가는 그만큼 과제가 많아진다는 것을 의미하고, 국제 재생 가능 에너지 기구의 예산 증액이 요구된다. 그러나 예산 증액안은 정부 회의의 형편없는 결정으로 저지당했다. 이로써 국제 재생 가능 에너지 기구의 핵심 과제는 길을 잃게 된다. 그 핵심 과제란 회원국들의 정부에 재생 가능 에너지 분야의 정책에 대해 조언하는 것이었다.

국제 재생 가능 에너지 기구의 첫해 예산은 회원국 정부들로 구성되는 관리 감독 기구 '행정 위원회'에 의해 2010년 1월에 단 1,300만 달러로 확정되었다. 147개 회원국에 비해 옹색하고, 예정된 과제를 시작하기에도 충분치 못한 규모였다. 그러나 실제로는 이만한 금액조차 쓸 수 없었다. 대부분의 회원국 정부들이 우선 (조약이 국제법적으로 효력을 발생할 때까지) '자발적인' 분담금을 지불하지 않았고, 그다음에도 분담금 지불을 주저했기 때문이다. 즉 창설 작업이 이미 예산 부족으로 고전하게 된다. 돈이 없어 극소수의 직원만 고용할 수 있었기 때문이다.

국제 재생 가능 에너지 기구의 설립에는 성공했지만, 능력 있는 기구가 꼭 필요하다는 인식은 지극히 부족했다. 몇몇 정부는 이 기구의 설립을 더 이상 저지할 수 없게 되었을 때에야 비로소 가입했다. 국제적인 정부 조직이 설립과 동시에 이미 그처럼 많은 회원국들을 하나로 모으는 것(오늘날 국제 재생 가능 에너지 기구는 이미 국제 원자력 기구보다 회원국이 많다.)은 전례 없는 일이었음에도 불구하고, 국제 재생 가능 에너지 기구는 직원 수와 구체적인 활동의 여지가 적은 관계로 확고한 기반을 갖고 있지 못하다. 회원국들의 수와 최소한의 자금 공급 간 불균형은 감당할 수 없을 정도로 심각하다. 국제 재생 가능 에너지 기구의 실제 예산은 중간 규모의 개발 원조 프로젝트 한 건의 예산과 맞먹는다. 2,900만 유로 상당으로 분명 회원국 분담금으로는 이하의 수준이다. 이는 독일이 매년 국제 원자력 기구에 송금하는 금액과 같다. 이런 사정이 최단 기간 내에 근본적으로 달라지지 않으면, 국제 재생 가능 에너지 기구가 에너지 변화를 위한 정치적 전략을 뒷받침해 주는 국제적인 도구가 될 수 있는 커다란 기회를 날려 버리고 말 것이다.

국제 재생 가능 에너지 기구의 설립을 1957년에 생긴 국제 원자력 기구와 비교한다면, 그 차이는 역설적인 것 못지않게 확실히 눈에 띈다. 국제 원자력 기구는 단기간에 뚝딱 만들어졌고, 모든 나라의 정부와 국제 연합 시스템의 열광적이고 폭넓은 지지뿐만 아니라 처음부터 대규모의 자금 공급 역시 기대할 수 있었다. 이 기구의 창설 때는 당시 유망하다고 느껴진 새로운 시대, 즉 원자력 시대의 정신으로 충만해 있었다. 그에 반해 국제 재생 가능 에너지 기구는 반세기 늦게, 이미 자리 잡은 국제적 정부 조직들의 저항에 맞서 힘겹게 관철될 수밖에 없었다.

또한 국제 연합 시스템 자체 내에서 그리고 세계은행 측에서의 저항에도 맞서야 했다. 국제적 차원에서 설립을 위한 공식적인 걸음을 시작한 독일 정부마저 처음에는 오랫동안 "열심히 뒤쫓기 위해 신중해져야" 했다. 정부들 측에서의 특별한 열광은 거의 느낄 수 없었다. 재생 가능 에너지가 마치 사소한 일인 것처럼 무심했다. 그리고 태양 에너지 시대에 진입하는 것이 중요하지 않은 듯했다. 태양 에너지 시대만 되어도, 원자력 시대에 대해 너무 경솔하고 성급하게 기대한 것을 충족할 수 있는데 말이다. 이 모든 사실은 무엇을 의미하는가. 재생 가능 에너지를 관철하려면, 핵에너지를 위해 수십 년 전부터 동원된 만큼의 정치적 실행력이 필요하다. 그런데 재생 가능 에너지에 대한 신념이 이런 인식으로부터 여전히 얼마나 동떨어져 있는지가 드러나는 것이다.

태양 에너지 시대의 확실한 전망 앞에서 포기한다면, 그것은 '대상'의 책임이 아니라 정치적 소심함과 근시안적인 이익 때문일 수 있다. 어쩌면 예전에 원자력을 (그것도 심지어 '동'과 '서' 사이에서 정치적으로 시스템을 결정하면서) 재촉한 국제적 정책 능력이 전 지구적 회의의 과잉 때문에 다 소진된 탓일지도 모른다. 전 지구적 회의가 점점 더 열차를 밀어내는 조차장처럼 되어 버렸으니 말이다.

4. 원자력 시대의 청산: 세계적인 핵무기 금지를 통한 핵에너지 하차

핵에너지의 '평화적 이용'이 승승장구한 것은, 그것이 핵무장과 핵전쟁에 대한 대안으로 여겨졌기 때문이다. 그러나 사실은 핵무기 무장이 핵에너지를 구할 수 있는 최후의 보루가 되었다. 핵무기를 보유하는 것이 세계 정치에서는 여전히 '일등칸 티켓'으로 간주된다. 국제 연합 안전 보장 이사회의 5개 상임 이사국*이 핵보유국이라는 것은, 이 5개국이 세계적 강국임을 말해 주는 명백한 증거로 여겨진다. 그런데 시대 전환기인 1990년에 5개국이었던 공식 핵보유국—그리고 비공식 핵보유국(이스라엘) 1개국—은 그 사이에 이미 9개국이 되었다. 파키스탄과 인도는 늦어도 1998년 떠들썩한 원자탄 실험 이후 북한과 마찬가지로 핵보유국이 되었다.

이라크 또한 핵보유국 대열에 들어서려 했지만, 그 야심을 1991년 걸프전 이후 포기해야 했다. 이란도 핵 보유를 준비하고 있는 중인지도 모른다. 소비에트 연방의 두 계승국 우크라이나와 카자흐스탄의 핵무장은 기술적으로 언제라도 가능할 것이다. 아파르트헤이트 apartheid** 정권이 막을 내리기 전에 남아프리카 공화국도 핵 보유를 준비한 적이 있다. 이 나라들은 언젠가 핵 보유 계획으로 되돌아갈지 모른다. 핵무기의 보유가 정치적 세계 질서에서 한 국가의 정치적 입지를 확실히 높여 주기 때문이다. 진짜로 핵무기의 투입을 목적으로 하지 않는다고 해도 상관없다. 또 어떤 나라는 (가령 북한 또는 어쩌면 곧 미얀마도) 국제 사회가 그들 나라를 더욱더 대우하고 그들 나라에서 인권 침해가 의심스러운 경우에도 못 본 체 묵인할 수 있게 하는 담보물로서 원자탄을 원한다. 어쨌든 핵무장에 대한 동기는 늘 어난다. 지금은 핵무기 보유국이 9개국이지만, 2020년에는 어쩌면 12개국 내지 15개국이지 않을까?

---

* 미국, 영국, 프랑스, 러시아, 중국.
** 남아프리카 공화국의 인종 차별 정책.

분명히 존재하거나 열망되는 핵무장은 핵에너지 문제와 분리될 수 없다. 핵무기를 보유하고 유지하려는 어떤 국가도, 또 핵무장을 은밀히 열망하거나 (자국민들 모르게) 핵무장의 선택 가능성을 열어 놓으려는 어떤 국가도, 자국의 원자력 발전소를 포기하려 하지 않는다. 원자탄을 보유하고 있거나 가지려면, 또한 원자력 발전소와 원자력 기술 산업의 근간을 갖추어야 한다. 원자력 기술은 모든 핵 보유국들에서 '이중 사용 기술Double-Use-Technic'이다. 원자력 기술의 자체 잠재력이 없는 핵무장은 생각할 수 없고, 그런 잠재력을 핵무장만을 위해 유지한다는 것은 재정적으로 거의 감당하기 어렵다.

따라서 핵무장이 있는 한 '핵에너지의 부흥'을 위한 시도는 있을 것이다. 그러나 어떤 정부도 핵보유국으로 남겠다는 선택을 열어 두기 위해 원자력 발전소를 고수한다고 시인하지는 않을 것이다. 원자력 기구들과 함께 핵무기 보유국들은 그 대신 재생 가능 에너지만으로는 에너지 공급이 충분할 수 없는 이유를 안간힘을 다해 찾는다. 그 결과, 뛰어난 핵 과학적 지식이 재생 가능 에너지에 대한 가장 낮은 지적 수준의 논거들과 결합된다. 따라서 핵에너지 사용을 끝낸다는 것은 핵무기 철거를 실현해야 한다는 의미이다. 그렇지 않으면 재생 가능 에너지를 제한하려는 영향력이 큰 대규모 시도들은 계속 일어날 것이다. 재생 가능 에너지로의 전면 공급을 목표로 인정하고 이를 위해 진력하는 정부들은 완전한 핵무기 철거 역시 목표라고 고백해야 한다. 그렇지 않은 다른 모든 것은 앞뒤가 맞지 않거나, 실제 상황에 대해 도통 모르는 것이다.

계속되는 핵무장에 대한 주된 책임은 기존의 5개 핵보유국에 있다. 수년 전부터 1970년에 발효된 핵무기 비확산에 관한 조약을 위반하고 있는 장본인이 바로 이들 나라이다. 이 조약의 핵심 조항은 세 가지이다. 4조에 모든 회원국들의 의무가 나온다. "핵에너지의 평화적 이용을 위해 장비, 재료, 과학 및 기술의 정보 등을 가급적 교환해야 한다." 이것이 1950년대부터 1970년대까지의 기조였다. 그 때는 원자력이 아직 미래의 에너지로 여겨지던 시기였다. 2조에는 아직 핵무기를 보유하지 않은 모든 국가들의 의무가 나온다. 이 나라들은 미래에도 핵무장을 추구해서는 안 되고, 핵무기를 "제조해서도 안 되고 어떤 다른 방법으로 획득해서도 안 되며 핵무기나 그 밖의 핵탄두를 만들기 위한 어떤 지원도 구하거나 받아들여서는 안 된다." 그리고 6조를 보면, 핵무기 보유국들은 통제되는 완벽한 핵 감축에 관해 협의해야 할 의무가 있다.

1970년대와 1980년대에는 이 의무를 실제로 준수하지 않아도 국제적으로 관대하게 넘어갔다. 세계는 '동'과 '서'의 핵 감축 협상을 기다렸다. 동서 냉전의 갈등이 끝나고 바르샤바 조약 기구WTO*의 해체와 함께 세계적으로 통제되는 완벽한 핵 감축을 위한 기회가 마침내 찾아온 것 같았다. 그러나 '서방'은 이 기회를 흘려버렸다. 북대서양 조약 기구NATO는 (그때까지만 해도 핵무기가 전혀 없었는데도 "남쪽에서의 새로운 위험"에 맞서) 핵전략을 고수하고, 이와 함께 간접적으로 핵무장을 확대하는 다음 라운드를 개시했다. 1998년 (핵보유국 대열에의 공식 진입을 증명한) 인도와 파키스탄의 원자탄 실험에 대한 격분은 위선적이었다. 타국의 핵무장을 비난하면서 자국의 핵

---

* 1955~1991. 서방측의 북대서양 조약 기구에 대항하기 위해 유고슬로비아를 제외한 소비에트 연방과 동유럽 사회주의 국가 8개국이 결성한 군사 동맹.

무장을 고수하는 것은 가증스러운 일이었고, 지금도 마찬가지이다. 핵무기 계획 때문에 이란에 맞서 취한 국제적 행동은 신빙성도 없고 도덕적 권위도 없다. 핵보유국 스스로 핵무기를 고수하고, 이로써 명백히 국제 조약을 위반하고 있는 한은 말이다.

비확산 조약에 관한 협상이 이루어지던 1968년 9월 제네바에서 열린 '핵무기 비보유국들'의 회의가 앞서 언급한 6조 조항을 관철시켰다. 이 조항이 없었다면 조약은 성립되지 않았을 것이다.[78] 오늘날 모든 비핵보유국들('핵무기가 없는 국가들')은 다시 연합하여, 핵보유국들에게 함께 압력을 행사해야 할 것이다. 세계적으로 완벽한 핵무기 감축에 관한 6조의 의무를 어서 이행하라고 말이다. 그래야만, 한 국가의 핵무장에 맞서 강력하게 대응할 수 있는 세계 정치의 정당성을 충분히 갖게 된다. 핵무기의 일벌백계 정책에 저명한 미국 주역들도 이제는 이런 인식을 공유한다. 전 외무 장관 조지 슐츠George Schultz와 헨리 키신저Henry Kissinger가 그렇다. 이 두 사람은 2008년 큰 소동을 일으킨 『월 스트리트 저널Wall Street Journal』의 기사에서 (미국 전 국방 장관 윌리엄 페리William Perry와 상원 국방 위원회 전 의장 샘 넌Sam Nunn과 함께) 이란의 새로운 행보를 주시하며 전 세계에 걸친 완벽한 핵무기 감축을 요구했다. 미국의 대통령 버락 오바마도 마찬가지로 떠들썩했던 2009년 프라하 연설에서 같은 것을 요구했다.

그러나 이런 발의를 뒷받침해 주는 강력한 국제적 지원은 어디 있는가? 유럽의 핵무기 보유국인 프랑스와 영국의 발의는 어디에 있으며, 핵무기 비보유국들이 이것을 위해 함께 진력하지 못하는 이유는 무엇인가? 완벽한 핵무기 감축이 있고서야 비로소 원자력 사안이 종결되고 원자력 시대를 끝낼 수 있다. 원자력 시대는 20세기

후반에 전 지구적으로 방향을 잘못 잡은 발전이었고, 태양 에너지로의 돌파에 역행하는 것이다.

핵에너지의 폐기물 처리

이처럼 잘못된 방향의 발전이 얼마나 엄청난 결과를 가져오는지는 역사적으로 유례없는 기간 동안 핵폐기물 형태로 남겨질 유산에서 드러난다. 인종학자들은 향후 수만 년 동안 지속되는 문명사에 대해 말한다. 그들이 마주하는 것은 불과 65년간 생성된 핵폐기물이 방사능을 배출할 수십만 년인데 말이다. 이런 영향만 보더라도 핵에너지는 문명 윤리적으로 논할 필요가 없다. 핵폐기물이 땅속에 묻힌다 해도 마찬가지이다. 핵폐기물은 땅속에 영구히 안전하게 보관될 수가 없다. '죽은 물질'과는 완전히 다르기 때문이다. 핵폐기물을 땅속에 묻는 것은, 핵폐기물을 다만 '눈에 안 보이게, 잊게 하는' 것을 뜻한다. 방사능이 인간들을 덮치고, 인간들이 도저히 해결할 수 없는 문제에 직면할 때까지 말이다.

따라서 핵에너지의 '평화적 이용'을 전개할 때는 수반되는 질문이 있기 마련이다. 핵폐기물을 외관상 '최종 처리'처럼 보이는 곳에 운반하는 것을 과연 책임질 수 있는가? 카터 미국 대통령이 1979년 주창한 INFCE 회의(INFCE는 '국제 핵연료 주기 평가International Nuclear Fuel Cycle Evaluation'의 약자)에서 이 문제를 다루었다. 마찬가지로 독일 연방 의회가 (같은 해인 1979년에) 설치한 핵에너지 미래 조사 위원회도 사민당 국회의원 라인하르트 위버호르스트Reinhard Ueberhorst를 의장으로 하여 이 문제를 논의했다.

그 대책에 대해서는 가령 태평양 같은 먼 바다에 폐기물을 처리하는 다수의 '치외 법권적인' 섬들을 건설하겠다는 구상도 토론되었다. 이런 섬들은 전적으로 핵폐기물의 최종 처리에 이용될 것이라고 한다. 또 지속적으로 감시되는 초지상적인 창고 형태의 소위 '기술적 저장Engineered Storage' 구상도 논의되었다. 이런 형태는 폐기물을 처리하거나 나중의 어느 시점에서 최종 처리장에 운반할 때 용이하다고 한다.[79] 오늘날 '임시 보관 창고'라 불리는 것이 어쩌면 최종 처리장이 될지 모른다. 그것도 가급적 원자력 발전소가 있는 지역 자체 내에서 말이다. 그러면 핵에너지를 고수하려는 정부들은, 원자력 발전소를 가동하지만 핵폐기물의 부담은 다른 나라들에 넘기고 싶은 곤혹스러운 모순을 극복해야 할 것이다.

가령 '초우라늄 원소'*의 연구가 제안된다. 이 제안은 특히 노벨 물리학상 수상자 카를로 루비아Carlo Rubbia, 1934~가 대표하며 핵폐기물의 원소 변형을 목표로 삼는다. 원소 변형으로 수명이 긴 방사능 동위 원소는 수명이 짧은 동위 원소로 바뀌고, 이로써 예측 가능한 시간 후에는 방사능 방출이 사라지게 된다는 것이다. 또 그다음에 나머지를 최종 처리한다는 것이다. 예컨대 입자 촉매제들이 함께 작용해야 하는 이 방법이 과연 기능을 발휘할 수 있을지는 미지수이다. 이것을 규명하는 데만도 수십 년이 걸릴 것이다. 어쨌든 에너지 소모는 상당할 것이다. 아마도 원자력 발전소가 지금껏 생산한 것보다 더 많은 에너지를 투입해야 할 것이다. 이 빚은 다음 세대에게로까지 이어질 것이며 재생 가능 에너지로 완벽하게 전환할 때에만 갚을 수 있을 것이다. 이제 남은 과제는 여전히 적법하게 지속

---

* 우라늄보다 무거운 인공 방사성 핵종의 원소.

되는 원자력 연구이다. 원자력 연구는 원자력 발전소를 폐쇄하겠다는 최종 결정이 있어야만 허용되어야 한다. 그나마도 책임지고 폐기물 처리를 구상하는 수단으로만 가능할 것이다. 핵폐기물 유산은 '원자력 시대'의 시도가 얼마나 오만불손했는지를 보여 준다.

상당한 자격을 갖춘 핵물리학자, 화학자, 엔지니어 등이 핵에너지를 장기적으로 처리하는 과제를 맡아야 한다. 또한 이런 과거 청산에 투신하는 대신 상당한 보수가 약속되어야 한다. 그렇다고 해도 환경 윤리적 책임 의식을 통감하는 사람들만이 이 과정에 동참할 것이다. 핵에너지의 프로메테우스적인 대실험이 초래한 문명사적인 딜레마는 특히 한 가지 정답을 내놓는다. 핵폐기물의 양이 더 늘어서는 안 되고, 핵에너지의 이용은 중지되어야 하며, 원자력 발전소를 가동하는 마지막 이유로서의 핵무기는 통제하에 감축되어야 한다는 것이다. 지금이 아니라면, 언제 할 것인가?

7장
가치 결정
에너지 경제주의 대신 사회 윤리

순전히 경제학적인 에너지 토론에 관여하는 것은 극히 근시안적이고 미래를 망각하는 일이다. 이런 토론은 논쟁을 가격 비교의 단순한 형태로 환원한다. 에너지 변화의 관건은 재생 가능 에너지의 사회적 의미와 시각이다. 재생 가능 에너지로의 변화는 인권에 근거를 둘 수 있는 정치적인 행동 의무이다.

2010년 7월 국제 연합 총회는 깨끗한 물을 이용할 수 있는 권리를 인권이라 선언했다. 물론 이런 결의를 했다고 해서, 분명 천부적인 이 권리를 개인들이 직접 행사할 수 있는 것은 아니다. 만약 그런 때가 온다면, 하천을 오염시키고 인간의 건강을 직접 해치는 생산 양식의 금지에 이르기까지 그 영향은 광범위할 것이다. 인권은 윤리적 원칙들을 대표한다. 인권의 준수는 그 원칙들을 '고려할지' 아니면 '경쟁 능력'을 위태롭게 할지에 좌우되어서는 안 된다.

국제 연합 총회가 깨끗한 물에 대한 인권을 시의 적절하게 결의하게 된 것은, 인권을 구체화하고 가능한 한 집행할 수 있게 만들려는 노력이 증가한 결과이다. 인권은 자유와 평등의 보편적인 권리를 넘어서고, 사회적 권리 및 자연적인 생활 기반의 유지를 포함한다.

생태계 위기와 분리될 수 없는 세계 사회 위기로 인해 인권의 범위가 확대된다. 인간은 누구나 '신체적 온전함'에 대한 권리가 있다는 독일 헌법 2조의 규정은 오랫동안 일차적으로 인간에 대한 물리적 폭력 금지와 신체적 훼손으로부터의 보호로 이해되었다. 그러나 독일 헌법의 범위에서 보더라도, 신체적 온전함은 환경 오염을 통해 훨씬 많이 침해되었다. 2004년 만들어져 헌법의 일부로 간주되는 프랑스의 환경 헌장 1조는 이처럼 말한다. "누구나 건강에 아무 문제 없고 조화를 이룬 환경에서 살 권리가 있다." 또 유럽 연합 조약의 구성 요소인 기본권 헌장 37조는 다음과 같다. "높은 수준의 환경 보호와 환경의 질 개선은 유럽 연합의 정책들에 포함되고, 지속 가능한 발전의 원칙에 따라 보장되어야 한다." 그러나 종래의 에너지 시스템을 고수하는 한, 삶의 현실에서 이 기본권의 실현은 거의 가능하지 않다. 시의 적절하게 선언된 깨끗한 물에 대한 인권의 실행도 거의 불가능하다. 또는 이미 토론되었지만 아직 공식적으로 선언되지 않은 인권의 경우도 마찬가지이다. 여기에는 깨끗한 공기와 사용 가능한 에너지에 대한 인권, 또는 실제로 지속 가능한 (즉 다음 세대들을 포괄하는) 경제 방식에 대한 인권이 해당된다. 이 모든 권리는 재생 가능 에너지로의 변화를 통해서만 실현될 수 있다. 따라서 재생 가능 에너지로의 변화는 인권에 근거를 둘 수 있는 정치적인 행동 의무이다.[80]

이런 변화는 기술적으로 실현 가능하기 때문에 유예해야 할 어떤 윤리적 정당성도 더 이상 존재하지 않는다. 독일 경제 연구소 DIW의 에너지 및 환경 부서를 이끌고 있는 클라우디아 켐페르트 Claudia Kemfert는 독일만 보더라도 2015년까지 기후 피해를 없애는 데 드는 비용이 500억 유로가 될 것이라고 계산한다. 100억은 초기 적응 투자에 그리고 400억 정도는 증가하는 화석 에너지 비용에 들 것이라고 본다. 또한 2025년까지 이 비용은 2,900억 유로로 올라갈 것이라고 한다.[81] 2010년 7월 국제 연합이 발표한 세계에서 가장 큰 3,000개 기업이 야기한 환경 피해에 관한 보고는 국민 경제적인 관점에서 보더라도 극적인 결말에 이른다. 즉 이 기업들이 천연 자원의 오용을 통해 (특히 냉난방 가스, 기타 배기가스, 하천 오염 등을 통해) 매년 미화 2조 달러 상당의 피해를 야기한다는 것이다. 이런 피해 조사를 모든 경제 활동으로 그리고 화석/핵에너지의 공급으로 야기되는 모든 피해로 확대하면, 비용이 훨씬 커질 것이고 경제적 자원의 관리도 잘못된 것으로 나올 것이다. 석탄이나 우라늄 광산에서 사망하거나 원자력 발전소 주변에 살다가 백혈병에 걸리는 사람들부터, 매년 수조 달러나 되는 핵/화석 에너지를 위한 공개적 비공개적 보조금은 물론이고, '국제적 에너지 안전'을 위한 정치적 군사적 비용까지 포함된다. 애모리 로빈스와 공저자들은 『탈석유 전쟁에서 승리하기Winning the Oil Endgame』에서 미국만 보더라도 그 비용이 연간 수조 달러의 규모에 달한다는 것을 밝혀냈다.[82]

핑계의 종말

언급한 종합 경제적 계산에도 불구하고 이 모든 일은 여전히 벌어지고 있다. 그 계산에 따르면 에너지 변화는 전통적인 에너지 공급을 고수하는 것보다 비용이 많이 들지 않을 것이라고 (추세에 따르면 심지어 더 적게 들 것이라고) 한다. 재생 가능 에너지로의 변화에 수반되는 사회적인 이점 외에 국민 경제적인 이점도 더 이상 심각한 논쟁의 대상이 될 수 없다. 오히려 그 반대이다. 오늘날 재생 가능 에너지에 대한 투자는, 모든 인간과 다음의 미래 전체에 있어서 지속적으로 보장되고 환경을 보호하며 값이 싸면서도 충분한 에너지를 위한 조건이다. 다음 세대를 위해서라도 이런 에너지 변화를 실행하는 것은, 지금 현재하는 세대의 역사적 책임이다. 어떤 핑계도 더 이상은 통하지 않는다. 에너지 변화의 과정에서 봉착하는 모든 어려움은 전통적인 에너지 공급을 계속한 결과보다 쉽게 극복할 수 있다. 파국과도 같은 재해들의 발생으로 에너지 변화에 대한 힘이 강화되고 그 가능성이 개선된다는 논리는 커다란 사회 심리학적 오류로 볼 수 있다. 바로 지금 막대한 노력을 해야 하는 이유는 사회가 파국을 맞이하기에는 아직 안정적이며 긴급 상태 같은 위기가 지배하지 않기 때문이다.

에너지 변화의 과정을 전통적인 에너지 경제에 맡기면 안 되는 이유는 이 책에서 상세히 설명되었다. 전통적인 에너지 경제는 오직 이 과정을 늦추는 것과 재생 가능 에너지를 과학 기술로서 수준 이하로 이용하는 것에만 관심을 둔다. 재생 가능 에너지의 투입이 종합 경제적이고 사회적인 이익에 따르지 않고, 콘체른 경제적인 논리에 따라 이루어지는 것이다. 중앙 집중화 대 분산화의 개념을 통해 에너지 변화는 더 정확하게 설명될 수 있다. 비교적 큰 규모로 결합되고 또한 상호 의존적으로 조직된 에너지 공급으로부터 자율적이고 다양하게 모듈화되는 에너지 공급에의 이행으로 설명될 수 있는 것이다. 즉 에너지 공급이 개인과 지방과 지역에 따라 크고 작은 규모로 이루어지게 된다. 그러니까 전적으로 소형 시설과 대형 시설 간의 대립이 중요한 것이 아니다. 에너지 수요가 적절히 큰 곳에서는 대형 시설들도 에너지 공급을 (대기업, 자치 단체 또는 지역을 위해) 모듈로 내지는 고립 지역에 적합하게 추진할 수 있기 때문이다.

재생 가능 에너지로도 분산적인 생산 시설이 집중된 공급 시스템을 생각할 수 있기는 하다. 이 생산 시설들을 넓은 공간에 걸쳐 국제적으로 연결해 서로 조율하는 것이다. 그러나 예컨대 전통적인 에너지의 경우와 달리, 재생 가능 에너지의 자연적인 잠재력은 그리 해야 하는 마땅한 이유가 없다. 전통적인 에너지 공급의 구조가 결정적으로 작용한 사유 습관 말고는, 그 무엇도 그 방법을 지지하지 않는다. 그것은 빠르고 조망할 수 있는 방법으로 (독자적으로) 실현할 수 있는 것을, 멀고 조망할 수 없는 방법으로 (그것도 결국 의존적으로) 조직하려는 시도일 것이다. 한쪽에는 다양하고 자율적으로 실현되는 생산 및 이용이 있고, 다른 한쪽에는 완벽하게 조직된 예속이 있다. 양쪽 사이의 긴장 관계는 재생 가능 에너지와 전통적인 에너지 간의 갈등만 만들어 내는 것이 아니다. 재생 가능 에너지만을 활용하는 미래적인 에너지 공급의 형태와 구조에 관한 토론의 형성에도 영향을 끼친다. 어떤 본보기가 중심을 이루면서 정치적으로 우선 그처럼 결정하도록 영향을 미치는가에 따라, 에너지 변화의 가속 또는 지연 역시 결정된다. 가속의 잠재력이 모듈 구조에 있다는 것은 경험적으로 입증되었다.

　중앙 집중적인 국제 공급망 관리가 전력 거래소와 연결되어 수요를 조절하고 이로써 생산량과 가격을 (그것도 소수의 대량 생산자뿐만 아니라 그물망처럼 연결된 수많은 생산자들을 위해) 규제한다는 생각은 이론적으로만 설득력이 있는 것 같다. 이런 에너지 공급 때문에 독자적이고 투명한 것이 다시 의존적이고 불투명한 것이 될 것이다. 외견상 가장 경제적으로 보이는 합리성이 총계상으로는 실제로 감당할 수 없는 것이 될 것이다. 컴퓨터 시대를 맞아 사용자 문화users culture에서 이런 가상 이성에 반기를 드는 것은 우연이 아니다. 휴대용 컴퓨터 수억 대의 용량 기획capacity planning이 잘 돌아갈 수 있다거나 인정만이라도 받을 것이라고는 생각할 수 없다. 또한 휴대용 컴퓨터의 대량 투입은 거의 셀 수 없는 설비 과잉overcapacity을 나타낸다. 이 초과 용량은 경제학자의 입장에서 보면 대단히 비경제적이다. 그 대신, 휴대용 컴퓨터의 대량 투입은 그만큼 더 창의적이고 삶에 밀접하다. 독자적으로 다룰 수 있는 서비스 공학이 호응을 얻을지를 결정하는 것은 경영학적인 동기만이 아니다. 정보 통신 혁명과 유사한 발전은 재생 가능 에너지와 함께 시작된다.

가치 종합

공급이 점점 더 독자적이고 민주적으로 이루어질 수 있는 재생 가능 에너지는 다음과 같은 의외의 가치 종합을 가능케 한다.

- 개인주의와, 철학의 고전적인 기본 주제인 공익 사이의 종합이 가능해진다. 재생 가능 에너지의 독자적 이용이 개인적인 자유를 넓히고 다른 이들에게 부담을 주지 않기 때문이다.
- 정신적인 가치와 물질적인 가치 사이의 종합이 가능해진다. 인간들의 물질적 관심을 사회와 자연의 손상 없이 충족시키고, 생태적인 경제에 도달하는 것이 가능하기 때문이다.

이것으로도 재생 가능 에너지의 대중성이 커지는 이유를 설명할 수 있다. 재생 가능 에너지의 대중성은 그 가능성을 인식하거나 예감만이라도 하는 것에 근거한다. 사람들은 재생 가능 에너지의 기본적인 잠재력을 인식했다. 대부분의 정부들이 의식하는 것보다, 그리고 전통적인 에너지 경제가 지각하려는 것보다 더 분명히 알고 있다. 이미 언급한 국제 연합 보고서의 설문 조사 결과가 이를 증명한다. 소비자 80퍼센트가 생태적 생산 방식을 중시하고, 시장 제한 조치를 지지한다. 소비자들이 (신자유주의적인 인간상이 가정하듯이) 근시안적인 '경제적 인간homo oeconomicus'의 동기에만 좌우되는 것은 아니기 때문이다. 독일에서 실시된, 재생 가능 에너지에 대해 구체적인 입장을 묻는 또 다른 여론 조사는 더욱 신빙성이 있다. 이 조사에 따르면 대상자의 75퍼센트는 재생 가능 에너지로의 완벽한 변화를 지지하고, 48퍼센트는 이 변화가 이미 가능하다고 여긴다. 대상자의 74퍼센트는 현재의 요구 수준을 유지하려 하고, 61퍼센트는 시민 발전소Bürgerkraftwerk*를 지지하며, 58퍼센트는 시민 발전소에 참여할 것이라고 한다. 설문 조사 대상자 82퍼센트는 에너지 가격을 비교할 때 외부 비용이 고려된 것을 안다고 주장한다. 88퍼센트는 외부 비용이 에너지 계산서에 포함되는 것을 안다고 한다. 76퍼센트는 외부 비용을 경영자들이 부담해야 한다고 생각한다. 하지만 주와 자치 단체의 정치가들이 재생 가능 에너지에 참여하는 것에 대한 만족도는 19퍼센트에 불과하고, 91퍼센트는 정치가들의 더 강력한 참여를 요구한다.[83]

재생 가능 에너지로 나아가는 사회적 운동은, 가치와 관심 또는 정치적 성향이 평소에 천차만별이더라도 함께 고려해야 하는 여러 가지 동기들을 근거로 한다. 설령 하나의 개별적인 이유만으로 충분하다 해도 마찬가지이다. 전 지구적인 기후 보호, 직접적인 삶의 질, 과학 기술적 혁신, 새로운 경제적 관점, 자치, 생활 환경의 민주

---

* 시민 개개인들이 공동으로 운영하는 태양광 전지 시설이나 태양열 시설.

화 등이 그 동기이다. 그런데 이들 중 하나만으로는 어떤 운동도 정당화하지 못한다. 사회적 운동은 필자가 재생 가능 에너지의 사회논리socio-logic라고 부르는 것을 통해 생겨난다.

따라서 순전히 경제학적인 에너지 토론에 관여하는 것은 극히 근시안적이고 미래를 망각하는 시각이다. 이런 에너지 토론은 논쟁을 실제적인 가격 비교의 단순한 형태로 환원한다. 에너지 변화에 결정적인 것은 재생 가능 에너지의 사회적 의미와 시각이다. 기회주의적인 정치적 에너지 합의의 노력이 아니고, 전통적인 에너지 경제의 시각이 아니며, 또한 성장하고 있는 재생 가능 에너지 기술 분야만의 시각도 아니다. 이 기술 분야의 시각은 전개 과정에서 개별 이해관계로 점차 불가피하게 나뉜다. 즉 '정상적인' 기업이 되려고 노력하면서 분할되는 것이다. 이들 기업과 그 직원들이 볼 때, 핵/화석 에너지 기술 대신 재생 가능 에너지 기술을 생산하는 것에는 당연히 윤리상 근본적인 차이가 있다. 그러나 이 기업들도 다른 모든 기업과 마찬가지로 경영학적으로 계산해야 한다. 이처럼 재생 가능 에너지에 대한 토론을 전통적인 에너지 경제와 비교하여 '태양 에너지 경제'의 분야로만 이끌다 보면, 단지 에너지 경제학적인 고찰에 이르고 만다. 또한 그 고찰에 가려 재생 가능 에너지의 사회적 가치를 보지 못하게 된다.

재생 가능 에너지를 반대하는 모든 캠페인은 에너지 경제학적인 경향이 있다. 전통적인 에너지 경제는 위임을 한 에너지 경제 연구소를 이용하여 재생 가능 에너지에 대해 항상 음모를 꾸민다. 그들의 문제와 본질적인 물음으로부터 관심을 돌리기 위해서이다. 2010년 9월 독일 에너지 경제 및 수리水利 협회는 재생 가능 에너지 법안을 반대하는 캠페인을 시작했다. '석탄은 곧 끝난다Kohle ist bald alle'라는 광고가 내걸렸다. 원료인 석탄을 두고 한 말이 아니다. 오히려 시민의 손에 태양 에너지 기술을 폭넓게 쥐여 주기 위해서는 실제로 초과 비용이 든다는 것을 빗댄 말이다. 다음과 같이 묻는 일도 있었다. "태양 에너지를 얼마큼 운반하면 충분한가? 얼마큼이 너무 많은 걸까? 시장에의 편입은 언제 어떻게 이루어지는가? 대안 에너지에 대한 대안이 필요한가? 그리고 어떤 답변이 필요한가? 독일은 에너지 논쟁을 할 준비가 되어 있다." 다른 캠페인 문구는 이러했다. "독일에서는 당신이 원할 때에만 어두워진다. 미국에서는 당신이 원하든 안 원하든, 1년에 144분 동안 어두워진다." "에너지는 흑백이 아니다." 이런 말들은 다음과 같은 생각을 불러일으킬 것이다. '재생 가능 에너지를 쓰면서 몇 분 동안이라고 가정된 정전을 걱정하느니 차라리 모든 핵에너지 및 기후의 위험 부담과 그 결과를 감수하는 편이 낫다! 재생 가능 에너지의 몫이 너무 커져서 그 도입을 우리에게 맞추어야 한다! 대안 에너지에 대한 대안은 우리가 실행하는 것이다! 우리는 재생 가능 에너지의 확대를 저지할 준비가 되어 있다! 우리는 "석탄"—금—을 원한다!'

이런 식의 캠페인은 네 개의 독일 전력 콘체른이 야기한 사회적 비용이 평균 200억 유로라는 점에서 뻔뻔스럽다. 이들 캠페인은 에너지 소비자와 시민 사이를 인위적으로 구분한다. 에너지 소비자라면 누구나 예외 없이 세금과 보험료를 통해, 에너지 계산서에는 나타나지 않는 모든 사회적 비용을 지불해야 하는 시민임에도 말이다. 이런 종류의 캠페인들은 재생 가능 에너지를 공공연히 비정당화하고, 에너지 논쟁에서 해석의 주권을 회복하는 것을 목표로 삼는다. 이 캠페인이 성공할 수 있는 것은 재생 가능 에너지에 관한 토론을 실제적인 가격의 문제로 축소할 수 있을 때뿐이다. 이들 캠페인이 노리는 것은 에너지 변화를 지연시키고, 에너지 변화를 장악하여 쥐락펴락하는 것이다. 또한 재생 가능 에너지로 나아가는 사회적 운동을 멈추게 하는 것도 목표로 삼는다.

이런 움직임은 그 동기를 깨부숨으로써 물러서게 만들지 않으면 계속될 것이다. 두 번째 도약은 첫 번째 시도보다 점점 더 어려워진다. 1990년대 이후 독일에서 특히 재생 가능 에너지 법안으로 고무된 에너지 발전은 국제적으로 재생 가능 에너지를 향해 도약하도록 자극과 영감을 주는 기제가 되었다. 따라서 이에 관한 갈등은 세계적으로 영향을 미친다. 지금 일시적으로라도 후퇴를 하게 된다면, 재생 가능 에너지로 나아가는 국제적인 운동의 흥이 깨질 수 있다.

시스템 결정

독일은 이미 가속 단계에 접어들면서 구조적 갈등의 경기장이 된다. 시스템이 결정되기를 기다리고 있기 때문이다. 재생 가능 에너지로의 도약을 시작한 사민당과 녹색당의 연정 시기에도 이 결정은 기피되었다. 두 에너지 시스템이 동시에 장려되고, 그 각각의 세력이 강화되었다. 그 결과 이제 마주선 두 열차가 같은 선로 위에서 서로를 향해 돌진하고 있다. 이쪽 선로에는 재생 가능 에너지 법안, 크게 확대되는 재생 가능 에너지 시장 촉진 프로그램, 열 병합 발전 법안, 에너지론적인 구건물 개조 프로그램, 보잘것없는 수준의 생태세, 핵에너지에서의 단계적 하차에 관한 법안 등이 있다. 저쪽 선로에서는 법적 규정에 따르는 전력 및 가스 시장 자유화의 틀 내에서 규제 관청의 설치가 수년 동안 지연되고, 에너지 경제적인 중앙 집중 프로그램이 장려되고, 에너지 콘체른의 수익을 수십억 정도 올려 주는 배출권 거래 법안이 만들어졌다. 또 핵에너지 하차 법안을 위해 '합의'라고 불리는 정치적 대가가 지불되었다. 그것은 일종의 '쟁의 금지 의무'였다. 핵에너지 생산업자의 경제적 특혜는 건드려지지 않은 채 고스란히 남았다. 이 합의는 면세 예비비, 핵연료세와 책임 보험의 면제 등도 포함한다. 그 결과, 연간 금전적인 특혜는 약 60억 유로 정도가 된다. 핵에너지 하차 법안이 지금까지 이룬 실제 결과는 이러하다. 전력 콘체른은 '하차 합의'에 대한 정치적 대가로 얻은 수십억에 달하는 이득을 중앙 집중화 과정에 투입했고, 그 이후로는 새로운 연방 정부가 원자력 발전소의 수명을 연장해 준 덕분에 굳이 반대급부의 보상(원자력 발전소의 작동을 멈추게 하는 것)을 행할 필요가 없게 되었다.

2010년 8월 독일의 모든 일간지에 전면 광고 형태로 발표된 '에너지 정책 호소문'은 전통적인 에너지 경제의 이런 생각을 반영한다. 이 호소문의 언어는 모든 에너지 문제에 있어서 단독 대표 및 '전지전능'에 대한 요구가 근거가 약한 것 못지않게 지나치다는 점을 부각한다. 호소문의 언어는 또한 겉으로는 자명해 보이지만 일련의 암시성 문장들로 이루어져 있다.

이런 문장들도 있다. "도전을 받아들이자. 미래는 재생 가능한 자원들의 것이다." 그러나 "미래는 재생 가능한 자원들의 것이다."라는 문장에는 곧바로 "그리고 이산화탄소 없는 에너지"라는 단서가 붙는다. 이와 함께 핵에너지와 CCS 발전소가 '미래 에너지'로서 재생 가능 에너지 진영에 슬쩍 발을 들여놓을 것이다. 또한 재생 가능 에너지의 생산지 역시 이미 다음과 같이 확정된다. "풍력은 북해North Sea와 발트 해*에서 오고, 태양 에너지는 남유럽과 아마도 언젠가는 사하라에서 올 것이다." '분산적으로 어디에서나'라는 것은 있을 수 없는 일이다!

다른 광고에는 이런 문구도 있었다. "재생 가능 에너지의 확대는 엄청난 투자를 요구한다. 이를 위한 재정은 에너지 공급자들이 벌어야 한다." 마치 재생 가능 에너지에 대한 중요한 투자가 에너지 공급자들에 의해서만 이루어지는 것처럼 말이다. 이들은 연방 정부가 도입한 핵연료세가 명목상 (생태세와 마찬가지로) "미래의 투자를 막을 것"이라고 한다. 반면에 값싼 핵/화석 에너지의 계속적인 투입은 더 빨리 재생 가능 에너지로 이어질 것이라고 주장한다. 전력 콘체른들이 핵/화석 에너지의 수익을 가지고 그렇지 않아도 전적으로 재생 가능 에너지에 집중하려 하기 때문이라고 말이다.

이런 문구도 있었다. "독일 서남부에서는 새로운 에너지들 중 많은 것들이 소비자 지역과 멀리 떨어져서 생산된다." 따라서 "에너지 축전지와 마찬가지로 성능이 좋고 똑똑한 새 전력망을 중점적으로 개발하고 구축해야 한다."라고 요구하며, 이를 위해 "최소한의 관료주의와 더 빠른 인가"가 필요하다고 한다. 이는 슈퍼그리드에 대한 간접적인 찬성이 된다. 대부분의 재생 가능 에너지가 소비자 지역 자체에서 생산될 수 있는데, 이를 위해 필요한 관료주의 철폐와 더 빠른 인가가 지연되고 있다는 사실이 한마디도 언급되지 않기 때문이다. 그리고 이것이 더 빠르고 비용도 효율적인 길이라는 것을 전

* 북유럽의 내해로 독일에서는 동해Ostsee라고 부른다.

혀 거론하지 않기 때문이다.

그리고 끝으로 이런 문구도 있었다. "재생 가능 에너지로의 전환은 갑자기 예기치 않게 실행될 수 없다. 재생 가능 에너지는 강력하고 유연한 파트너를 필요로 한다. 가장 현대적인 화력 발전소가 이에 해당된다. 핵에너지도 여기에 속한다…… 너무 이른 하차는 수십억 상당의 자본을 없앨 것이다. 그러면 우리나라의 환경과 국민경제와 구성원들에게 고스란히 짐이 될 것이다." 핵/화석 에너지의 사회적 생태적 비용은 '에너지 정책 호소문'의 작성자들이 볼 때 언급할 만한 필요가 없다. 그들은 세계 문명을 이미 실존적인 악순환으로 내몬 모토를 따른다. 환경을 해치는 성장을 더 많이 조장하고, 성장의 폐해를 다시 제거할 수 있는 수단을 충분히 수중에 넣는다는 것이다. 이해할 수 없는 논리이다!

옛 과학 기술이 아직 작용하는 동안 경제 개혁을 일으키는 신과학 기술을 대기 선로로 옮기려는 행동은 바로 이런 경제 개혁을 방해하는 것이다. 20세기의 훌륭한 경제학자 중 한 명인 요제프 슘페터Joseph Schumpeter, 1883~1950는 경제적 혁신의 길을 내기 위해서는 '창조적 파괴'가 필요하다고 말한다. 기존의 에너지 경제는 분명히 이런 요구에서 면제될 것이다. 네 개의 독일 전력 콘체른이 작성한 '에너지 정책 호소문'에 서명한 사람들의 뜻대로 된다면 말이다. 그 명단은 도이체방크 은행장에서부터 바스프BASF, 바이어Bayer, 티센 크룹Thyssen-Krupp 등의 이사회 의장까지 망라한다. 이들은 다른 경제영역으로 넘어가는 전력 콘체른들의 존립 보호 요구가 무엇을 의미하는지에 대해 전혀 관심이 없다.

그러면 정부는 투자 자본이 없어지지 않도록 모든 기업이 기존의 모든 작업장을 최대한 활용하는 것을 보장하고, 경쟁자를 시장에서 떼어 놓으려 한다. 이때 계획 경제 모델 이론에서 불합리한 표상을 얻으려고 애쓴다. 경제와 사회의 이름으로 재생 가능 에너지에의 독자적인 투자를 유예하고, 깨끗한 에너지를 향한 사회의 욕구를 미래에 대한 희망으로 위로하려고 말이다.

에너지 변화는 핵 에너지원과 화석 에너지원의 고갈 (즉 이 에너지원들의 내재적인 한계) 때문에, 그리고 지속되어 온 외부 비용 때문에 피하기가 어렵다. 마찬가지로 시스템 변화 역시 신속한 에너지 변화를 위해 불가피하다. 시스템 변화는 이미 재생 가능 에너지의 과학 기술에 의해 미리 예정되어 있다.

그러나 소수의 수중에 달린 에너지 변화가 지연되고 늦어진 결과, 시스템 변화는 임의적으로 방해받을 수 있다. 종래 에너지 경제의 대형 주체들이 에너지 공급 측면에서 제기하는 행위와 권한의 우선권 요구는 이미 너무 오랫동안 수용되었다. 이 대형 주체들은 기꺼이 '경제'의 이름으로 등장하고, 자신에게 정치적 권한이 있다고 생각한다. 사회, 즉 기술을 생산하는 경제와 정치적 제도가 기존 에너지 시스템으로부터 벗어나는 정신적 실천적 해방은 따라서 신속한 에너지 변화를 위한 전제이다.

그러고 난 다음에야 비로소 전통적인 에너지 구조로부터 실제로 벗어나는 과학 기술적 해방이 온전히 전개될 수 있다. 이런 변화는 지금 실행되고 있고, 또 실감할 수 있다. 게다가 지금 우리 세대와 전통적인 발전소의 세대 교체 없이 이룬 성과는 문명사적인 의미를 지닌다.

현실적으로 실현되어야 하는 시스템 변화는 따라서 '윤리적 명령'에 속한다. 철학자 페터 슬로터다이크Peter Sloterdijk, 1947~는 저서 『당신은 삶을 바꿔야 한다Du mußt dein Leben ändern』에서 윤리적 명령에 대해, "그것은 농담이 아니다." 그리고 "지구를 형성하는 마법사의 제자들은, 예측할 수 없는 것이 전략적인 계산보다는 한 차원 온전히 앞서 있다는 경험을 해야만 했다."라고 적고 있다. 그런 이유에서 "자체 수단으로 해결 가능한 그런 문제들만을 접할 권리"[84] 또한 없다는 것이다.

100퍼센트 재생 가능 에너지로의 신속한 변화는 따라서 종래 에너지 체제의 시스템 논리에 종속되지 않고 다양하게 동기 유발된 활동가들의 증대로 생겨날 것이다. 가장 중요한 정치적 원칙은, 이런 행동의 공간을 열고 지속적으로 확대하는 것이다. 이를 위해서는 두 가지 시스템 진로의 결정이 긴요하다.

하나는 재생 가능 에너지 법안과 함께 시작된 것처럼, 재생 가능 에너지의 사회적이고 국민 경제적인 이점을 미시 경제적인 자극으로 바꾸는 것이다. 이를 위해서는 오염 물질세가 재생 가능 에너지에 대한 원칙적인 시장 우위와 함께, 전체 에너지 공급을 포괄하는 단초가 될 것이다. 다른 하나는 토지 이용 계획에서 재생 가능 에너지의 관용적인 우위를 관철시켜서 시대착오적인 관료주의적 장애물을 제거하는 것이다.

사회는 그 경제적 세력들과 함께 다른 모든 것을 거의 혼자서, 특히 자치 단체 차원에서, 산업적으로 전개되는 과학 기술로 처리한다. 이때 필요한 것은, 에너지 콘체른과 조화를 이루고 원자력 발전소 및 화력 발전소와 타협하는 '에너지 정책적인 전체 구상'이 아니다. 오히려 에너지 변화에 대한 무수한 투자를 위해 빈 공간을 만드는 정치적 결단이 필요하다. 사회가 실행하는 에너지 변화가 촉진될지 여부는 정치적 차원에서 결정된다. 에너지 윤리 명령은 최후통첩과 같은 가속을 의미한다.

옮긴이의 글

얼마 전 신문에서 반가운 기사를 보았다. 우리나라에 '세계 최초의 탄소 없는 섬(carbon free island)'이 생긴다는 소식으로, 제주자치도가 2030년을 목표로 가파도에 스마트그리드를 조성해 신재생 에너지인 풍력과 태양 에너지로만 발전 운용할 것이라는 청사진을 발표했다. 국내에 100퍼센트 재생 가능 에너지로 생활 가능한 공간이 실제로 생긴다면 놀라운 성과가 아닐 수 없다. 그럼에도 재생 가능 에너지에 대한 일반의 이해나 사회 전반의 인식은 아직 기존 에너지를 대신할 보완 에너지쯤으로 간주하는 데 머물고 있는 것이 사실이다. 이 책의 저자인 헤르만 셰어는 이와 같은 인식의 전환을 재생 가능 에너지 시대를 여는 최우선 과제로 꼽는다. 그 과정에서 사회학적 철학적 고찰을 수반하며 '창조적 파괴'를 통해 기존 시스템을 뒤엎고 재생 가능 에너지를 위한 새로운 체제이자 우리 삶에 익숙하고 유용한 분산적인 자급자족이 가능한 변화를 제시한다.

세계 재생 가능 에너지 자문 위원회 의장, 독일 재생 가능 에너지 법안의 기수, 국제 재생 가능 에너지 기구의 발기인, 대안 노벨상 수상 등등. 헤르만 셰어의 이름 앞에 놓이는 수식어는 대체로 선구적인 것들이 많다. 다양한 직함만큼이나 그는 지난 수십 년간 전 세계 에너지 정책의 중심에서 재생 가능 에너지와 관련된 혁신적인 구상들을 주도했다. 이 책을 펴낸 2010년 여름까지도 태양 에너지 확산과 관련된 국제 사업에 적극 참여했던 그는 그해에 갑작스런 심장질환으로 숨을 거두었다.

재생 가능 에너지와 관련해 가장 주목받고 신망이 높았던 그의 명저를 더는 볼 수 없게 된 아쉬움을 뒤로하고 독자들에게 더불어 소개해야 할 셰어의 책이 한 권 더 있다. 국내에는 2006년에 출간된 『에너지 주권』으로, 『에너지 명령』은 『에너지 주권』의 연장선에서 좀 더 진전된 주장을 전개하면서 그간의 변화와 성과의 간극을 빠짐없이 보여주고 있다.

『에너지 주권』이 각국의 구체적인 에너지 정책 실태와 문제점, 에너지 문제와 관련된 균형 잡힌 기본 지식을 전달하는 동시에 재생 가능 에너지로의 방향과 대안을 점검하고 제시했다면, 『에너지 명령』에서는 더는 미룰 수 없는 에너지 전환의 시급함을 촉구하면서 사회 전반의 보편적 가치로 그 당위성을 확장한다. 에너지 변화는 문명사적인 변화이며, 100퍼센트 재생 가능 에너지로의 전환은 '인권에 근거를 둘 수 있는 행동 의무'이고 기술적으로 실현 가능하기 때문에 이 변화를 유보해야 할 어떤 '윤리적 정당성'도 존재하지 않는다는 것이다.

이 책에서 셰어가 말하는 재생 가능 에너지의 힘은 영속적인 에너지 공급을 보장하면서도 위험하지 않으리라는 현실적인 희망과 연결된다. 그래서 재생 가능 에너지의 잠재력이 기존의 핵에너지, 화석 에너지보다 우월한 사회적 가치를 대표한다는 설명이다. 나아가 '정치'

와 '경제'의 의식 전환이 결정적으로 중요해지는데, 여기서 필연적으로 정치, 경제는 물론 사회 구조에서도 기존 시스템과의 긴장 관계가 발생한다. 이 경색된 관계를 해결하는 것이 곧 '에너지 혁명'의 관건이기 때문에 책의 흐름도 이러한 시스템 갈등을 따라간다.

셰어의 주장은 명확하다. 재생 가능 에너지로의 전환에서 기존 에너지와의 '공존'이나 '상생'은 불가능하다는 것이다. 에너지 변화와 관련해서는 승자 독식의 전면적인 체제 전환이 반드시 필요하다는 주장이다. 또한 그 길목에서 만나게 되는 여러 다양한 저항과 전환의 문제들, 정치적 경제적 사회적 문화적 성과들을 소개하며 설득력을 더한다.

기존 시스템의 '유예 전략'에 대한 비판도 이어진다. 세계 회의 등을 거쳐 합의된 교토 의정서 같은 국제적 협약의 한계를 지적하며 세계적 규모의 주류 에너지 콘체른의 실체와 거짓된 합의로 평가절하되는 재생 가능 에너지의 위치와 잠재력을 다시 한 번 조명함으로써 당장의 변화를 저지하는 모든 '지연 전략'을 장애물로 규정하고 비판한다. "핵에너지의 부흥 시도들이 근거로 내세울 수 있는 것은 오직 '재생 가능 에너지에 대한 날조'뿐이다."와 같은 대목에서 보이듯 핵에너지에 대한 비난도 매섭다. 그리고 또 다른 "유예 전략들", 현재 우리나라에서도 선진 프로젝트로 여겨지고 있는 CCS 발전소나, 전 세계적인 규모로 이루어지는 데저텍, 북해 프로젝트(시텍) 등과 같은 재생 가능 에너지 관련 프로젝트 및 정책에 대한 우려와 이면의 머리싸움을 진단한다.

재생 가능 에너지는 더 이상 전문가들에게만 맡겨 놓을 영역이 아니다. 사회 전반의 인식이 바뀌지 않는 한 재생 가능 에너지 시대의 전환 방법 또한 기존 에너지 콘체른의 경제 논리에 갇히게 된다. 에너지만큼 시장 경제의 물성에 그대로 유입되는 복합적인 경제재도 드물다. "문화라는 상부구조는 경제라는 하부구조에 종속된다."라는 마르크스의 표현처럼 지금의 에너지 경제는 규모의 경제에 장악되어 분산적이고 자생적인 재생 가능 에너지로의 전환을 받아들이기가 쉽지 않다. 재생 가능 에너지 시대는 생산과 공급, 유통, 소비 과정에서 기존 시스템과는 전혀 다른 체제를 수반하기 때문에 재생 가능 에너지에 대한 우리 모두의 정치적 사회적 문화적 의식 전환과 가치 변환이 우선 전제되는 것이다.

"재생 가능 에너지는 이제 선택 사항이 아니다. 실천해야 한다."라는 제러미 리프킨의 단언처럼 이제는 우리 모두가 바뀌어야 한다. 아직도 시간과 준비가 부족하다며 '과도기'를 잘 보내야 한다는 주장에는 요즈음 더욱 유명해진 윌리엄 깁슨의 말로 적절한 응수가 될 듯하다. "미래는 이미 와 있다. 단지 널리 퍼져 있지 않을 뿐이다." 재생 가능 에너지의 현재도 깁슨의 말과 다르지 않다.

2012년 가을
모명숙

1 www.unendlich-viel-energie.de, 2009. 2. 19.

2 토랄프 슈타우트 『녹색, 녹색, 녹색은 우리가 구입하는 모든 것이다. 이미 지가 맞을 때까지 거짓말하다』, 쾰른 2009.(Toralf Staud: *Grün, grün, grün ist alles, was wir kaufen. Lügen, bis das Image stimmt.* Köln 2009.)

3 빌헬름 오스트발트 『에너지 명령』, 라이프치히 1912, 81쪽 이하.(Wilhelm Ostwald: *Der energetische Imperativ.* Leipzig 1912, S. 81ff.)

4 에리크 하우 『풍력 설비』, 하이델베르크 1989, 22쪽 이하.(Erik Hau: *Windkraftanlagen.* Heidelberg 1989, S. 22ff.)

5 마르셀 페로 『금 같은 석탄』, 파리 1962.(Marcel Perrot: *La bouille d'or.* Paris 1962.)

6 볼프강 팔츠 『세계의 힘. 태양으로부터 전력의 발생』, 싱가포르 2010. (Wolfgang Palz: *Power of the World. The Emergence of Electricity from the Sun.* Singapur 2010.)

7 클라우스 푸르만 「태양이 없으면 아무것도 안 된다. 전통적인 에너지원들은 에너지 수요를 왜 부차적으로만 충족시키는가」, 『태양의 시대』 2001/2, 36쪽.(Klaus Fuhrmann: Ohne Sonne geht gar nichts. Warum konventionelle Energiequellen nur marginal die Energiebedürfnisse befriedigen. *Solarzeitalter* 2/2001, S. 36.)

8 잘못된 평가에 대한 기타 증거는 「재생 가능 에너지를 위한 기구: 예언과 현실. 간략한 평가」(2009년 5월)에서 찾아볼 수 있다.(Agentur für Erneuerbare Energien: Vorhersage und Wirklichkeit. Kurzgutachten. Mai 2009.)

9 독일 풍력 연구소 「독일의 풍력 이용 실태」, 『슈탄트』, 2009. 12. 31.(DEWI: Status der Windenergienutzung in Deutschland, *Stand* 31. 12. 2009.)

10 이 시나리오들은 필자의 책 『에너지 주권』(독일 원서) 60~61쪽에서 개괄적으로 설명되었다. (*Energieautonomie*, München 2005, auf den Seiten 60/61.)

11 유럽 기후 재단 「로드맵 2050: 번영하는 저탄소 유럽으로 나아가는 실천적 지침」.(European Climate Foundation: Roadmap 2050: A practical guide to a prosperous low carbon Europe. Brüssel 2010.)

12 연방 정부 환경 문제 전문가 협의회(SRU) 「2050년까지 100퍼센트 재생 가능 에너지」, 2010년 5월.(Sachverständigenrat für Umweltfragen SRU: 100% erneuerbare Energien bis 2050. Mai 2010.)

13 재생 가능 에너지 연구 협회 「에너지 구상 2050」. 2010년 6월 에너지 효율성과 100퍼센트 재생 가능 에너지를 토대로 하는 지속적인 에너지 구상을 위한 비전.(Forschungs-Verbund Erneuerbare Energien: 「Energiekonzept 2050」)

14 환경청 「에너지 목표 2050 재생 가능 에너지 전력 100퍼센트」(필자: 토마스 클라우스, 카를라 폴머, 카트린 베르너, 하리 레만, 클라우스 뮈셴). 2010년 7월.(Umweltbundesamt: Energieziel 2050: 100% Strom aus erneuerbarer Energie[Verfasser: Thomas Klaus, Carla Vollmer, Kathrin Werner, Harry Lehmann, Klaus Müschen]. Juli 2010.)

15 피터 드로기(편) 『100퍼센트 재생 가능 에너지. 행동에 있어서의 에너지 자율성』, 런던 2009.(Peter Droege(Hg.): *100% Renewable Energy. Energy Autonomy in Action*. London 2009.)

16 미하엘 슈퇴르 외 『100퍼센트 지역으로 가는 도정에서. 지역들에서 지속적인 에너지 공급을 위한 안내서』. 뮌헨 2006.(Michael Stöhr u. a.: *Auf dem Weg zur 100% Region. Handbuch für eine nachhaltige Energieversorgung in Regionen*. München 2006.)

17 마크 제이콥슨/마크 델러치 「지속 가능한 미래를 위한 계획. 2030년까지 모든 에너지를 풍력, 수력, 태양력으로부터 얻는 방법」, 『사이언티픽 아

메리칸』, 2009년 11월호.(Mark Z. Jacobson/Mark A. Delucchi: A Plan for a Sustainable Future. How to get all energy from wind, water and solar power by 2030. In: *Scientific American*, November 2009.)

18 그린피스 「에너지 (혁명)진화. 지속 가능한 세계 에너지 전망」, 2010.
(Greenpeace: energy (r)evolution. A Sustainable World Energy Outlook. 2010.)

19 앨 고어 『우리의 선택. 기후 위기를 해결하기 위한 구상』, 뮌헨 2009.(Al Gore: *Wir haben die Wahl. Ein Plan zur Lösung der Klimakrise*. München 2009.)

20 레스터 브라운 『플랜 B 2.0』, 뉴욕 2006, 254쪽 이하.(Lester Brown: *Plan B 2.0*. New York 2006, S. 254ff.)

21 탐라 길베르트슨/오스카 레이어스 『전 지구적인 배출권 거래. 대기 오염 주범들은 어떻게 보상받는가』, 프랑크푸르트 2010.(Tamra Gilbertson/Oscar Reyes: *Globaler Emissionshandel. Wie Luftverschmutzer belohnt werden*. Frankfurt 2010.)

22 엘마르 알트파터/아힘 브루넨그레버 「시장과 함께 기후 재앙에 맞선다?」, 엘마르 알트파터/아힘 브루넨그레버(편) 『기후 변화에 대한 면죄부 판매?』, 함부르크 2008, 10쪽 이하.(Elmar Altvater/Achim Brunnengäber: Mit dem Markt gegen die Klimakatastrophe?, *Ablasshandel gegen Klimawandel?*, Hamburg 2008, S. 10f.)

23 마누엘 보그너 「RWE의 놀라운 기후 프로젝트」, 『zeo2』 2호(2010), 36쪽 이하.(Manuel Bogner: RWE's wundersame Klimaprojekte. In: *zeozwei*, Nr. 2/2010, S. 36ff.)

24 우베 레프리히의 연구서 『전기 시계 2』(자르브뤼켄 2009)에서 발견했고, 베른트 벤첼/요아힘 니취의 『독일의 재생 가능 에너지를 위한 장기적 시나리오와 전략』(베를린 2010년 6월)을 참조했다.(Uwe Leprich: *Stromwatch2*. Saarbrücken 2009; Bernd Wenzel/Joachim Nitsch: *Langfristszenarien und Strategie für den Ausbau erneuerbarer Erergien in Deutschland*. Berlin Juni 2010.)

25 「경제적으로 가장 비효율적이다」, 뉴스 잡지 『슈피겔』, 2009년 50호, 60쪽.(Ökonomisch höchstineffizient: *Der Spiegel*, Nr. 50/2009, S. 60.)

26 카린 홀름-뮐러 「전기 분야에서 배출권 거래의 도구적인 추가 보완

을 위한 변론. 환경 문제 전문가 위원회(CSR)」. 2010년 6월.(Karin Holm-Müller: Plädoyer für eine instrumentelle Flankierung des Emissionshandels im Elektrizitätssektor. Sachverständigenrat für Umweltfragen(CSR). Juni 2010.)

27 환경 문제 전문가 위원회「지속적인 전력 공급을 위한 진로 결정」, 2009 년 5월.(Sachverständigenrat für Umweltfragen(SRU): Weichenstellungen für eine nachhaltige Stromversorgung. Mai 2009.)

28 고트프리트 뢰슬레『달이나 화성의 넓은 평면 모델』, 호프 1989.(Gottfried Rössle: Das Maren-Modell. Hof 1989.)

29 생태 연구소『비블리스 A 설비의 예에서 본 '의도적인 비행기 추락'이라 는 위협 가능성의 분석』, 다름슈타트 2007.(Öko-Institut e. V.: Analyse des Bedrohungspotenzials 'gezielter Flugzeugabsturz' am Beispiel der Anlage Biblis A. Darmstadt 2007.)

30 볼프강 슈틸러「부드러운 증식로」,『테크놀로지 리뷰』, 2009년 10월.(Wolfgang Stieler: Sanfter Brüter. Technology Review, Oktober 2009.)

31 「물리학자들은 원자력 발전소의 신축을 요구한다」,『슈피겔 온라인』, 2010. 3. 17.(Physiker fordern Neubau von Atomkraftwerken. Spiegel online, 17. 3. 2010.)

32 마이클 슈나이더 외『세계 핵 상황 보고서 2009』, 파리/베를린 2009년 8 월.(Mycle Schneider u.a.: Der Welt-Statusreport Atomenergie 2009. Paris/Berlin, August 2009.)

33 시티그룹 글로벌 마켓「새로운 원자력 경제는 '노'라고 말한다」, 2009년 11 월 9일.(Citigroup Global Markets: New Nuclear-The Economics Say No. 9. 11. 2009)

34 기후 보호를 위한 조사 기구「세계 자연 보호 기금은 이산화탄소의 분리 와 저장에 대한 다른 탐구를 환영한다」www.wwf.de.(Versuchsballon zum Klimaschutz: WWF begrüßt weitere Erforschung von Kohlendioxidabtrennung und Speicherung. www.wwf.de)

35 울프 보셀「탄소 포집 및 저장. 그러나 이산화탄소와 함께 어디로?」,『태양 에너지 시대』, 2009년 3호, 20쪽 이하.(Ulf Bossel: Carbon Capture and Storage. Aber wohin mit dem CO2? Solarzeitalter 3/2009, S. 20ff.)

36 파텐팔『혁신 및 기후 보호 기술-탄소, 포집 및 저장』, 2009년 2월, 22쪽.
(Vattenfall: *Innovations- und Klimaschutztechnologien Carbon, Capture and Storage*. Februar 2009, S. 22.)

37 라인하르트 볼프「하지만 노르웨이는 달에 착륙하지 않는다」,
wirklimaretter.de.(Reinhard Wolff: Norwegen landet doch nicht auf dem Mond.
In: wirklimaretter.de)

38 국제 에너지 기구『에너지 과학 기술. 탄소 포집 및 저장 로드맵』, 파리
2009.(IEA: *Energy Technology, Roadmap Carbon Capture and Storage*. Paris
2009.)

39 데이비드 호킨스/조지 페리다스「현재 같은 시간은 없다」, 천연자원 보호
협회 업무 지침서, 2007년 3월.(David Hawkins/George Peridas: No Time Like
the Present. NRDC Brief, März 2007.)

40 미주 37 참조.

41 광고들은 독일 갈탄 산업 협회의「갈탄. 무엇이 더 합당하다고 생각하는
가?」(2010)에서 찾아볼 수 있다.(Deutscher-Braunkohlen-Industrie-Verein: Die
Braunkohle. Was liegt näher?, 2010.)

42 파텐팔『혁신 및 기후 보호 기술-탄소, 포집 및 저장』, 2009년 2월, 20쪽.
(Vattenfall: *Innovations- und Klimaschutztechnologien Carbon, Capture and Storage*. Februar 2009, S. 20.)

43 마르코 뷜로브『우리는 무턱대고 도장이나 찍어 주는 들러리이다. 국민 대
표들의 힘과 무력함에 관하여』, 베를린 2010, 155쪽 이하.(Marco Bülow: *Wir
Abnicker. Über Macht und Ohnmacht der Volksvertreter*. Berlin 2010, S. 155ff.)

44 요하네스 프렌첼「조류가 갈탄 온실가스를 먹어 치운다고 한다」, 연합통
신 2010년 7월 22일.(Johannes Frenzel: Algen sollen Braunkohle-Treibhausgas
fressen. *Associated Press*, 22. 7. 2010.)

45 니나 셰어『무역의 자유가 환경 보호보다 먼저인가?』, 보홈 2008.(Nina
Scheer: *Welthandelsfreiheit vor Umweltschutz?* Bochum 2008.)

46 올라프 호마이어「재생 가능 에너지 법안과 관련하여 전력 생산의 외부 비
용 비교」, 환경청에 보내는 평가서, 2001.(Olav Hohmeyer: Vergleich externer
Kosten der Stromerzeugung in Bezug auf das Erneuerbare-Energien-Gesetz.

Gutachten für das Umweltbundesamt. 2001.)

47 게르트 아펠슈테트 「다모클레스의 칼 아래 있는 생태적 전기를 위한 우선 적 규정」, 『신 에너지법을 위한 잡지』 1호(1997), 3쪽 이하.(Gert Apfelstedt: Vorrangregelung für Ökostrom unterm Damoklesschwert. In: *Zeitschrift für Neues Energierecht(ZNER), Nr.* 1(1997), S. 3ff.)

48 한네 마이 「오랜 전통을 지닌 매력. 풍력기와 자연 보호와 관광객은 어떻게 친교를 맺는가」, 프란츠 알트/헤르만 셰어 『변화의 바람』, 보훔 2007, 139쪽 이하.(Hanne May: Attraktion mit langer Tradition. Wie Windräder, Naturschutz und Touristen Freundschaft schließen. In: Franz Alt/Hermann Scheer: *Wind des Wandels.* Bochum 2007, S. 139ff.)

49 재생 가능 에너지 기구 『지역 자치 단체의 프로젝트』, 베를린 2008, 9쪽. (Agentur für Erneuerbare Energien: *Projekte in Kommunen.* Berlin 2008, S. 9.)

50 프리츠 포어홀츠 「전력 공세」, 『디 차이트』, 2010년 4월 29일.(Fritz Vorholz: Die Strom-Offensive. *DIE ZEIT*, 29. 4. 2010.)

51 데에넷(편) 『100퍼센트 재생 가능 에너지 지역』, 카셀 2009.(deENet(Hg.): *100% erneuerbare Energie Region.* Kassel 2009.)

52 에디 오코너 「우리는 당장 시작할 수 있다」, 『신에너지』, 2009년 3호, 33 쪽.(Eddie O'Connor: Wir können sofort anfangen. *Neue Energie* Nr. 3/2009, S. 33.)

53 『에너지와 경영』, 2010년 6월, 31쪽.(*Energie und Management.* Juni 2010, S. 31.)

54 헨드릭 파울리츠 「뷔르거한트의 전쟁을 예방하는 분산적 에너지 경제에 대하여」, 『태양 에너지 시대』, 2010년 2호, 3쪽 이하.(Hendrik Paulitz: Für eine kriegs-präventive dezentrale Energiewirtschaft in Bürgerhand. *Solarzeitalter* 2/2010, S. 3ff.)

55 하르트무트 로자 『가속. 근대의 시간 구조 변화』, 프랑크푸르트 2005, 428쪽 이하.(Hartmut Rosa: *Beschleunigung. Die Veränderung der Zeitstrukturen in der Moderne.* Frankfurt 2005, S. 428ff.)

56 헬무트 트리부취 『지구여, 어디로 가는가? 태양 생체 공학 전략: 자연의 본 보기에 따르는 에너지 미래』, 아헨 2009.(Helmut Tributsch: *Erde, wohin gehst*

du? Solare Bionik-Strategie: Energie-Zukunft nach dem Vorbild der Natur. Aachen
2009.)

57 애모리 B. 로빈스 『작은 것이 유리하다』, 콜로라도 2003.(Amory B. Lovins:
Small is Profitable. Rocky Mountains Institute. Boulder, Snowmess, Colorado
2003.)

58 유럽 태양 에너지 학회: 국제 재생 가능 에너지 저장 회의, 2010년 7월 1일.
(EUROSOLAR: IRES, www.eurosolar.org 1. 7. 2010.)

59 토머스 딘우디 『크로스오버 태양광 전지 대 전통적 발전의 가격』, 2008.
(Thomas Dinwoodie: *Price Cross-Over Photovoltaics vs. Traditional Generation.*
Sun Power Corporation Systems 2008.)

60 티몬 그레멜스 「재생 가능 에너지의 확대를 위한 열쇠로서의 지역 개
발 정책」, 『태양 에너지 시대』, 2010년 2호, 16쪽 이하.(Timon Gremmels:
Raumordnungspolitik als Schlüssel zum Ausbau erneuerbarer Energien. In:
Solarzeitalter 2/2010, S. 16ff.)

61 마르틴 운프리트 「에너지 가로수 길 A7—더 크게 생각하고, 더 공격적으로
소통하다」, 『태양 에너지 시대』, 2010년 2호, 21쪽 이하.(Martin Unfried: Die
Energieallee A7-größer denken, offensiver kommunizieren. In: *Solarzeitalter*,
Nr. 2/2010, S. 21ff.)

62 엘리너 오스트롬 『집단행동과 자치 제도』, 캠브리지 1990.(Elinor Ostrom:
Governing the Commons. Cambridge 1990.)

63 파비오 롱고 「자치 단체 과제로서의 새로운 지역적 에너지 공급」, 바덴바
덴 2010, 173쪽, 348쪽 이하.(Fabio Longo: Neueörtliche Energieversorgung als
kommunale Aufgabe. Baden-Baden 2010, S. 173, 348f.)

64 헤르만 셰어 『전기 이동성을 위한 속도를 높여라』(Hermann Scheer: *Mehr
Tempo für Elektromobilität.* www.eurosolar.org 1. 7. 2010.)

65 울리히 그로버 『지속성의 발견』, 뮌헨 2010, 264쪽 이하.(Ulrich Grober: *Die
Entdeckung der Nachhaltigkeit.* München 2010, S. 264f.)

66 오트프리트 회페 『세계화 시대의 민주주의』, 뮌헨 1999, 427쪽(Otfried
Höffe: *Demokratie im Zeitalter der Globalisierung.* München 1999, S. 427.)

67 토마스 피셔만/페트라 핀츨러 「하나의 세계에 대한 망상」, 『디 차이트』, 2009

년 12월 31일.(Thomas Fischermann/Petra Pinzler: Die Illusion von der einen Welt. *DIE ZEIT*, 31. 12. 2009.)

68 에릭 브루제 「유럽 연합 기후 정책: 브뤼셀은 배출권 거래를 의심한다」, 『한델스블라트』, 2010년 5월 20일.(Eric Bruse: EU-Klimapolitik: Brüssel zieht Emissionshandel in Zweifel. *Handelsblatt*, 20. 5. 2010.)

69 독일 연방 정부 과학 자문 위원회 「코펜하겐 합의에 따른 기후 정책」, 2010 년 5월.(WBGU: Klimapolitik nach Kopenhagen. Mai 2010.)

70 350피피엠에 대한 과학적 배경은 www.350ppm.org(2010년 7월 1일자) 참조.

71 세계 자연 보호 기금 토론 의제 「삼림 벌채와 지면 침식으로 인한 탄소 배출을 줄이기 위한 정책적 접근과 긍정적인 장려책」, 2008년 8월.(WWF Discussion Paper: Policy approaches and positive incentives for reducing emission from deforestation and forest degradation[REDD]. August 2008.)

72 L. 프렌츠 「아마존의 불길한 센세이션」, 『GEO: 지구의 새로운 모습』, 2009 년 3호.(L. Frenz: Amazoniens schwarze Sensation. In: *GEO: Das neue Bild der Erde*. Nr. 3/2009.)

73 한스-요제프 펠 『공동 재정과 기후 보호: 유익한 동맹』, Ms 2010.(Hans-Josef Fell: *Corporate Finance and Climate Protection: A Beneficial Alliance*. Ms 2010.)

74 펠릭스와 친구들 『나무 하나하나. 어린이들이 지금 세계를 구한다』, 뮌헨 2009.(Felix und Freunde: *Baum für Baum. Jetzt retten Kinder die Welt*. München 2009.)

75 www.eurosolar.org

76 태양 에너지 학회/세계 재생 가능 에너지 위원회 「국제 재생 가능 에너지 기구로 나아가는 먼 길. 국제 재생 가능 에너지 기구의 착상부터 설립까 지」, 보훔 2009.(EUROSOLAR und WCRE: The Long Road to IRENA. From the idea to the Foundation of the international Renewable Energy. Bochum 2009.)

77 독일 연방 의회 「재생 가능 에너지 국제 의회 포럼. 회의 보고서」, 베를린 2004, 240쪽 이하.(Deutscher Bundestag: International Parliamentary Forum on Renewable Energies. Conference Report. Berlin 2004, S. 240ff.)

78 제네바 비핵보유국 회의, 유럽 아카이브, 시리즈 1968년 21호.(Die Konferenz der Nichtkernwaffenstaaten in Genf: Europa-Archiv, Folge 21/1968.)

79 헤르만 셰어/라인하르트 위버호르스트 「비합리적인 쓰레기 처리 정책을 반대한다」, 『태양 에너지 시대』, 2007년 3호.(Hermann Scheer/Reinhard Ueberhorst: Wider eine irrationale Entsorgungspolitik. In: *Solarzeitalter* 3/2007.)

80 니나 셰어 「재생 가능 에너지를 위해 우선하는 것은? 기회와 장애물, 정치적 및 윤리적 평가」, 『아모스 인테르나치오날』, 「사회를 정의롭게 조성하기」, 도르트문트 사회 연구소, 2010년 1호, 21쪽 이하.(Nina Scheer: Vorrang für erneuerbare Energien? Chancen und Barrieren, politische und ethische Bewertung. In: *Amos international*. Gesellschaft gerecht gestalten. Sozialinstitut Kommune Dortmund. 1/2010, S. 21ff.)

81 클라우디아 켐페르트 『다른 기후 미래』, 함부르크 2008, 72쪽 이하.(Claudia Kemfert: *Die andere Klima-Zukunft*. Hamburg 2008, S. 72f.)

82 애모리 B. 로빈스 외 『탈석유 전쟁에서 승리하기』, 콜로라도 2004.(Amory B. Lovins u. a.: *Winning the Oil Endgame*. Rocky Mountains Institute. Snowmess, Colorado 2004.)

83 www.unendlich-viel-energie.de (1. 7. 2010)

84 페터 슬로터다이크 『당신은 삶을 바꿔야 한다. 인간 공학에 관하여』, 프랑크푸르트 2009, 699쪽 이하.(Peter Sloterdijk: *Du mußt dein Leben ändern*. Über Anthropotechnik. Frankfurt a. M. 2009, S. 699ff.)

ㅈ

고즈윈은 좋은책을 읽는 독자를 섬깁니다.
당신을 닮은 좋은책―고즈윈

에너지 명령

헤르만 셰어 지음
모명숙 옮김

1판 1쇄 인쇄 | 2012. 11. 5.
1판 1쇄 발행 | 2012. 11. 12.

발행처 | 고즈윈
발행인 | 고세규
신고번호 | 제313-2004-00095호
신고일자 | 2004. 4. 21.
(121-896) 서울특별시 마포구 동교로13길 34(서교동 474-13)
전화 02)325-5676 팩시밀리 02)333-5980
www.godswin.com   bjbooks@naver.com

값은 표지에 있습니다.
ISBN 978-89-92975-79-7 03300

고즈윈은 항상 책을 읽는 독자의 기쁨을 생각합니다.
고즈윈은 좋은책이 독자에게 행복을 전한다고 믿습니다.

○ 이 책은 재생종이를 사용하여 제작하였습니다.